寅恪

陳寅恪印

陳寅恪集

講義及雜稿

生活·讀書·新知三聯書店

圖書在版編目（CIP）數據

陳寅恪集．講義及雜稿／陳寅恪著．—3 版．—北京：生活 · 讀書 · 新知三聯書店，2015.7 （2021.7 重印）
ISBN 978－7－108－05409－8

Ⅰ．①陳… Ⅱ．①陳… Ⅲ．①陳寅恪（1890 ～ 1969）－文集 ②文史－中國－文集 Ⅳ．① C52

中國版本圖書館 CIP 數據核字（2015）第 132037 號

封面所用拓片文字節自一九二九年立於清華大學內王國維紀念碑碑銘（陳寅恪撰文，林志鈞書丹）

陳寅恪集編者　陳美延

責任編輯　孫曉林　潘振平
封扉設計　陸智昌
版式設計　寧成春
責任印制　董歡

出版發行　生活 · 讀書 · 新知　三聯書店
（北京市東城區美術館東街二十二號）
郵　　編　一〇〇〇一〇
經　　銷　新華書店
印　　刷　北京新華印刷有限公司

版　　次　二〇〇二年五月北京第一版
二〇〇九年九月北京第二版
二〇一五年七月北京第三版
二〇二一年七月北京第十一次印刷
開　　本　六三五毫米×九六五毫米　十六開
印　　數　三八，五〇一—四一，五〇〇冊
字　　數　三〇五千字　印張　三十一 · 七五
定　　價　一百一十八元

出版説明

陳寅恪（一八九〇——一九六九），江西修水人。早年留學日本及歐美，先後就讀於德國柏林大學、瑞士蘇黎世大學、法國巴黎高等政治學校和美國哈佛大學。一九二五年受聘清華學校研究院導師，回國任教。後任清華大學中文、歷史系合聘教授，兼任中央研究院理事、歷史語言研究所研究員、第一組主任及故宫博物院理事等，其後當選為中央研究院院士。一九三七年「蘆溝橋事變」後挈全家離北平南行，先後任教於西南聯合大學、香港大學、廣西大學和燕京大學。一九四四年被選為英國科學院通訊院士。一九四二年後為教育部聘任教授。一九四六年回清華大學任教。一九四八年南遷廣州，任嶺南大學教授，一九五二年後為中山大學教授。一九五五年後并為中國科學院哲學社會科學學部委員。

陳寅恪集十三種十四冊，收入了現在所能找到的作者全部著述。其中寒柳堂集、金明館叢稿初編、金明館叢稿二編、隋唐制度淵源略論稿、唐代政治史述論稿、元白詩箋證稿、柳如是別傳七種，八十年代曾由上海古籍出版社出版。此次出版以上海古籍版為底本（隋唐制度淵源略論稿、唐代政治史述論稿二書原據三聯書店一九五七年版重印），內容基本不變。惟寒柳堂集增補了「寒柳堂記夢未定稿（補）」一文。詩集（原名陳寅恪詩集附唐篔詩存）和讀書札記一集（原名陳寅恪讀書札記舊唐書新唐書之部）八九十年代分别由清華大學出版社和上海古籍出版社出版，此次出版均有增補。書信集、讀書札記二集、讀書札記三集、講義及雜稿四種均為新輯。全書編輯體例如下：

一、所收内容，已發表的均保持發表時的原貌。經作者修改過的論著，則採用最後的修改本。未刊稿主要依據作者手跡錄出。

二、本集所收已刊、未刊著述均予校訂，凡體例不一或訛脱倒衍文字皆作改正。引文一般依現行點校本校核，如二十四史、資治通鑑等。尚無點校本行世的史籍史料，大多依通行本校核。少量作者批語、論述係針對原版本而來，則引文原貌酌情予以保留。以上改動均不出校記。

三、凡已刊論文、序跋、書信等均附初次發表之刊物及時間，未刊文稿盡量注明寫作時間。

四、根據作者生前願望，全書採用繁體字豎排。人名、地名、書名均不加符號注明。一般採用通行字，保留少數異體字。引文中凡為閲讀之便而補入被略去的内容時，補入文字加〔　〕，凡屬作者説明性文字則加（　）。原稿不易辨識的文字以□示之。

陳寅恪集的出版曾得到季羨林、周一良、李慎之先生的指點，並獲得海内外學術文化界人士的熱情相助。在此，謹向所有關心、支持和參與了此項工作的朋友表示衷心的感謝，並誠懇地希望廣大讀者批評指正。

生活·讀書·新知三聯書店二〇〇〇年十二月

陳寅恪集總目

於北平清華大學新林院五二號院內
一九四七年末

廣州嶺南大學政治學會歡送畢業同學合影，前坐者為陳寅恪與夫人唐篔
一九五〇年六月六日

於廣州中山大學東南區一號樓上寓所走廊內授課
一九五七年三月八日

與夫人攝於中山大學東南區一號樓上寓所起居室
一九六〇年暑假

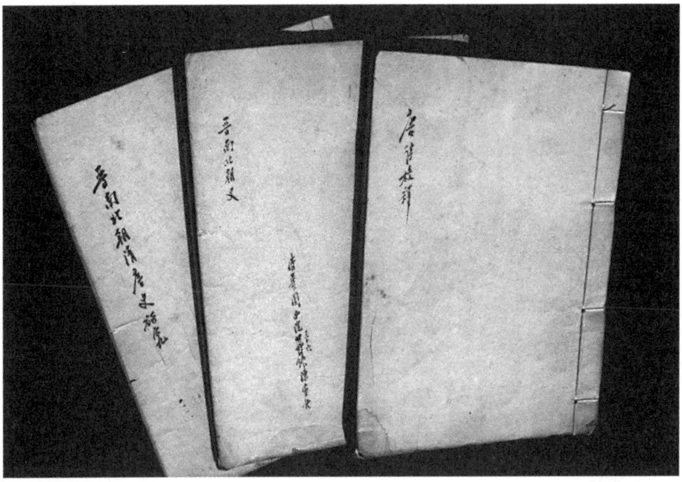

「唐詩校釋」、「晉南北朝史」、「晉南北朝隋唐史研究」備課筆記三種

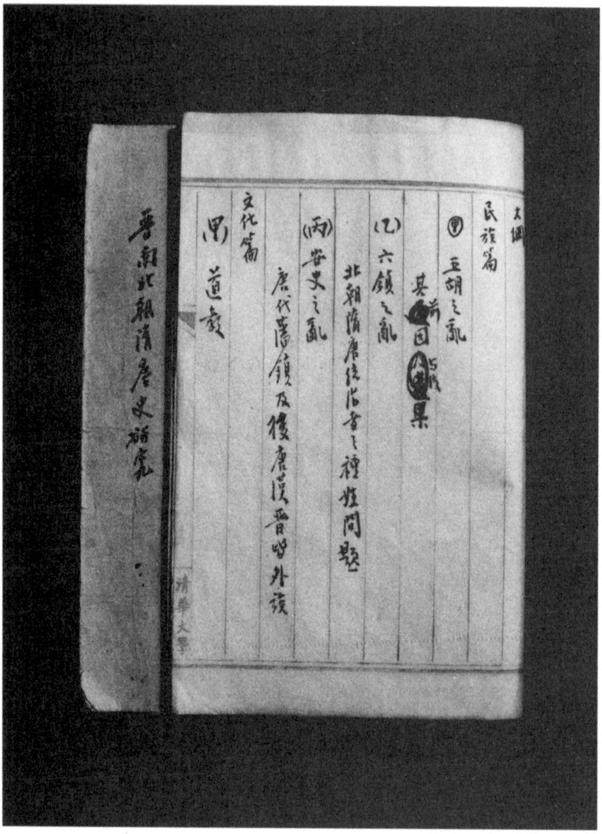

「晉南北朝隋唐史研究」授課大綱

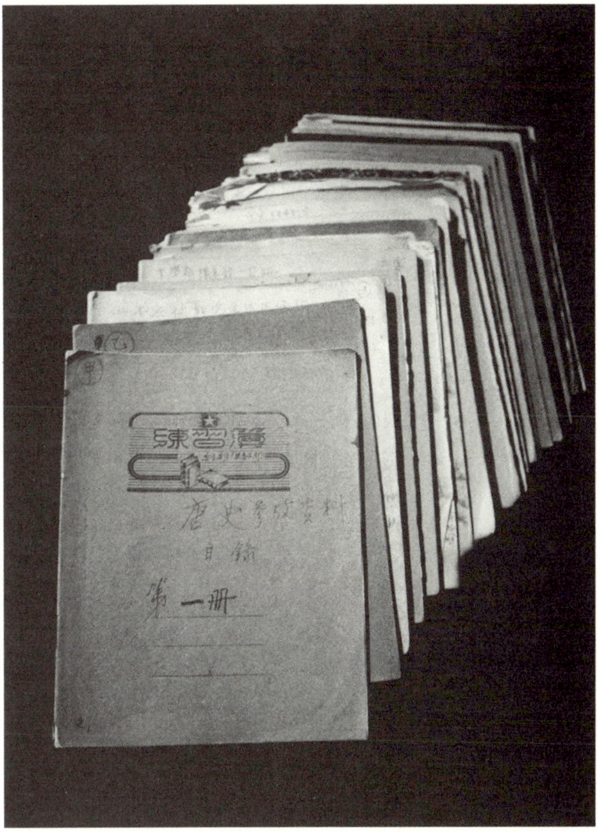

陳寅恪選錄之唐史參考資料

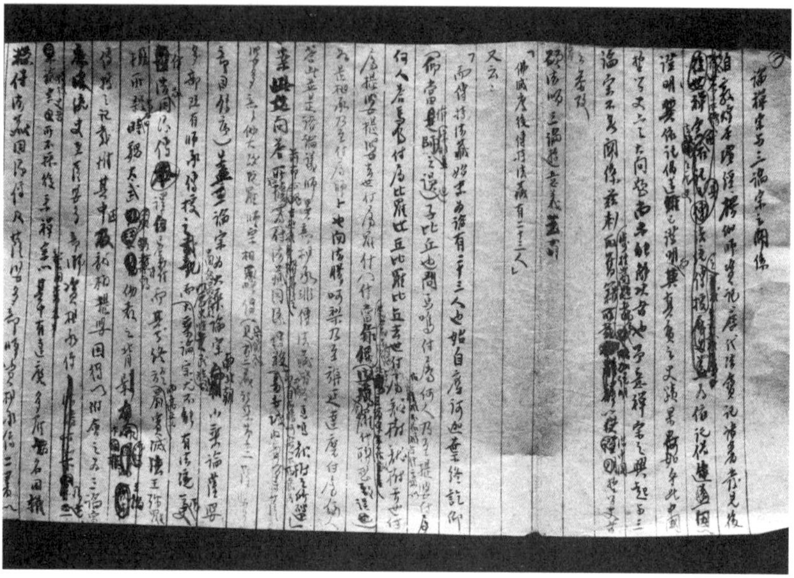

「論禪宗與三論宗之關係」手稿

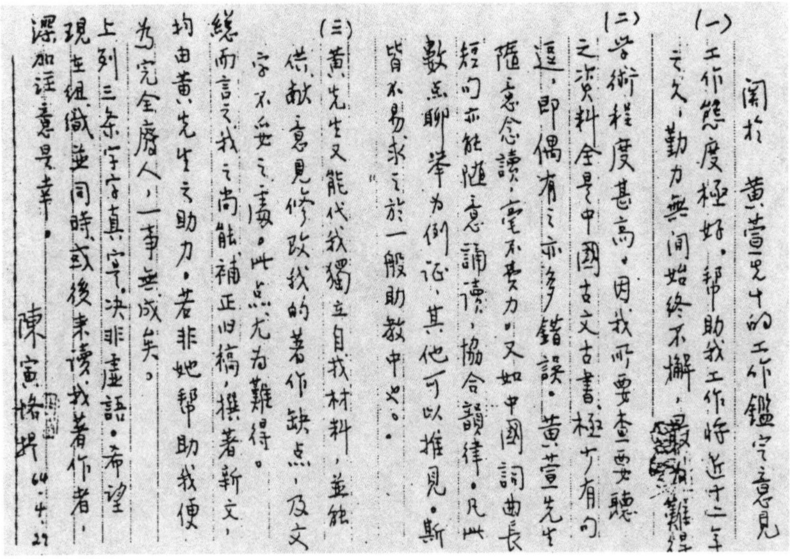

關於　黃萱先生的工作鑑定意見

（一）工作態度極好，幫助我工作將近十二年之久，勤力無間始終不懈，難得。

（二）學術程度甚高，因我所要查要聽之資料全是中國古文古書，極少有句逗，即偶有之亦多錯誤。黃萱先生隨意念讀，毫不費力。又如中國詞曲長短句亦能隨意誦讀，協合韻律。凡此數點聊舉為例證，其他可以推見。斯皆不易求之於一般助教中也。

（三）黃先生又能代我獨立自找材料，並能貢獻意見，修改我的著作缺點，及文字不妥之處。此點尤為難得。

總而言之，我之尚能補正舊稿，撰著新文，均由黃先生之助力。若非她幫助我便為完全廢人，一事無成矣。

上列三條字字真實，決非虛語。希望現在組織並同時或後來讀我著作者，深加注意是幸。

陳寅恪
64.4.27

「關於黃萱先生的工作鑑定意見」
唐篔筆錄

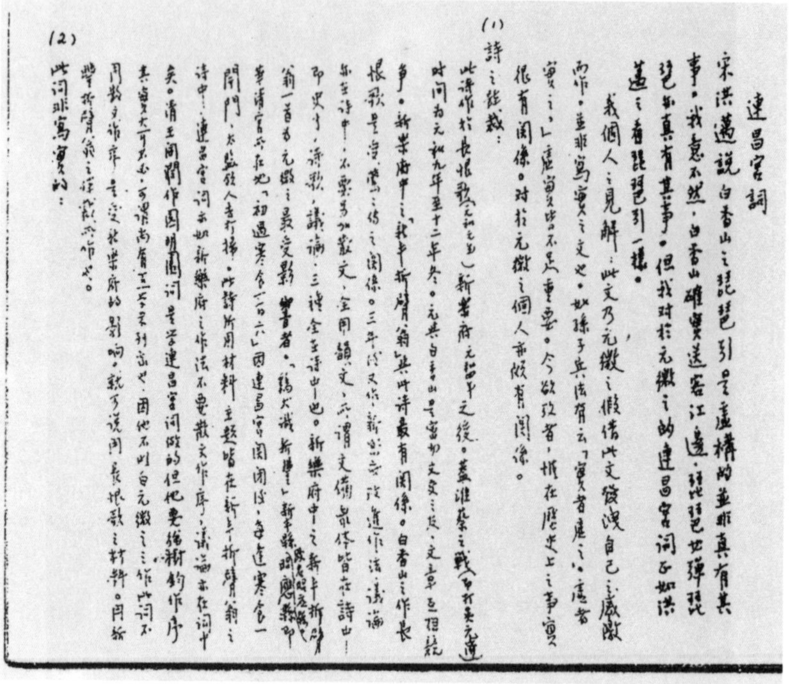

連昌宮詞

宋洪邁說白香山之琵琶引是虛構的並非真有其事。我意不然，白香山確實送客江邊，琵琶女彈琵琶亦真有其事。但我對於元微之的連昌宮詞亦如洪邁之看琵琶引一樣。

我個人之見解：此文乃元微之假借此文發洩自己之感慨而作。並非寫實之文也。如孫子兵法有云「實者虛之，虛者實之。」虛實皆不足重要。今欲攷者，祇在歷史上之事實很有關係。對於元微之個人亦頗有關係。

(1) 詩之體裁：

此詩作於長恨歌（元和元年）新樂府（元和四年）之後。蓋淮蔡之戰（[illegible]）時間為元和九年至十二年冬。元與白香山是密切文友之交，文章互相競爭。新樂府中之「新豐折臂翁」與此詩最有關係。白香山之作長恨歌是受陳鴻之傳之關係。三年後又作新樂府，改進作法，議論亦在詩中，不要另加散文，全用韻文，亦謂文備眾體皆在詩中！即史才、詩歌、議論，三種全在詩中也。新樂府中之新豐折臂翁一首為元微之最受影響者。「雞犬識新豐」新豐縣即[illegible]華清宮亦在此「初過寒食一百六」因連昌宮閉了，[illegible]寒食一開門，太監發人去打掃。此詩所用材料主題皆在新豐折臂翁之詩中。連昌宮詞亦如新樂府之作法不要散文作序，議論亦在詞中矣。清王闓運作圓明園詞是學連昌宮詞做的但他要摹擬的作序其實大可不必，可謂尚有些不甚對處也。因他不如白元微之之作此詞不用散文作序，是受新樂府的影響。就可說同長恨歌之材料。同於新豐折臂翁之[illegible]亦作也。

(2) 此詞非寫實的：

「元白詩證史」課，唐筼聽課筆記之一頁

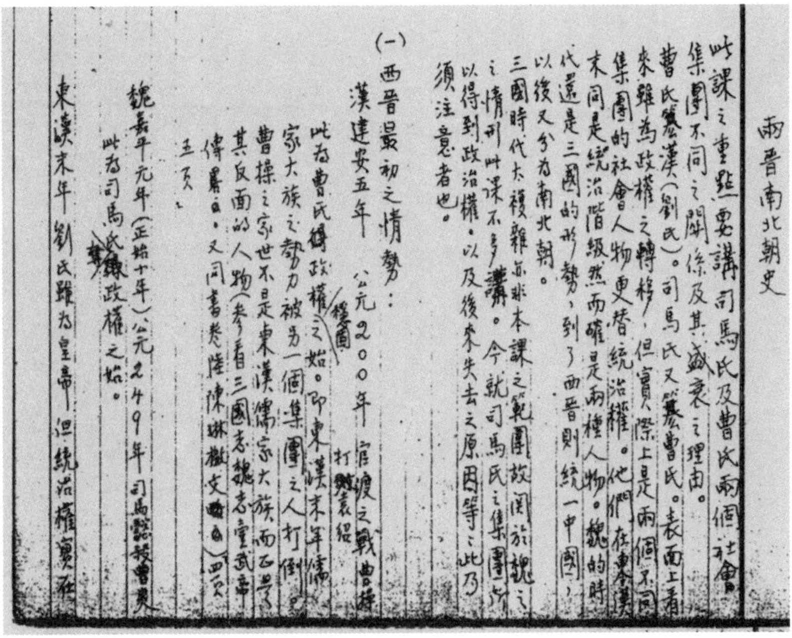

兩晉南北朝史

此課之重點，要講司馬氏及曹氏兩個社會集團不同之關係及其盛衰之理由。

曹氏篡漢（劉氏）。司馬氏又篡曹氏。表面上看來雖為政權之轉移，但實際上是兩個不同集團的社會人物更替統治權。他們在東漢末同是統治階級，然而確是兩種人物。魏的時代還是三國的形勢，到了西晉則統一中國，以後又分為南北朝。

三國時代太複雜，亦非本課之範圍，故關於魏之之情形此課不多講。今就司馬氏之集團所以得到政治權，以及後來失去之原因等，此乃須注意者也。

(一) 西晉最初之情勢：

漢建安五年　公元200年　官渡之戰　曹操打敗袁紹

此為曹氏得政權之始。即東漢末年儒家大族之勢力被另一個集團之人打倒。

曹操之家世不是東漢儒家大族，而正是其反面的人物（參看三國志魏志武帝傳[illegible]。又同書卷[illegible]陳琳檄文[illegible]）四頁

魏嘉平元年（正始十年）、公元249年　司馬懿殺曹爽

此為司馬氏得政權之始。

五頁

東漢末年劉氏雖為皇帝，但統治權實在

「兩晉南北朝史」課，唐篔聽課筆記之一頁

目次

附　録

唐詩校釋備課筆記

（一）唐詩與唐代政治中門第、科舉之關係*

（録者注：此唐詩校釋、晉南北朝史、晉南北朝隋唐史研究三種備課筆記中之編碼及標有*之標題悉録者所加，以便檢讀，非筆記之所原有。）

舊唐書壹柒叁鄭覃傳。

南部新書己：

李太尉之在崖州也，郡有北亭子，謂之望闕亭。太尉每臨，未嘗不北睇悲咽。有詩曰：「獨上江亭望帝京，鳥飛猶是半年程。青山也恐人歸去，百匝千遭繞郡城。」今傳太尉崖州之詩，皆仇家所作，只此一首親作也。昔崖州今瓊州是也。

唐語林卷肆：

宣宗愛羨進士，每對朝臣問登第否？有以科名對者必有喜。便問所賦詩、賦題並主司姓名。

或有人優而不中第者，必歎息久之。嘗於禁中題「鄉貢進士李道龍」。

宣宗名怡，封光王，即位後改名忱。

(二)驃國樂*

說郛陸柒驃國樂頌。

(三)長恨歌*

張戒歲寒堂詩話上：

楊太真事，唐人吟詠至多，然類皆無禮。太真配至尊，豈可以兒女語黷之耶？惟杜子美則不然，哀江頭云：……其詞婉而雅，其意微而有禮，真可謂得詩人之旨者。長恨歌在樂天詩中爲最下，連昌宮〔詞〕在元微之詩中乃最得意者。二詩工拙雖殊，皆不若子美詩微而婉也。往年過華清宮，見杜牧之、温庭筠二詩俱刻〔石〕于浴殿之側，必欲較其優劣而不能近。偶讀庭筠詩，乃知牧之之工，庭筠小子無禮甚矣。劉夢得扶風歌，白樂天長恨歌，及庭筠此詩皆無禮於其君者。

（四）蠻子朝、新豐折臂翁*

舊唐書壹貳玖韓滉傳。

舊唐書壹肆拾韋皋傳。

舊唐書壹玖陸上吐蕃傳上。

舊唐書壹玖捌、新唐書貳貳壹下大食傳。

新唐書貳貳貳上南蠻上南詔傳上。

通鑑貳叁貳唐德宗貞元二年。

通鑑貳叁叁唐德宗貞元三年。

玉海壹叁捌兵制叁引鄴侯家傳。

文獻通考壹伍壹兵制。

晦庵文集捌叁跋王荊公進鄴侯遺事奏稾引熙寧奏對日録。

通鑑貳壹陸玄宗天寶十二載夏五月壬辰：

以左衛大將軍何復光將嶺南五府兵（原注：五府，廣、桂、邕、蒙〔容〕、交，將，即亮翻。）擊南詔。

通鑑紀事本末叄伍上南詔歸附條不載此事。

新唐書玄宗本紀亦無之。

樊綽蠻書。

高適李雲南征蠻詩（并序）。

容齋隨筆肆李宓伐南詔條：

高適詩（略）

其所稱述如此，雖詩人之言未必皆實，然當時之人所賦其事不應虛言，則宓蓋歸至長安，未嘗敗死，其年又非十三載也。味詩中掘鼠餐僮之語，則知糧盡危急，師非勝歸，明甚。

案：何復光之發兵在天寶十二載五月，而此詩作於十二載四月，則宓於次年敗死頗有可能，似不能據此詩而疑宓未敗死。若不在十三載，只可以爲唐書南詔傳「涉海」之語作注解耳。

（五）陰山道

舊唐書食貨志上（通典食貨典、新唐書伍壹食貨志）。
王國維釋幣。
新唐書伍拾兵制。

馬：
唐會要柒貳諸監馬印。諸蕃馬印。
張説之文集拾壹大唐開元十三年隴右監牧頌德碑奉勑撰，「内外閑廄使王毛仲。」
新唐書叁玖地理志雲州。
舊唐書壹玖伍迴紇傳。
新唐書貳壹柒上迴紇傳：

自乾元後，益負功，每納一馬，取直四十縑，歲以數萬求售，使者相躡，留舍鴻臚，駘弱不可用，帝厚賜欲以愧之，不知也。復以萬馬來，帝不忍重煩民，爲償六千。

建中元年，詔京兆少尹源休持節册頓莫賀爲武義成功可汗。

可汗傳謂休曰：「爲我言有司，所負馬直一百八十萬，可速償我。」

李泌曰：「願聽昏而約用開元故事，如突厥可汗稱臣，使來者不過二佰，市馬不過千，不以唐人出塞，亦無不可者。」帝曰：「善。」乃許降公主，回紇亦請如約。詔咸安公主下嫁。

諒出鄴侯家傳。

唐六典貳貳：

互市監（原注：漢魏已降，緣邊郡國皆有互市，與夷狄交易，致其物産也。並郡縣主之，而不別置官吏。至隋，諸緣邊州置交市監，視從第八品，副監，視正第九品。皇朝因置之，各隸所管州、府。監加至正六品下改副監爲丞，品第八下。光宅中改爲通市監，後又復舊爲互市監。）諸互市監各掌諸蕃交易之事，丞爲之貳。凡互市所得馬、駞、驢、牛等各別其色，具齒歲、膚第，以言於所隸州府，州府爲申聞。太僕差官吏相與受領印記。上馬送京師，餘量其衆寡，並遣使送之，任其在路放牧焉。每馬十疋，牛十頭，駞、騾、驢六頭，羊七十口，各給一牧人。（原注：若非理喪失，其部使及遞人，改酬其直。）其營州管内蕃馬出貨，選其少壯者，官爲市之。

（六）道州民*

程大昌考古編玖：

韋述集賢記注：開元十年，陸堅爲起居舍人，奉詔修六典。張燕公以委徐堅，後繼張始興李右相開元二十六年奏草上，遂發詔下有司，百僚表賀，至今在院，亦不曾行用。據述此言，即六典書成而不以頒用也。然白樂天詩陽城不進矮奴曰：「城云臣按六典書，任土貢有不貢無，道州水土所生者，止有矮民無矮奴。吾君感悟璽書下。歲貢矮奴宜悉罷。」即是陽城嘗援六典爲奏，得罷貢矮奴，豈是六典成而不用耶？

桑維翰傳晉天福五年詔廢翰林學士，按唐六典歸其職於中書舍人，而端明殿學士與樞密院學士皆廢（新五代史貳玖），則六典之書，五代猶遵用之，不知韋述何以言不用也。元祐諸公議更元豐故事，則痛詆六典，以爲未嘗頒用，殆有激而云耳。

寅恪案：杜牧上宰相求寧杭州書亦言及六典。餘見四庫書目史部職官類提要。

（七）連昌宮詞

舊唐書壹伍陸于頔傳末于方事。

舊唐書壹陸柒李逢吉傳。

舊唐書壹肆捌裴垍傳。

舊唐書壹柒拾裴度傳。

舊唐書壹柒伍、新唐書捌貳澧王惲傳。

新唐書柒柒后妃傳下。

舊唐書伍貳后妃傳下。

舊唐書壹陸陸元稹傳。

舊唐書壹捌肆宦官傳。

舊唐書壹陸肆李絳傳，吐突承璀與李吉甫關係。

〔李〕吉甫通於〔吐突〕承璀。

舊唐書壹肆捌李吉甫傳：

淮西節度使吴少陽卒，其子元濟請襲父位。吉甫以淮西内地，不同河朔，且四境無黨援，國家常宿數十萬兵以爲守禦，宜因時而取之。頗叶上旨，始爲經度淮西之謀。

舊唐書壹柒貳蕭俛傳，消兵致叛。誤於時已太平，消兵而致再失河朔。

舊唐書壹柒叁陳夷行傳，李珏對文宗姚宋之問〔

容齋隨筆卷壹伍（容齋詩話肆）連昌宮詞條：

其末章及官軍討淮西，乞「廟謨休用兵」之語，蓋元和十一二年間所作，殊得風人之旨，非長恨〔歌〕比云。

白居易三遊洞序（白氏長慶集貳陸）：

三月十日參會於夷陵。

又，七言十七韻詩贈微之序（白氏長慶集壹柒）：

十年三月三十日別微之於澧上。十四年三月十一日夜遇微之於峽中。

新唐書叁捌地理志：

河南道，河南府，河南郡，壽安縣。

石印全唐詩貳壹鄭嵎（原注：字賓先，大中五年進士第）津陽門詩并序。

序：

津陽門者，華清宮之外闕，南局禁闈，北走京道。開成中，嵎常得羣書，下帷於石甕僧院，而甚聞宮中陳迹焉。今年冬，自號而來，暮及山下，因解鞍謀餐，求客旅邸，而主翁年且艾，自言世事明皇。

詩：

笑云鮐老不爲禮，飄蕭雪鬢雙垂頤。問余何往凌寒曦，顧翁枯朽郎豈知。翁曾豪盛客不見，我自爲君陳昔時。時平親衛號羽林，我纔十五爲孤兒。主翁莫泣聽我語，寧勞感舊休吁嘻。河清海宴不難覩，我皇已上昇平基。湟中土地昔湮没，昨夜收復無瘡痍。戎王北走棄青塚，虜馬西奔空月支。兩逢堯年豈易偶，願翁頤養豐膚肌。

（八）盧仝月蝕詩*

唐才子傳伍盧仝：

元和間月蝕，仝賦詩，意譏切當時逆黨，愈極稱工，奄人稍恨之。時王涯秉政，胥怨於人。及禍起，仝偶與諸客會食涯書館中，因留宿，吏卒掩捕，仝曰：「我盧山人也，於衆無怨，何罪之有？」吏曰：「既云山人，來宰相宅，容非罪乎？」蒼忙不能自理，竟同甘露之禍。仝老無髮，奄人於腦後加釘。先是生子名「添丁」，人以爲讖云。

邵博聞見後録玖稱見唐野史云云。

計有功唐詩紀事叁伍，盧仝作〔譏切〕元和朋黨。

新唐書壹柒陸韓愈傳附盧仝傳：

> 仝自號玉川子，嘗爲月蝕詩，以譏元和逆黨，愈稱其工。

韓愈月蝕詩效玉川子作：

> 方（崧卿注）云：盧詩新史以爲譏元和逆黨，然稽之歲月不合（元和五年庚寅十一月十四日）。蓋元和初宦官已横恣，故譏之，非爲逆黨也。

寅恪案：此南宋初人計敏夫所以改「逆」爲「朋」，元人辛文房删去「元和」二字之故。「元和逆黨」一語自指陳弘志弑憲宗之黨，但以昌黎順宗實録及劉夢得子劉子自傳所記推之，則順宗憲宗傳授之際，疑亦有如肅代或竟至憲穆禪繼間事者，故新唐書之言亦不盡無根據也。

舊唐書壹伍玖路隨傳。

李復言續幽怪録壹辛公平上仙條略云：

洪州高安縣尉辛公平，吉州廬陵縣尉成士廉，同居泗州下邳縣。於元和末偕赴調集，……殿上歌舞方歡，俄而三更四點，有一人多髯而長，其狀可畏，忽不知其所來，執金匕首長尺餘，拱於將軍之前，延聲曰：時到矣！將軍頻眉揖之，唯而走。自西廂歷階而上，當御座後，跪以獻上。既而左右紛紜，上頭眩，音樂驟散，扶入西閣，久之未出。將軍曰：昇雲之期難違，頃刻上既命駕，何不遂行。對曰：上澡身否？然可即路，遽聞具浴之聲。三更上御碧玉輿，肩舁下殿。〔將軍〕遂步從而出。自内閣及諸門，吏莫不鳴咽羣辭，或收血〔淚〕，捧輿不忍去者。過宣政殿……出望仙門……秘不敢泄，更數月方有攀髯之泣。

此隱約記憲宗被弒事。

（九）黨　派*

舊唐書壹肆陸嚴綬傳。

舊唐書壹陸柒李逢吉傳。

舊唐書壹柒貳令狐楚傳。

新唐書壹陸拾楊敬之傳：

〔文宗〕以敬之代〔鄭覃爲國子祭酒〕，……兼祭酒，卒。

唐才子傳伍楊巨源：

巨源字景山，蒲中人。貞元五年劉大貞下第二人及第。初爲張弘靖從事，拜虞部員外郎，後遷太常博士、國子祭酒。大和中，爲河中少尹（新唐書陸拾藝文志之注與此共出一處，當是楊之傳誌），入拜禮部郎中。巨源才雄學富，用意聲律，細挹得無窮之源，緩愈有雋永之味，長篇刻琢，絶句清泠，蓋得於此而失於彼者矣。有詩一卷行於世。

全唐詩令狐楚李相薨後題斷金集（原注：一作裴夷直詩）：

一覽斷金集，載悲埋玉人。牙弦千古絶，珠淚萬行新。

舊唐書壹柒貳令狐楚傳：

〔楚開成〕二年（公元八三七年）十一月卒於鎮。

舊唐書壹陸柒李逢吉傳：

〔逢吉大和〕九年（公元八三五年）正月卒。

據此：令狐楚卒後於李逢吉二年，有題此詩之可能。依其「牙弦千古絶」之句，宜爲楚所作而非裴夷直也。

（十）詩　題*

唐才子傳叁獨孤及：

嘗讀選中沈謝諸公詩，有題「新安江水至清，淺深見底，貽京邑游好」，及「石門新營所住，四面高山，迴溪石瀨，茂林修竹」，及「田南樹園，激流植援」，「齋中讀書」，「南樓中望所遲客」，「晚登三山還望京邑」等數端，皆奇崛精當，冠絶古今，曾無發其韞奥者。逮盛唐，沈、宋、獨孤及、李嘉祐、韋應物等諸才子集中，往往各有數題，片言不苟，皆不減其風度，此則無傳之妙。逮元和以下，佳題尚罕，況于詩乎？立題乃詩家切要，貴在卓絶清新，言簡而意足，句之所到，題必盡之，中無失節，外無餘語，此可與智者商榷云，因舉而論之。

寅恪案：近人曾習經論柳子厚詩，其題目亦似大謝。

（陳美延輯録）

晉南北朝史備課筆記

（一）自作家門事

三國志魏志貳捌鍾會傳注引世語、漢晉春秋。
三國志吳志叁孫皓傳天紀四年王渾斬張悌注引襄陽記。
三國志魏志拾伍司馬朗傳。
三國志魏志拾玖陳思王植傳。
三國志魏志拾肆劉放、孫資傳。
通鑑柒肆魏明帝景初二年及考異。
晉書拾肆地理志。
晉書伍拾曹志傳。
晉書叁捌齊獻王攸傳。

晉書叁玖荀勖傳。

世説新語方正篇晉武帝時荀勖爲中書監條注引王隱晉書。

晉書叁壹后妃傳上：

景懷夏侯皇后，父尚。魏明帝世，宣帝居上將之重，諸子並有雄才大略，后知帝非魏之純臣。而后既魏氏之甥，帝深忌之。青龍二年，遂以鴆崩。

景獻羊皇后，泰山南城人。后母陳留蔡氏，漢左中郎將邕之女也。

文明王皇后，東海郯人。父肅，魏中領軍、蘭陵侯。

（一一）葛洪論晉之代魏*

抱朴子外篇柒良規：

而世人誠謂湯、武爲是，而伊、霍爲賢，此乃相勸爲逆者也。又見廢之君，未必悉非也。或輔翼少主，作威作福，罪大惡積，慮於爲後患；及尚持勢，因而易之，以延近局之禍。規定策之功，計在自利，未必爲國也。取威既重，殺生決口。見廢之主，神器去矣，下流之罪，莫不歸焉。雖知其然，熟敢形言。無東牟、朱虛以致其計，無南史、董狐以證其罪，將來今日，誰又理之。獨見者乃能追覺桀、紂之惡不若是其惡，湯、武之事不若是其美也。方策所載，莫不尊君卑臣……

俗儒沈淪鮑肆，困於詭辯，方論湯、武爲食馬肝，以彈斯事者，爲不知權之爲變，貴於起善……而屬筆者皆共褒之，以爲美談，以不容誅之罪爲知變，使人於悒而永慨者也。或諫余以此言爲傷聖人，必見譏貶。余答曰：舜、禹歷試内外，然後受終文祖，雖有好傷聖人者，豈能傷哉。昔嚴延年奏霍光爲不道，于時上下肅然，無以折也。況吾爲世之誡，無所指斥，何慮乎常言哉。

寅恪案：嵇康非薄湯武而遭誅戮，此正稚川之所隱指者，而陳承祚著書之非實録又無待言矣。

（三）通　鑑*

司馬光與范祖禹論修通鑑帖

司馬光答范夢得書：

其修長編時，請據事目下所該新舊紀、志、傳及雜史、小説、文集盡檢出一閲。其中事同文異者，則請擇一明白詳備者録之。彼此互有詳略，則請左右采獲，錯綜銓次，自用文辭修正之，一如左傳叙事之體也。此並作大字寫。若彼此年月事迹有相違戾不同者，則請選擇一證據分明、情理近於得實者，修入正文，餘者注於其下，仍爲叙述所以取此捨彼之意。先注所捨者云「某書云云，今案某書證驗云云」。或無證驗，則以事理推之云云，今從某書爲定。若無以考其虛實是非者，則云今兩存之。其實録、正史未必皆可據，雜史、小説未必皆無憑，在高鑒擇之。

通鑑考異

司馬光進資治通鑑表：

又參考羣書，評其同異，得歸一塗，爲考異三十卷。

王鳴盛十七史商榷一百綴言，通鑑與十七史不可偏廢條：

史炤通鑑釋文，馮時行序謂：司馬公不用紀傳法律，總叙歷代，以事繫年，粲然可考，雖無諸史可也。愚謂：馮氏此言妄矣，紀傳編年，横縱經緯，不可偏廢。司馬公雖欲上續左傳，究以十七史爲依藉，方能成通鑑，豈有正史可無之意在其胸次邪！

（四）封　建*

晉書叁伍裴秀傳：

魏咸熙初，釐革憲司，秀議五等之爵，自騎督以上六百餘人皆封。

三國志魏志肆陳留王奐傳：

咸熙元年五月庚申，相國晉王奏復五等爵。

三國志魏志貳叁裴潛傳注引文章叙録：

咸熙中，晉文王始建五等，命秀典爲制度。

通鑑柒捌元皇帝紀下：

〔咸熙元年〕五月，庚申，晉王奏復五等爵，封騎督以上六百餘人。胡注：賞平蜀之功也。今雖復五等爵，亦虚封也。

晉書貳肆職官志：

咸寧三年衛將軍楊珧與中書監荀勖，以齊王攸有時望，懼惠帝有後難，因追故司空裴秀立五等封建之旨，從容共陳時宜於武帝。帝初未之察，於是下詔議其制。

晉書拾肆地理志武帝泰始元年封諸王條。

晉書貳文帝紀：

咸熙元年七月，始建五等爵。

三國志考證貳曰：

御覽一百九十九引魏志云：咸熙元年相國晉王奏建五等。

……云云。

今魏志無之，此必當時奏議之文也。

晉書肆陸劉頌傳。

（五）徙民事

晉書肆柒傅玄傳：

泰始四年上書，其五曰：臣以胡夷獸心，不與華同，鮮卑最甚。本鄧艾苟欲取一時之利，不慮後患，使鮮卑數萬散居人間。云云。

三國志魏志拾肆蔣濟傳。

華陽國志貳漢中志：

魏武以巴夷王杜濩、朴胡、袁約爲三巴太守，留征西將軍夏侯淵及張郃、益州刺史趙顒等守漢中，遷其民於關隴。

三國志魏志叁拾外夷傳評後注引魏略西戎傳。

三國志魏志貳捌鄧艾傳。

晉書伍陸江統傳徙戎論。

參考：

國語周語穆王將征犬戎，祭公謀父諫語。

周禮夏官司馬第四職方氏。

郭欽疏

晉書玖柒北狄匈奴傳：

郭欽上疏曰：「魏初人寡。西北諸郡皆爲戎居，宜及平吳之威，謀臣猛將之略，出北地、西河、安定，復上郡，實馮翊，於平陽以北諸縣募取死罪，徙三河、三魏見士四萬家以充之。」（録者注：以上引文據作者兩晉南北朝史交流講義（五）徙戎問題第一條所節引。）

通鑑捌壹太康元年末（載郭欽此疏）。

通典壹玖伍邊防典拾壹南匈奴傳。

羣書治要貳玖。

晉書較詳，通典同晉書，通鑑删晉書（徙三河三魏見士四萬家）。

文選肆玖干寶晉紀總論「思郭欽之謀而悟戎狄之有釁」句下李善注「置馮翊平陽」，疑「實」誤作「置」。

三國志魏志壹建安二年。

惠棟後漢書補注貳叁(「注置一縣領其民，合以爲新興郡」句下)注引闞駰十三州志。

晉書拾肆地理志并州。

晉書壹貳陸載記貳陸秃髮烏孤傳及魏書序記。

晉書壹佰捌載記捌慕容廆傳：

> 曾祖莫護跋，魏初率其諸部入居遼西。

三國志叁拾烏丸、鮮卑、東夷傳鮮卑注引魏書及後漢書。

晉書壹帝紀壹：

> 魏正始元年春正月，弱水以南，鮮卑名王，皆遣使來獻。

(六) 胡　貌

晉書壹佰陸石季龍上載記陸崔約顧孫珍語。

晉書壹佰柒石季龍下載記柒冉閔傳胡羯條。

大唐新語拾叁諧謔貳玖韋鏗條。

觀堂集林拾叁西胡續考。

晉書壹佰壹載記壹劉元海傳「鬚長三尺餘」，此材料不可用。

（七）五　胡

匈奴—胡

羯胡

東胡—鮮卑

氐胡

盧水胡

晉書壹佰壹載記序。

魏書陸柒崔光傳附鴻傳，十六國名。

魏書玖伍羯胡石勒傳。

後漢書壹貳拾鮮卑傳，三國志魏志叁拾鮮卑傳裴注引王沈魏書。鮮卑事。

史記壹壹陸西南夷傳。
漢書玖伍西南夷傳。
後漢書壹壹陸南蠻傳。
晉書壹貳拾李特傳。
晉書壹壹肆苻堅傳。
晉書壹壹陸姚弋仲傳。

魏書玖玖盧水胡沮渠蒙遜傳。

晉書捌陸張軌傳。
晉書捌柒涼武昭王李玄盛傳。

宋書玖捌氏胡傳。
續高僧傳貳彥琮傳。

宋高僧傳叁譯經傳論。

元和郡縣圖志拾叁曰：

大干城在〔文水〕縣西南十一里，本劉元海築。令兄延年鎮之。胡語長兄爲大干，因以爲名。

晉書玖柒吐谷渾傳：

鮮卑謂兄爲阿干，〔慕容〕廆追思作阿干之歌，歲暮窮思，常歌之。

安禄山事跡上：

案：郭汾陽請雪安思順表云：本姓康，亦不具本末。

舊唐書謂本無姓氏，新唐書謂本姓康，當即據郭表。

安禄山事跡下：

〔哥舒〕翰曰：逆胡猖狂。偶然一勝，天下之兵，計相續至，羯胡之首，期懸旦暮。

上曰：今朔胡負恩，宗廟失守，竟無一人勤王者。

〔史思明〕以官屬妻爲命婦，燕羯之地不聞此禮，看者填街塞路。

〔高〕鞠仁令城中殺胡者重賞，於是羯胡盡殪。

此皆唐人當日稱安史之詞。杜詩不獨用梁書侯景典，亦兼用當時語也。

陳書貳柒姚察傳：

察所撰梁、陳史雖未畢功，隋文帝開皇之時，遺內史舍人虞世基索本，且進上，今在內殿。梁、陳二史本多是察之所撰，其中序論及紀、傳有闕者，臨亡之時，仍以體例誡約子思廉，博訪撰續。思廉涕泣奉行。……大業初，內史侍郎虞世基奏思廉踵成梁、陳二代史，自爾以來，稍就補續。

足知梁書武帝紀及侯景傳論中羯賊、羯寇之語，實本之姚察，抑即梁代當時之語也。察傳「值梁室喪亂，於金陵隨二親還鄉里」可以爲證。

（八）胡書之碣*

勞格讀書雜識陸庾開府集：

哀江南賦序云：新野有生祠之廟，河南有胡書之碣。吴兆宜箋：新野河南廟碣必庾氏先世事，今無考。格案：元和姓纂六，庾會爲新野太守，百姓爲之立祠；支孫庾告雲爲青州刺史，羌胡爲之立碑，吴注失考。

倪注引述異記更謬。

（九）蜀　薛

通鑑壹伍壹梁紀柒梁武帝普通七年六月：

魏絳蜀陳雙熾聚衆反，（胡注云：蜀人徙居絳郡者，謂之絳蜀。）自號始建王。魏以假鎮西將軍長孫稚爲討蜀都督。

北史貳貳長孫道生傳附承業、紹遠傳（魏書貳伍長孫道生傳附稚傳）。

北史肆伍李苗傳（今魏闕李苗傳，即取北史所補）：

孝昌中，兼尚書左丞，爲西北道行臺，與大都督宗正珍孫討汾、絳蜀賊平之。

北史叁捌裴延儁傳附慶孫傳：

於是賊復鳩集，北連〔劉〕蠡升，南通絳蜀，兇徒轉盛。

北史伍拾費穆傳：

孝昌中，以都督討平二絳反蜀，拜散騎常侍。

北史陸拾李弼傳（周書拾伍李弼傳同）：

初爲別將，從尒朱天光西討，破赤水蜀，以功封石門縣伯。

北史陸拾侯莫陳崇傳（周書拾陸侯莫陳崇傳同）：

後從（賀拔）岳入關，破赤水蜀。

魏書柒肆尒朱榮傳：

奉敕云：「兩絳狂蜀，漸已稽顙。」

北史叁陸薛辯傳附薛聰傳（薛永）及通鑑壹肆拾齊紀六魏孝文與朝臣論蜀薛事考異。

魏書貳太祖紀：天興〔元〕年〔四月〕蜀薛與盧水胡等並列。

（録者注：「蜀薛」原批於舊唐書扉頁。）

（十）東晉初中州人與吴人之關係

晉書陸中宗元皇帝紀。

晉書肆陸劉頌傳。晉書伍肆陸機傳。初至吴時，對吴人態度。

晉書肆陸劉頌傳。封建乃鎮撫吴人。

晉書伍捌周處傳。

晉書伍貳華譚傳。

晉書陸伍王導傳。

晉書陸陸陶侃傳，晉書伍捌周訪傳。王所畏之吴人。

世說新語第貳言語篇元帝始過江條。

晉書陸捌顧榮、賀循、紀瞻、薛兼傳。

晉書柒拾甘卓傳。

晉書柒貳葛洪傳。

晉書壹佰陳敏傳。

晉書柒柒陸曄、陸玩傳。

晉書捌肆楊佺期傳。

世說新語第伍方正篇，第貳伍排調篇及第貳伍排調篇王導作吳語事，與第叁政事篇言胡人蘭闍同也。

（十一）北魏之漢化*

魏書貳肆崔玄伯傳：

始玄伯因苻堅亂，欲避地江南。於泰山爲張願所獲，本圖不遂，乃作詩以自傷，而不行於時，蓋懼罪也。及浩誅，中書郎高允受勅收浩家，始見此詩。允知其意，允孫綽録於允集。

晉書壹壹肆載記拾肆王猛傳：

及疾篤，堅親臨省病，問以後事，〔王〕猛曰：「晉雖僻陋，吴越乃正朔相承，親仁善鄰，國之寶也。臣没之後，願不以晉爲圖。」

北魏漢化政策

南齊書肆柒王融傳。

漢化事詳見通鑑紀事本末魏遷洛篇（卷貳拾下，第十四册）。

魏書柒下高祖紀：

太和十九年六月己亥詔：不得以北俗之語，言於朝廷，若有違者，免所居官。

此殆如王導之蘭闍蘭闍耶？

（十二）北齊之鮮卑化*

隋書叁貳經籍志經部小學類：

自後漢佛法行於中國，又得西域胡書，能以十四字貫一切音，文省而義廣，謂之婆羅門書。又後魏初定中原，軍容號令，皆以夷語，後染華俗，多不能通。故録其本言，相傳教習，謂之「國語」。

國語十五卷
國語十卷
鮮卑語五卷
國語物名四卷(後魏侯伏侯可悉陵撰)
國語真歌十卷
國語雜物名三卷(侯伏侯可悉陵撰)
國語十八傳一卷
國語御歌十一卷
鮮卑語十卷
國語號令四卷
國語雜文十五卷
鮮卑號令一卷(周武帝撰)

隋書經籍志經部孝經論曰:

魏氏遷洛,未達華語,孝文帝命侯伏侯可悉陵,以夷言譯孝經之旨,教于國人。

餘見姚振宗隋書經籍志考證柒末。

北齊書貳壹高乾傳附高昂傳：

高祖每申令三軍，常鮮卑語。昂若在列，則爲華言。

北齊書貳肆杜弼傳高祖告弼語：

弼以文武在位，罕有廉潔，言之於高祖。高祖曰：「弼來！我語爾：天下濁亂，習俗已久，今督將家屬多在關西，黑獺常相招誘，人情去留未定。江東復有一吴兒老翁蕭衍者，專事衣冠禮樂，中原士大夫望之，以爲正朔所在。我若急作法網，不相饒借，恐督將盡投黑獺，士子悉奔蕭衍，則人物流散，何以爲國？爾宜少待，吾不忘之。」

顔氏家訓壹教子篇：

齊朝有一士大夫，嘗謂吾曰：「我有一兒，年已十七，頗曉書疏，教其鮮卑語及彈琵琶，稍欲通解，以此伏事公卿，無不寵愛，亦要事也。」吾時俛而不答。異哉，此人之教子也！若由此業自致卿相，亦不願汝曹爲之。

續高僧傳貳叁法藏傳：

天和四年誕育皇子，詔選明德至醴泉宫，時當此數。武帝躬趨殿下，口號鮮卑問訊，衆僧兀然，無人對者，藏在末行，出衆獨立，作鮮卑語答，殿庭僚衆，咸喜斯酬。敕語百官：「道人身小心大，獨超羣友，報朕此言，可非健道人耶？」有敕施錢二百一十貫。

案：高歡常作鮮卑語，周武帝亦作鮮卑號令。顔之推謂學鮮卑語以事公卿，道宣記法藏高僧對周武帝作鮮卑語，則孝文之世，中原鮮卑雖已漢化，忘其國語，而六鎮亂後，鮮卑及雜[種]漢族入中原，而鮮卑語又通行一時，非太和漢化極盛之世可比矣。

（陳流求、陳美延輯録）

晉南北朝隋唐史研究備課筆記

（一）大綱

民族篇

甲、五胡之亂　其前因與後果

乙、六鎮之亂　北朝隋唐統治者之種姓問題

丙、安史之亂　唐代藩鎮及後唐漢晉皆外族

文化篇

甲、道教

一、道士之夷夏論

二、道教與禪學

乙、佛教

一、鳩摩羅什以前之佛教

（一）法雅之格義

（二）道安之經録

二、鳩摩羅什以後之佛教

（一）涅槃經之影響

（二）天台宗之教觀

（三）禪宗之依託

（四）宗密之融通學説

（二） 徙 戎*

晉書玖柒匈奴傳郭欽上疏。

晉書伍陸江統傳徙戎論。

郭欽上疏，晉武帝太康元年。通鑑紀事本末在「羌胡之叛」。

又「西晉之亂」條云：

太康元年，侍御史郭欽上疏：請徙内郡羌胡、鮮卑於邊地。帝不聽。（原注：事詳見「羌胡之叛」）

江統徙戎論，通鑑紀事本末「羌胡之叛」：

惠帝元康九年春。

通典壹玖陸邊防蠕蠕。

通鑑捌叁晉紀。

魏書陸玖、北史肆柒袁翻傳。

魏書拾玖中、北史拾捌任城王澄傳。

處外族於內地之議論

全唐文貳捌壹薛登清請止四夷入侍疏。

吴兢貞觀政要玖安邊篇第叁陸。

王方慶魏鄭公諫録貳：

諫河南安置突厥部落事。

通鑑壹玖叁貞觀四年四月諸臣議突厥事。

劉餗隋唐嘉話壹：

衛公既滅突厥，斥境至於大漠。謂太宗曰：陛下五十年後當憂北邊。高宗末年突厥爲患矣。突厥之平僕射温彦博請徙其種落于朔方，以實空虛之地。於是夷入居長安者且萬家。鄭公以爲夷不亂華非久遠策，争論數年不決。至開元中六胡州竟反叛，其地復空也。

顧炎武日知録貳玖徙戎條：

天授三年左補闕薛謙光上疏曰……

（三）六　鎮

徐文範東晉南北朝輿地表。

魏書叁捌、北史貳陸刁雍傳：

高平、安定、統萬、薄骨律、沃野。

魏書伍肆、北史叁肆高閭傳。

魏書肆上、北史貳魏本紀世祖紀神䴥二年十月。

通鑑壹貳壹宋紀三太祖文皇帝元嘉六年。

通典壹玖陸邊防典拾貳。

魏書陸陸、北史肆叁李崇傳。

魏書捌玖、北史貳柒酈道元傳。

北史伍肆斛律金傳。

錢大昕通鑑注辨正卷壹：

> 於六鎮北築長城，注：六鎮今武川、撫冥、懷朔、懷荒、柔元、禦夷也。按：魏書李崇傳稱上表求改鎮爲州，又言「臣以六鎮幽垂，與賊接對，州名差重于鎮，謂實可悦彼心。」又酈道元傳云：「肅宗以沃野、懷朔、薄骨律、武川、撫冥、柔元、懷荒、禦夷諸鎮，竝改爲州……」當時名爲六鎮，實不止六矣。
>
> （原注：通鑑注卷一百四十七引宋白云：太和十年改薄骨律鎮爲沃野鎮。據道元傳沃野與薄骨律竝舉，未審宋白何據。宫夢仁紀六鎮名有薄骨律無柔元，與此注異。）

「當時名爲六鎮，實不止六矣」，此固調停之說，然「六」之起□，與胡注異，非偶然。予以爲疑孝文巡查之四鎮去禦夷城、沃野、懷荒至高平、薄骨律皆太遠，與皇始移防時情勢不合也。

沈垚（字子敦）落帆樓文集壹六鎮釋最精確。

通鑑壹叁陸齊武帝永明二年（魏太和八年）高閭疏。

魏書壹佰陸上地形志蔚州：

　　永安中改懷荒、禦夷二鎮置，寄治并州鄔縣界。

案：懷荒之叛在正光四年（梁普通四年），至少在永安前四年。胡注通鑑壹肆玖普通四年引宋白疏失考年代。但懷荒與禦夷同寄治鄔縣，可證二鎮地相連接。今地圖置懷荒於柔玄之西，撫冥之西（東？），疑誤。實應置於柔玄之東，禦夷之西。因以太和十八年魏孝文巡幸六鎮，自西往東觀之。八月辛酉達撫冥鎮，甲子幸柔玄鎮。懷荒若在其間，不應越過不幸也。

六鎮疏

北齊書貳叁、北史伍陸魏蘭根傳説李崇改鎮立州。

魏書捌伍文苑傳（北史捌叁文苑傳略同）温子昇傳：

　　正光末，廣陽王淵爲東北道行臺，召爲郎中，軍國文翰皆出其手。

嚴可均校輯全上古三代秦漢三國六朝文温子昇集，爲廣陽王淵上書言邊事。又上言。

魏書拾捌、北史拾陸廣陽王深傳，請改六鎮爲州疏條。

疏中「白直一生」，「白直」見通典叁伍職官典拾柒禄秩門白直。

白直

通典叁伍職官典拾柒禄秩門：

〔北齊〕諸州刺史、守、令以下，幹及力皆聽敕乃給。其幹出所部之人。一幹輸絹十八疋，幹身放之。力則郡縣白直充。〔大唐〕諸州縣之官，流外九品以上皆給白直。二品（四十人），三品（三十二人），四品（二十四人），五品（十六人），六品（十人），七品（七人。其七品佐官六人），八品（五人），九品（四人）。天寶五載制，郡縣白直計數多少，同料錢，加稅以充之，不得配丁爲白直。

通鑑壹伍拾梁武帝普通五年胡注：

杜佑曰：白直無月給。

（四）唐世系

魏書伍叁李沖傳。

魏書叁玖李寶傳。

舊唐書壹壹貳，李暠淮安王神通玄孫。

新唐書柒捌，神通乃太祖子亮之子。

新唐書柒拾上宗室世系表。

李暠
- 歆（士業）—— 重耳（脱身於江左，仕於宋，後歸魏爲恒農太守）—— 熙（後魏金門鎮將，因家於武川）
- 翻 —— 寶 —— 沖

宋書捌捌。

北史叁玖薛安都傳。

南史肆拾薛安都傳，元嘉二十一來（南）奔。

魏書陸壹薛安都傳。

宋書柒柒柳元景傳。

南史叁捌柳元景傳。

通鑑壹叁壹宋明帝泰始二年。

廿二史劄記拾伍周隋唐皆出自武川條。

北史玖、周書壹周文紀上：

天興初，徙豪傑於代都，〔宇文〕陵隨例遷武川。

周書壹文帝紀，出自輿皂。

周書拾肆賀拔勝傳。
周書拾陸趙貴傳，以良家子鎮武川。
周書拾陸獨孤信傳，祖俟尼，家武川。
周書拾伍寇洛傳，父延壽，家武川。
周書拾伍于謹傳，曾祖婆，魏懷荒鎮將。
周書貳拾王盟傳，家武川。

八柱國十二大將軍

周書拾陸八柱國十二將軍世系。
周書拾陸趙貴、獨孤信、侯莫陳崇、弟瓊、凱。
北史陸拾李弼、宇文貴、子忻、愷、侯莫陳崇、子穎、崇兄順、王雄、子謙。

（五）隋唐高齊先世*

隋唐改姓之原因在此

北史伍魏本紀。

通鑑壹陸貳梁武帝太清三年(西魏大統十五年)五月:

魏詔太和中代人改始者皆復其舊。

北周書貳文帝紀下,西魏恭帝元年改定姓氏事:

魏氏之初,統國三十六,大姓九十九,後多絶滅。至是,以諸將功高者爲三十六國後,次功者爲九十九姓後。所統軍人,亦改從其姓。

此文見於通鑑壹陸伍梁紀元帝承聖三年正月條:

魏初統國三十六,大姓九十九,後多滅絶。泰乃以諸將功高者爲三十六姓,次者爲九十九姓,所將士卒,亦改從其姓。

北周書拾柒、北史陸伍若干惠傳「以國爲姓」。

北周書貳拾、北史陸壹閻慶傳「大野」。

魏書壹壹叁官氏志。

隋書伍伍(北史柒叁略同)周搖傳:

其先與後魏同源。初爲普乃氏。及居洛陽,改爲周氏。周閔帝受禪,賜姓車非氏。

參考陳毅魏書官氏志疏證,普氏後改爲周氏條。

周書貳玖、北史陸陸李和傳：

李和本名慶和，其先隴西狄道人也。後徙居朔方。父僧養，以累世雄豪，善於統御，爲夏州酋長。賜姓宇文氏。

疑與唐先世事相類。和亦賜姓宇文，蓋爲賀拔岳帳内都督，宇文黑獺繼領岳軍，或續隸於泰。從賜姓之例，所統軍人皆從其姓，和因賜姓宇文氏歟？待考。

北周書貳叁、北史陸叁蘇綽傳。

北周書貳肆、北史叁拾盧辯傳。

金石萃編貳柒魏孝文弔比干文碑（太和十八年十一月）陰、潛研堂金石文跋尾貳：

驪驤將軍臣河南郡大野□（□疑是懿字）

北史（卷三孝文紀）十九年詔遷洛人死葬河南，不得還北。於是代人南遷者，悉爲河南洛陽人。又云：太和二十年正月詔改姓元氏。今此碑立於十八年冬，宗室已繫元姓。代人竝稱河南郡，則史所載歲月恐未得其實矣。

後魏末有南州刺史大野拔、大野亦代北著姓矣。

邱目（穆）陵氏、万（勿）忸于氏、吐（土）難氏、莫耐（那）婁氏、陸氏本步六孤氏……

通志貳玖氏族志，代北複姓大野氏下注。

周松代北姓譜下，多鈔通志文。

隋書肆肆外戚傳。

北史捌拾隋文帝外家吕氏。

隋書肆陸、北史柒伍楊尚希傳。

陳毅魏書官氏志疏證普陋茹氏後改爲茹氏條。

太平廣記壹捌肆氏族引朝野僉載：

後魏孝文帝定四姓，隴西李氏大姓，恐不入，星夜乘鳴駝，倍程至洛，時四姓已定訖。故至今謂之駝李焉。

又太平廣記壹捌肆氏族門類條及張説條。

北史隋紀上拾壹高祖文皇帝本紀：

漢太尉〔楊〕震之十四世孫也。

李慈銘北史札記壹：

以隋爲楊震之後，本於隋書，亦沿國史之文，不可信。周書楊忠傳無此語。

周書拾玖楊忠傳。

十七史商榷陸捌高允與神武爲近屬條：

然則允之祖即歡高祖，允是歡五世内從祖近親屬也。歡貴執魏權，以允之名德，無所追崇，恐有亡佚。

魏書肆捌、北史叁壹高允傳：

祖泰，在叔父湖傳。父韜，少以英朗知名。

魏書叁貳高湖傳：

漢太傅裒之後。祖慶，慕容垂司空。父泰，吏部尚書。湖少機敏有器度，與兄韜俱知名。

資治通鑑考異陸齊紀上：

魏主改功臣姓。（考異曰：魏初功臣，姓皆複重奇僻，孝文太和中，變胡俗，始改之。魏收作魏書，已盡用新姓，不用舊姓。宋書索虜傳、南齊書魏虜傳所稱者，蓋其舊姓名耳。今並從魏書，以就簡易。）

赫連達乃宇文泰所令其復舊姓者。

晉書壹貳肆載記慕容雲：

慕容雲，寶之養子。祖父高和，勾麗之支庶，自云高陽氏之苗裔，故以高爲氏焉。〔馮〕跋逼曰：「公自高氏名家，何能爲他養子……」

雲遂即天王位，復姓高氏。

周書貳玖、北史陸陸高琳傳：

其先高勾麗人也。六世祖欽爲質於慕容廆，遂仕於燕。五世祖宗率衆歸魏，拜第一領民酋長，姓羽真氏。

魏書捌叁下、北史捌拾高肇傳：

文昭皇太后之兄也。自云渤海蓨人。五世祖顧，晉永嘉中避亂入高麗。

魏書拾叁、北史拾叁孝文昭皇后傳：

司徒公肇之妹也。父颺，母蓋氏，凡四男三女，皆生於東裔。高祖初，乃舉室西歸，達龍城鎮。

八瓊室金石補正拾伍魏故驪驤將軍營州刺史高使君懿侯碑銘：

君諱貞，字羽真，勃海脩人也。……祖左光禄大夫、勃海敬公，純嘏所鍾，式誕文昭皇太后，是爲世宗武皇帝之外祖。

貞爲高颺孫，高偃子。

後燕，慕容□王薨。高雲本高麗人。

唐晏渤海國志貳姓氏志：

高氏（原注：按高氏爲遼東望族，至今滿洲漢軍皆有之，而其初則出於渤海。或曰：其先本高麗王朱蒙之後也。爲唐所滅，遂入渤海。由渤海入遼，而自别爲渤海族望也。入滿洲爲高佳氏。）

楊氏（原注：按滿洲有楊佳氏。）

李氏（原注：按滿洲有李佳氏。）

論曰：女真故俗，大抵亦沿古法，而地大宗强，往往力能合一鄉之人皆爲一氏。考日本望族混入者最多，亦與女真俗同。蓋其初本尚武之國，以族大宗强爲貴，居此地者即入其族，否則不能相容。中國嶺表間，亦有此風，知此者乃可以論渤海氏族。

唐晏渤海國志肆異姓列傳：

論曰：然則如渤海諸臣，其爲肅慎之裔歟，朝鮮之支歟，燕齊兩漢之流寓歟，誰得而知之，誰得而析之哉？考清室受命之初，朝鮮人來歸化者例入滿洲籍，如朴氏、金氏、王氏、李氏皆著在氏族通譜，得其本源矣。

北堂書鈔壹陸拾引（蕭方等）三十國春秋：

燕黄門郎明岌將死，誡其子曰：「吾所以在此朝者，非要貴也，直是避禍全身耳。葬可埋一圓石於吾墓前，首引之云：『晉有微臣明岌之冢。』以遂吾本志也。」

此條可與晉書壹佰捌慕容廆傳附高瞻事相參考。蓋據此可知慕容氏猶遥奉晉朝。中原漢族流人之在遼者實多遺臣正士優秀分子，故能融和華夷以開後來隋唐統治階級之先，非偶然也。高齊楊隋先世皆與燕有關，李唐以冒認西涼爲祖，致令溯源不明，恐先世亦與燕有關也。

（六）晉書

李慈銘晉書札記肆匈奴傳「居於太原故茲氏縣」條：

官本此傳及劉元海載記「茲氏」皆改「汯氏」誤。

唐重修晉書之主因

晉書捌柒涼武昭王傳子士業：

〔士業〕諱歆，子重耳，脱身奔於江左，仕於宋。後歸魏，爲恒農太守。

後漢書叁陸賈逵傳：

又五經家皆無以證圖讖明劉氏爲堯後者，而左氏獨有明文。

〔章懷注：〕春秋晉大夫蔡墨曰：陶唐氏既衰，其後有劉累，學擾龍，事孔甲，范氏其後也。范會自秦還晉，其處者爲劉氏。明漢承堯後也。

左傳文公十三年：

秦人歸其帑，其處者爲劉氏。

杜注：士會，堯後劉累之胤，別族，復累之姓。

正義曰：伍員屬其子於齊使爲王孫氏者，知己將死豫令改族，其傳又爲發之。士會之帑在秦不顯，於會之身復無所辟，傳説處秦爲劉氏，未知何意言此，討尋上下，其文不類，深疑此句或非本旨。蓋以爲漢室初興，損棄古學，左氏不顯於世，先儒無以自申。劉氏從秦從魏，其源本出劉累，插注此辭，將以媚於世。明帝時賈逵上疏云：五經皆無證圖讖明劉氏爲堯後者，而左氏獨有明文。竊謂前世藉以求道通，故後引之以爲證耳。

正義曰：昭二十九年傳稱：陶唐氏既衰，其後曰劉累，能飲食龍，夏王孔甲賜氏曰御龍。襄二十四年傳：范宣子云：匄之祖，自虞以上爲陶唐氏，在夏爲御龍氏，在商爲豕韋氏，在周爲唐杜氏，晉主夏盟爲范氏。（中略）世本士蔿生士伯缺，缺生士會，會生士燮。會是蔿之孫，是爲堯後也。會子在秦不被賜族，故自復累之姓爲劉氏。秦滅魏，劉氏徙大梁。漢高祖之祖爲豐公，又徙沛，故高祖爲沛人。

（七）唐　書

容齋隨筆陸杜悰：

唐懿宗咸通二年二月以杜悰爲相……以史考之，懿宗即位之日，宰相四人：曰令狐綯、曰蕭鄴、曰夏侯孜、曰蔣伸。至是時唯有伸在，三人者罷去矣。

容齋隨筆陸唐書世系表沈氏。
廿二史劄記拾陸。
廿二史劄記拾柒：
新書增舊書處
新書增舊書有關係處
新書立傳獨詳處
新書删舊書處
廿二史劄記拾捌：
新書改舊書文義處
新書盡删駢體舊文
新書好用韓柳文
新書詳載章疏
新舊書互異處
新舊書誤處
新舊書刻本各有脱誤處

曾公亮進新唐書表：

其事則增於前，其文則省於舊。

文選拾紀行下潘安仁西征賦：

感市閭之菆井，歎尸韓之舊處。丞屬號而守闕，人百身以納贖。豈生命之易投，誠惠愛之洽著。訏望之以求直，亦余心之所惡。思夫人之政術，實幹時之良具。苟明法以釋憾，不愛才以成務。弘大體以高貴，非所望於蕭傅。

漢書柒捌蕭望之傳：

使光禄勳惲策詔左遷君爲太子太傅，授印。

上曰：蕭太傅素剛，安肯就吏。

果然殺吾賢傅。

漢書柒陸韓延壽傳。

新唐書壹貳叁蕭至忠傳：

後依太平復當國。嘗出主第，遇宋璟，璟戲曰：「非所望於蕭傅。」至忠曰：「善乎宋生之言。然不能自返也。」

通鑑改字

通鑑貳壹拾玄宗光天元年：

至忠素有雅望，嘗自太平公主第出，遇宋璟，璟曰：「非所望於蕭君也。」至忠笑曰：「善乎宋生之言。」遽策馬而去。

宋〔祁〕景文集肆叁蕭望之論：

若前之四驗（一、取名而忌其上。二、慕古而不適事。三、顓己而果於用辯。四、好任而罔能擇人。）寧所望於蕭傅乎？君子是以知材全之難。

據此可知宋祁唐書蕭至忠傳亦同文選，彼固知其出處也。

（八）通　鑑

宋史叁叁陸司馬光傳：

神宗即位，擢爲翰林學士，光力辭。帝曰：「古之君子或學而不文，或文而不學，惟董仲舒、揚雄兼之。卿有文學，何辭爲？」對曰：「臣不能爲四六。」帝曰：「如兩漢制詔可也。且卿能進士取高第，而云不能四六，何邪？」竟不獲辭。

生七歲，凛然如成人，聞講左氏春秋，愛之。退爲家人講，即了其大指。

仁宗寶元初中進士甲科。

温國文正公文集辭知制誥九狀、制詔、表，亦皆四六文。

禮記月令：

仲夏之月，日在東井。孟冬之月，日在尾。

魏書高允傳。

通鑑玖漢紀太祖高皇帝上之上，元年冬十月胡注。

（九）通鑑考異

通鑑考異壹周紀：

赧王五十七年魏新垣衍説趙欲帝秦。魯仲連折之。（考異曰：史記魯仲連傳云：「新垣衍謝，請出，不敢復言帝秦。秦將聞之，爲却軍五十里。」按仲連所言，不過論帝秦之利害耳，使新垣衍慙怍而去則有之，秦將何預而退軍五十里乎？此亦游談者之誇大也，今不取。）

通鑑考異捌：

隋恭帝義寧元年四月，薛舉與其子仁果劫郝瑗發兵。（考異曰：唐高祖實録先作「仁果」，後作「仁杲」。新、舊高祖、太宗紀、薛舉傳、柳芳唐曆、柳宗元集皆作「仁杲」。太宗實録、吴兢太宗勳史、革命記、焦璐唐朝年代記、陳嶽唐統紀皆作「仁果」。今醴泉昭陵前有石馬六匹，其一銘曰：「白蹄烏，平薛仁果時所乘。」此最可據，今從之。）

通鑑壹玖壹唐紀武德九年六月：

世民猶豫未決，問於靈州大都督李靖，靖辭。問於行軍總管李世勣，世勣辭。世民由是重二人。

通鑑考異曰：

統紀云：「秦王懼不知所爲，李靖、李勣數言大王以功高被疑，靖等請申犬馬之力。」劉餗小説（隋唐嘉話）：「太宗將誅蕭牆之惡，以主社稷，謀於衛公靖，靖辭。謀於英公徐勣，勣亦辭。帝由是珍此二人。」二説未知誰得其實，然劉説近厚，有益風化，故從之。

此乃道德之主張，非史實之判斷也。

陳嶽唐統紀：新唐書伍捌藝文志史部編年類，陳嶽唐統紀一百卷。

（十）通鑑紀事本末乃通鑑索引

通鑑紀事本末拾貳「西晉之亂」：「晉武帝太康元年侍御史郭欽上疏，請徙内郡羌胡、鮮卑於邊地」下注：事見「羌胡之叛」。

蓋一資治通鑑之良索引也。

（十一）南　史

宋書卷拾玖至貳貳樂志。

宋書卷貳柒至貳玖符瑞志。

宋書卷伍伍臧燾、徐廣、傅隆傳論：

又選賢進士，不本鄉閭，銓衡之寄，任歸臺閣。自黄初至於晉末，百餘年中，儒教盡矣。

言儒學之所以廢。選舉人才方法之變，由於曹魏。

宋書陸柒謝靈運傳論言聲病。詳見空海文鏡祕府論。

南齊書伍肆高逸傳序：

求志達道，未或非然，含貞養素，文以藝業。不然，與樵者之在山，何殊別哉！

王闓運言此傳有識，殆指此。

南齊書伍柒魏虜傳。

魏書玖玖私署涼王李暠（子歆、恂）。

魏書玖玖盧水胡沮渠蒙遜。

魏書壹壹叁官氏志。

魏書壹壹肆釋老志。

（十二）南北史

齊梁世系表：

整
- 儁（齊）—樂子—承之—道成
- 鎋（梁）—副子—道賜—順之—衍「於齊高帝爲始族弟」

王鳴盛十七史商榷伍伍「蕭氏世系」條 順之——道次

十七史商榷伍玖：

以家爲限斷，不以代爲限斷。

十七史商榷陸捌：

併合各代每一家爲一傳。

十七史商榷玖叁：

斷代爲史綜錯非是。

十七史商榷伍叁：

新唐書過譽南北史。

此文見新唐書壹佰貳李延壽傳：

其書頗有條理，删落釀詞，過本書遠甚。

廿二史劄記拾：

南北史子孫附傳之例。

錢大昕潛研堂文集拾貳〔諸史〕答問玖：

問史以勸善懲惡，父子兄弟趣向不同，往往各自立傳，況事隔數朝，賢否非一。而延壽列傳，但以家世類叙，不以朝代爲限斷，是乃家乘之體，豈史法乎？曰：延壽既合四代爲一書，若更有區別，則破碎非體，又必補叙家世，詞益繁費，且當時本重門第，類而次之，善惡自不相揜。愚以爲甚得史記合傳之意，未可轉議其失。

寅恪案：錢氏言是。又當日政治社會之中堅人物在貴族，故其關係實較皇室爲重。皇室既以家世類叙，惟易代乃分篇。士族則四代蟬聯，超越於皇室更替之外。其關係本不以朝代而隔斷，則以家世類叙列爲合傳，自無不可也。

（十三）通　典*

十七史商榷玖拾杜佑作通典。

□□□□□□□

凡問古人之書，蓋欲萌新意，隨時制事，其道無窮。

通典壹捌伍邊防總叙華夷進化。

通典壹玖壹邊防典柒西戎總序注：

族子環隨鎮西節度高仙芝西征，天寶十載至西海，寶應初，因賈商船舶自廣州而回，著經行記。

諸家纂西域事，皆多引諸僧遊歷傳記（略），皆盛論釋氏詭異奇迹，參以他書則紕謬，故多略焉。

通典壹玖柒邊防典拾叁、通鑑壹玖叁貞觀四年處置降突厥事。

通典拾貳（食貨拾貳）管子事。

通典肆捌末禮典吉柒末祭尸。

通典壹柒壹州郡典序：

纖介畢書，樹石無漏，動盈百軸，豈所謂撮機要者乎！如誕而不經，偏記雜説，何暇編舉，或覽之者，不責其略焉。

通典壹柒肆州郡典肆論河源末附議大駁水經：

詳水經所作，殊爲詭誕，全無憑據。

通典壹肆捌兵典序：

以爲孫武所著十三篇，旨極斯道，故知往昔行師制勝，誠當皆精其理。今輒捃摭與孫武書之義相協并頗相類者纂之，庶披卷足見成敗在斯矣。

〔通典〕多採文集奏疏，又禮典存古經注最多，皆史料也。兵典則載兵法兵謀太多，制度較少，蓋實用之書，固宜如是也。

舊唐書壹肆柒杜佑傳：

貞元十七年自淮南上通典。

貞元十六年張建封卒。

新唐書壹陸陸杜佑傳：

俄出爲淮南節度使，以母喪解，詔不許。徐州節度使張建封卒，軍亂，立其子愔，請於朝，帝〔德宗〕不許，乃詔佑檢校尚書左僕射、同中書門下平章事、節度徐、泗討定之。佑具舟艦，遣屬將孟準度淮擊徐，不克，引還。佑於出師應變非所長，因固境不敢進，乃詔授愔徐州節度使，析濠、泗二州隸淮南。

（十四）北魏後期之漢化*

通鑑壹肆拾齊明帝建武二年、魏書柒下高祖紀，太和十九年六月己亥、丙辰詔書。

北史叁太和十九年、二十年。

通鑑壹肆拾齊紀六高宗明皇帝建武三年。

北史叁陸薛辯傳附聰傳。
北史貳陸宋弁傳。
北史肆拾韓麒麟傳附韓顯宗傳。
魏書貳壹上、北史拾玖咸陽王禧傳。
魏書伍玖劉昶傳。

（十五）北齊之鮮卑化*

鮮卑小兒

北齊書貳神武紀下。
北史伍叁慕容紹宗傳。
北齊書貳肆、北史伍伍杜弼傳。
北齊書叁肆、北史肆壹楊愔傳。
北齊書貳壹高昂傳。
北齊書拾陸段榮傳。
北齊書玖文宣李后傳。

北齊書拾捌高隆之傳。
北齊書壹齊高祖高歡字賀六渾。
北齊書壹拾、北史伍壹永安簡平王浚傳：
浚等聞之，呼長廣〔王湛〕小字「步落稽」。

鮮卑語

參考北齊書貳壹、北史叁壹高昂傳。
北史伍伍孫搴傳。
北齊書肆陸、北史捌陸循吏張華原傳。
通鑑壹伍柒。
北齊書貳叁、北史伍陸魏蘭根傳：「漢子」。
顔氏家訓壹教子篇第貳：
齊朝有一士大夫，嘗謂吾曰：「我有一兒，年已十七，頗曉書疏，教其鮮卑語及彈琵琶，稍欲通解，以此伏事公卿，無不寵愛，亦要事也。」
顔氏家訓伍省事篇第拾貳：

近世有兩人，朗悟士也。性多營綜，略無成名……天文、畫繪、棊博、鮮卑語、胡書、煎胡桃油，煉錫爲銀，如此之類，略得梗概，皆不通熟。

隋書卷三十二經籍志經部小學類：

國語十五卷

國語十卷

鮮卑語五卷

國語物名四卷（後魏侯伏侯可悉陵撰）

國語真歌十卷

國語雜物名三卷（侯伏侯可悉陵撰）

國語十八傳一卷

國語御歌十一卷

鮮卑語十卷

國語號令四卷

國語雜文十五卷

鮮卑號令一卷（周武帝撰）

後魏初定中原，軍容號令，皆以夷語。後染華俗，多不能通。故録其本言，相傳教習，謂之「國語」，今取以附音韻之末。

徐文範東晉南北朝輿地表。

漢書柒拾陳湯傳：

胡兵五而當漢兵一，何者，兵刃朴鈍，弓弩不利。今聞頗得漢巧，然猶三而當一。

此成帝時事。

元和郡縣圖志拾叁：

大干城在〔文水〕縣西南十一里。本劉元海築，令兄延年鎮之。胡語長兄爲大干，因以爲名。

晉書肆肆盧欽傳。

晉書陸貳劉琨傳。

晉書壹佰柒載記冉閔。

晉書壹貳伍載記馮跋。

魏書玖柒海夷馮跋：

跋既家昌黎，遂同夷俗。

魏書貳壹上、北史拾玖咸陽王禧傳。

魏書伍叁、北史壹佰序傳李沖傳：

高祖初依周禮，置夫、嬪之列，以沖女爲夫人。

北齊書玖、北史拾肆文宣皇后李氏傳：

高隆之、高德正言：漢婦人不可爲天下母。

馮氏彼爲魏室外戚，也爲皇后，而高德正等人以爲漢人無爲后者也。

夏氏中國歷史教科書第叁册第貳篇第壹章第叁捌節晉南北朝隋之風俗：

案：此則齊高隆之、高德正謂文宣曰：漢婦人不可爲天下母，非惟自蔑其族，抑亦不諳朝章國故之甚矣。

（十六）唐為鮮卑種

劉肅大唐新語拾叁。

王讜唐語林亦載（四庫本卷伍補遺）：

韋鏗初在憲司，邵炅（景）、蕭嵩同昇殿。神武皇帝即位，及詔出，炅、嵩俱加朝散，獨鏗不及。

炅鼻高，嵩鬚多並類鮮卑(胡)。鏗嘲之云：一雙獠(胡)子著緋袍，一箇鬚多一鼻高，相對衙前捺且立(新語衙作廳，捺作搽)，自言身品世間毛。

太平廣記貳伍伍邵景，出御史臺記。

錢易南部新書：

太宗文皇帝虬鬚上可挂一弓。

段柯古酉陽雜俎：

太宗虬鬚常戲張弓挂矢。

杜甫八哀詩贈太子太師汝陽郡王璡：

汝陽讓帝子，眉宇真天人，虬鬚似太宗，色映塞外春。

杜送王詩事語：

虬鬚十八九。

(十七) 氏　族

新唐書壹玖玖柳沖傳。

舊唐書壹捌玖下柳沖傳較略，不載全文。

全唐文叁柒貳柳芳姓系論。

唐氏族

搢紳子弟怯尚公主

尉遲偓中朝故事：

搢紳子弟皆怯於尚公主，蓋以帝戚强盛，公主自置羣僚，以至莊宅庫轝盡多，主吏宅中各有院落，聚會不同。公主多親戚聚宴，或出盤游，駙馬不得與之相見。凡出入間婢僕不敢顧盼，公主即恣行所爲，往往數朝不一相見。唯于琮所尚廣德公主即賢和不同，云云。

與唐氏族條及中朝故事于琮傳有關：

禮部尚書王珪子敬直，尚太宗女南平公主。珪曰：「禮有婦見舅姑之儀，自近代風俗弊薄，公主出降，此禮皆廢。主上欽明，動循法制，吾受公主謁拜，豈爲身榮，所以成國家之美耳。」遂與其妻就位而坐，令公主親執笲，行盥饋之道，禮成而退。太宗聞而稱善，是後公主下降有舅姑者，皆遣備行此禮。

（十八）科舉制與門第

張洎賈氏譚録：

牛奇章初與李衛公相善，嘗因飲會，僧孺戲曰：「綺紈子何預斯坐？」衛公銜之。後衛公再居相位，僧孺卒遭譴逐。

牛僧孺貞元間進士。

舊唐書壹柒肆李德裕傳：

恥與諸生從鄉賦，不喜科試。

新唐書壹捌拾李德裕傳：

不喜與諸生試有司，以蔭補校書郎。

（十九）唐太宗生日諸書不同

貞觀政要柒禮樂第貳玖篇：

貞觀十七年十二月癸丑，太宗謂侍臣曰：今日是朕生日。

按通鑑壹玖捌唐紀繫此語於貞觀二十年十二月癸未。

考舊唐書貳太宗本紀：

〔帝生於〕隋〔文帝〕開皇十八年十二月戊午。

今據長曆推之，開皇十八年十二月丁酉朔，戊午爲十二月二十二日。
貞觀十七年十二月丁未朔，癸丑爲十二月七日。
貞觀二十年十二月己未朔，癸未爲十二月二十五日。
據元戈直本貞觀政要所見，通鑑已爲是，則未知孰是也。

（二十） 唐太宗令僧道拜父母

貞觀政要柒禮樂篇：

貞觀五年，太宗謂侍臣曰：「佛道設教，本行善事，豈遣僧尼道士等妄自尊崇，坐受父母之拜，損害風俗，悖亂禮經，宜即禁斷，仍令致拜於父母。」

可參考彥琮集沙門不拜俗事。據彼書載高宗龍朔時議狀謂：先帝（即太宗）號令僧尼致拜之令，與此不同□□。

（二一）府　兵

十七史商榷捌貳：

總論新書兵志。

置府之數各書互異。

彍騎。

新唐書伍拾兵志。

杜牧樊川文集伍原十六衛。

文獻通考壹伍壹兵考叁。

通鑑貳叁貳唐紀德宗貞元二年，德宗與李泌論復府兵事。

通鑑貳叁叁唐紀德宗貞元三年。

濱口重國「府兵制度與行新兵制」，史學雜誌肆壹期拾貳—叁號。

北史陸拾王雄傳後。

周書拾陸侯莫陳崇傳後。

周書貳肆盧辯傳。
北史叁拾盧同傳附辯傳。
新唐書壹貳伍、舊唐書玖柒張説傳。
勞經原及子格折衝府考卷壹。
玉海壹叁捌兵制引李繁鄴侯家傳。
晦庵文集捌叁跋王荆公進鄴侯遺事奏稾：
引熙寧奏對日録。
羅振玉折衝府考補并拾遺（永豐鄉人雜著中）。

（一二一）唐邊患*

習學記言叁玖：
至玄宗創爲十節度，二十餘年而禄山破兩京，終受分裂之禍。

舊唐書叁太宗紀下：
貞觀四年夏四月丁酉，御順天門，軍史執頡利以獻捷，自是西北諸蕃咸請上尊號爲「天可汗」，於是降璽書册命其君長，則兼稱之。

册府元龜玖玖玖外臣部肆肆請求：

〔開元〕十五年吐火羅葉護遣使上言曰：奴身罪逆不孝，慈父身被大食統押，應徹天聽頌。(訟冤?)奉天可汗進旨云：大食欺侵，我即與你氣力。奴身今被大食重税，欺苦實深，若不得天可汗救活，奴身自活不得，國土必遭破散，求防守天可汗西門不得。伏望天可汗慈憫，與奴身多少氣力，使得活路。又承天可汗處分突厥施可汗云，西頭事委你，即須發兵除却大食。其事若實，望天可汗却垂處分奴身。緣大食税急不救得好物奉進，望天可汗炤之……

舊唐書壹玖捌大食傳：

其時(開元初)西域康國、石國之類皆臣屬之。

又

貞元中與吐蕃爲勍敵。蕃軍大半西禦大食，故鮮爲邊患，其力不足也。

李繁鄴侯家傳，通鑑貳叁貳貞元三年七月條：

泌意欲結回紇、大食、雲南與共圖吐蕃，令吐蕃所備者多。知上素恨回紇，……故不肯言。

舊唐書壹玖柒南詔蠻傳：

初吐蕃因争北庭，與迴鶻大戰，死傷頗衆，乃徵兵於牟尋，須萬人。

新唐書壹伍捌韋皋傳：

初，雲南蠻羈附吐蕃，其盜塞必以蠻爲鄉道，皋計得雲南，則斬虜右支。

舊唐書壹肆拾韋皋傳：

皋以雲南蠻衆數十萬與吐蕃和好。蕃人入寇，必以蠻爲前鋒。〔貞元〕四年，皋遣判官崔佐時入南詔蠻，説令向化，以離吐蕃之助。

（一二三）五斗米道　天師道

三國志魏志捌張魯傳注引魚氏典略。

後漢書壹佰伍劉焉傳附張魯傳。

後漢書壹佰壹皇甫嵩傳。

後漢書捌靈帝紀中平元年七月。

宋濂翰苑別集陸漢天師世家叙。

法苑珠林陸玖破邪篇。

華陽國志。

參考：

錢大昕三國志辨疑壹第叁頁下。

潘眉三國志考證叁第叁頁下。

梁章鉅三國志旁證玖第陸頁下。

真誥貳拾翼真檢貳真冑世譜：

　先生名邁字叔玄，小名映。清虛懷道，遐棲世外。故自改名遠遊。與王右軍父子周旋。子猷乃修在三之敬。（中略）娶吴郡孫宏字彥達女，即驃騎秀之孫。

許邁弟許謐，長史。謐中男聯，字元暉，小名虎牙。謐小男翽，字道翔，小名玉斧。

晉書捌拾許邁傳。

太平御覽陸陸陸引太平經：

　先娶散騎常侍吴郡孫宏女爲妻。

太平御覽伍佰叁引晉中興書：

　乃與婦（荀）書，令改適。

荀即孫也。吴郡孫即琅邪孫氏南遷者，非別一族也。

晉書壹佰孫恩傳：

孫恩字靈秀，瑯邪人，孫秀之族也。世奉五斗米道。

晉書伍玖趙王倫傳，孫秀事。

世説新語賢媛篇引〔傅暢〕晉諸公贊曰：

孫秀字俊忠，瑯邪人。初趙王倫封瑯邪，秀給爲近職小吏。倫數使秀作書疏，文才稱倫意。倫封趙，秀徙户爲趙人。

真誥拾伍、拾陸闡幽微篇與王凝之請鬼兵事有關。

真誥拾陸闡幽微貳：

王逸少有事繫禁中已五年，云事已散。（原注：即王右軍也。王廙兄曠之子。〔右軍〕至昇平五年辛酉歲亡，今乙丑年説云五年，則亡後被繫。）

真誥拾陸闡幽微貳：

王廙爲部鬼將軍。

四鎮皆領鬼兵萬人，中官領兵不過數千。四鎮有泰山君（荀顗）、盧龍公（曹仁）、東越大將軍（正輿，晉劉陶）、南巴侯（何曾）各領萬人。

真誥叙録真誥拾玖翼真檢壹：

何道敬既分將經去，又泄説其意，馬朗忿恨乃洋銅灌廚籥，約敕家人，不得復開。

一切經音義卷壹佰觀心論：

「鑄寫」下引顧野王云：洋銅爲器曰鑄也。

此皆可與佛經「洋銅」字相證明。

法苑珠林陸捌破邪篇妄傳邪教叁：

前漢時王褒造洞玄經。

雲笈七籤傳籤有王真君傳。

法苑珠林陸捌破邪篇妖惑亂衆肆：

又晉武帝咸寧二年有道士陳瑞以左道惑衆，自號天師，徒附數千，積有年歲，爲益州刺史王濬誅滅。

又晉文帝太和元年，彭城道士盧悚自稱大道祭酒。以邪術惑衆，聚合徒黨，向晨攻廣漢門，云迎海西公。時殿中桓祕等覺知與戰，尋被誅斬。

又引冥祥記：

晉程道慧字文和，武昌人。世奉五斗米道，太元十五年病死……

隋書經籍志史部雜傳類：冥祥記十卷，王琰撰。

通鑑壹佰叁晉紀簡文咸安二年：

彭城妖人盧悚自稱大道祭酒，事之者八百餘家。……

太和爲海西公年號。文帝當指簡文言，而簡文年號咸安，法苑珠林與此不合。據晉書卷捌廢帝海西公紀：

咸安二年十一月，妖賊盧悚遣弟子殿中監許龍晨到其門，稱太后密詔，奉迎興復。云云。

晉書柒肆桓祕傳：

孝武初即位，妖賊盧竦入宫，祕與左衛將軍殷康俱入擊之。温入朝，窮考竦事，收尚書陸始等，罹罪者甚衆，祕亦免官。

咸安二年即孝武□□元年，實則孝武即位之初而簡文末年也。法苑珠林有誤。

真誥拾伍闡幽微壹：

何次道始從北帝内禁御史，得還朱火官受化，以其多施惠之功故也。

真誥拾陸闡幽微貳：

郗南昌公先爲北帝南朱陽大門靈關侯，後又轉爲高明司直，昔坐與劉慶孫爭，免官，今始當復職也。高明司直如世尚書僕射。

何次道今在南宫承華臺中，已得受書，行至南嶽中。

劉慶孫，名輿，劉越石之兄。

（二一四）三教問題

廣弘明集壹引韋昭吴書，吴主與闞澤論三宗事。但此疑爲僞作。

廣弘明集拾壹唐法琳破邪論：

暨梁武之世，三教連衡，五乘並騖。

此三教是否確指儒釋道三教而非菩薩、緣覺、聲聞三教，當如常盤大定之所言佛教與儒教道教？

廿二史劄記拾伍北朝經學。

北史捌壹、捌貳儒林傳上下。

慧皎高僧傳、道宣續高僧傳，皆見北人於學術上有優於南朝之處。其所以能保持者皆士族也。即僧徒亦多出自士族者也。

義浄大唐求法高僧傳上慧輪傳注：

支那即廣州也。莫訶支那即京師也。亦云提婆弗呾羅，唐云天子也。

慈恩大師傳柒：

慧天致書摩訶支那國，於無量經律論妙盡精微，木叉阿遮利耶敬問無量少病少惱。

大唐西域記拾貳辯機贊云：

小乘學徒，號木叉提婆（唐言解脱天）。大乘法衆，號摩訶耶那提婆（唐言大乘天）。

（陳美延輯録）

兩晉南北朝史（高等學校交流講義）

目次

編者注：原講義目録頁又題作「兩晉南北朝史參考資料」。在十九講之後另有論文七篇，因已分别編入金明館叢稿初編、金明館叢稿二編，故本卷略去，只存目以備讀者了解講義原貌。

附年表

公元二〇〇年	漢獻帝建安五年	官渡之戰
公元二二〇年	魏文帝黄初元年 十月庚午改元	魏代漢
公元二二一年	蜀先主章武元年 四月丙午改元	蜀稱帝
公元二二二年	吴大帝黄武元年 十月改元	吴稱帝
公元二四九年	魏齊王芳嘉平元年 四月乙丑改元	司馬懿殺曹爽
公元二六三年	魏陳留王奂景元四年 十一月	魏滅蜀
公元二六五年	晉武帝泰始元年 十二月改元	晉代魏
公元二八〇年	晉武帝太康元年 四月乙酉改元	晉滅吴
公元三一七年	東晉元帝建武元年 三月辛卯	

一　魏晋統治者之社會階級 附論吴蜀

晋書壹宣帝紀云：

楚漢間，司馬卬爲趙將，與諸侯伐秦。秦亡，立爲殷王，都河内。漢以其地爲郡，子孫遂家焉。自卬八世，生征西將軍鈞，字叔平。鈞生豫章太守量，字公度。量生潁川太守儁，字元異。儁生京兆尹防，字建公。帝即防之第二子也。博學洽聞，伏膺儒教。

後漢書壹壹柒西羌傳略云：

〔永初元年〕先零别種滇零與鍾羌諸種大爲寇掠，明年冬〔鄧〕騭使任尚及從事中郎司馬鈞率諸郡兵與滇零等數萬人戰於平襄。（縣名，屬漢陽郡。）尚軍大敗，死者八千餘人。於是滇零等自稱天子於北地。〔元初〕二年春遣左馮翊司馬鈞行征西將軍，督右扶風仲光、安定太守杜恢、北地太守盛包、京兆虎牙都尉耿溥、右扶風都尉皇甫旗等，合八千餘人，又龐參將羌胡兵七千餘人，與鈞分道並北擊零昌。參兵至勇士（縣名，屬天水郡。）東，爲杜季貢所敗，於是引退。鈞等獨進攻，拔丁奚城，大克獲。杜季貢率衆僞逃。鈞令光、恢、包等收羌禾稼，光等違鈞節度，散兵深入，羌乃設伏要擊之。鈞在城中，怒而不救，光並没，死者三千餘人。鈞乃遁還，坐徵自殺。

三國志魏志壹伍司馬朗傳裴注引司馬彪序傳云：

朗祖父儁，字元異。博學好古，鄉黨宗族咸景附焉。位至潁川太守。父防，字建公。閒居宴處，威儀不忒。雅好漢書名臣列傳，所諷誦者數十萬言。少仕州郡，歷官洛陽令、京兆尹。諸子雖冠成人，不命曰進不敢進，不命曰坐不敢坐，不指有所問不敢言，父子之間肅如也。有子八人，朗最長，次即晉宣皇帝也。

後漢書柒伍袁安傳略云：

袁安字邵公，汝南汝陽人也。祖父良，習孟氏易，平帝時舉明經，爲太子舍人，建武初，至成武令。安少傳良學。爲人嚴重有威，見敬於州里。建初八年，遷太僕。〔元和三年〕代第五倫爲司空。章和元年，代桓虞爲司徒。

同書捌肆楊震傳略云：

楊震字伯起，弘農華陰人也。父寶，習歐陽尚書。哀、平之世，隱居教授。震少好學，受歐陽尚書於太常桓郁，明經博覽，無不窮究。諸儒爲之語曰：「關西孔子楊伯起。」延光二年，代劉愷爲太尉。

世說新語政事類山公以器重朝望條劉注引虞預晉書曰：

山濤字巨源，河內懷人。祖本，郡孝廉。父曜，冤句令。濤蚤孤而貧，少有器量，宿士猶不慢之。年十七，宗人謂宣帝曰：「濤當與景、文共綱紀天下者也。」帝戲曰：「卿小族，那得此快人邪？」好莊老，與嵇康善。爲河內從事，與石鑒共傳宿，濤夜起蹋鑒曰：「今何等時而眠也。知太傅臥何意？」鑒曰：「宰相三日不朝，與尺一令歸第，君何慮焉。」濤曰：「咄！石生，無事馬蹄閒也。」投傳而去。果有曹爽事，遂隱身不交世務，累遷吏部尚書、僕射、太子少傅、司徒。年七十九薨，謚康侯。

同書簡傲類云：

謝萬在兄前，欲起索便器。于時阮思曠在坐曰：「新出門户，篤而無禮。」

晉書肆玖阮籍傳附阮裕傳略云：

裕字思曠。嘗以人不須廣學，正應以禮讓爲先。

晉書貳拾禮志中略云：

文帝之崩，國內服三日。武帝亦遵漢魏之典，既葬除喪，然猶深衣素冠，降席撤膳。太宰司馬孚等奏（請）勑御府易服，內者改坐，太官復膳，諸所施行，皆如舊制。詔曰：「本諸生家，傳禮來久，何心一旦便易此情於所天。」孚等重奏（請）勑有司改坐復常，率由舊典。又詔曰：「三年之喪，自古達禮，雖薄於情，食旨服美，所不堪也。不宜反覆，重傷其心，言用斷絕，奈何奈何。」帝遂以此禮終三年。後居太后之喪亦如之。

抱朴子外篇譏惑篇云：

吾聞晉之宣、景、文、武四帝，居親喪皆毀瘠踰制，又不用王氏二十五月之禮，皆行（二十）七月服，于時天下之在重哀者，咸以四帝爲法。世人何獨不聞此而虛誣高人，不亦惑乎？

三國志魏志肆陳留王奐傳云：

咸熙元年三月丁丑，以司空王祥爲太尉，征北將軍何曾爲司徒，尚書左僕射荀顗爲司空。己卯，進晉公爵爲王，封十郡，并前二十。

同書同卷裴注引漢晉春秋曰：

晉公既進爵爲王，太尉王祥、司徒何曾、司空荀顗並詣王。顗曰：「相王尊重，何侯與一朝之臣皆已盡敬，今日便當相率而拜，無所疑也。」祥曰：「相國位勢誠爲尊貴，然要是魏之宰相，吾等魏之三公，公王相去，一階而已，班列大同，安有天子三公可輒拜人者？損魏朝之望，虧晉王之德，君子愛人以禮，吾不爲也。」及入，顗遂拜，而祥獨長揖。王謂祥曰：「今日然後知君見顧之重。」

晉書叁叁王祥傳略云：

王祥，琅邪臨沂人。祖仁，青州刺史。祥性至孝。早喪親，繼母朱氏不慈，數譖之，由是失愛於父，每使掃除牛下，祥愈恭謹。父母有疾，衣不解帶，湯藥必親嘗。母常欲生魚，時天寒冰凍，祥解衣將剖冰求之，冰忽自解，雙鯉躍出，持之而歸。母又思黄雀炙，復有黄雀數十飛入其幙，復以供母。鄉里驚歎，以爲孝感所致焉。有丹柰結實，母命守之，每風雨，祥輒抱樹而泣，其篤孝純至如此。

同書同卷何曾傳略云：

何曾，陳國陽夏人也。父夔，魏太僕、陽武亭侯。進封潁昌鄉侯。咸寧四年薨，下禮官議謚，博士秦秀謚爲「繆醜」，帝不從，策謚曰孝。曾性至孝，閨門整肅，自少及長，無聲樂嬖幸之好。年老之後，與妻相見，皆正衣冠，相待如賓。己南向，妻北面，再拜上酒，酬酢既畢便出。一歲如此者不過再三焉。初，司隸校尉傅玄著論稱曾及荀顗曰：「以文王之道事其親者，其潁昌何侯乎，其荀侯乎！古稱曾、閔，今曰荀、何。内盡其心以事其親，外崇禮讓以接天下。孝子，百世之宗；仁人，天下之命。有能行孝之道，君子之儀表也。」又曰：「荀、何，君子之宗也。」然性奢豪，務在華侈。帷帳車服，窮極綺麗，廚膳滋味，過於王者。每燕見，不食太官所設，帝輒命取其食。蒸餅上不坼作十字不食。食日萬錢，猶曰無下箸處。人以小紙爲書者，敕記室勿報。劉毅等數劾奏曾侈忲無度，帝以其重臣，一無所問。都官從事劉享嘗奏曾華侈，以銅鉤紖車，瑩牛蹄角。後曾辟享爲掾，常因小事加享杖罰。其外寬内忌，亦此類也。時司空賈充權擬人主，曾卑充而附之。及充與庾純因酒相競，曾議黨充而抑純，以此爲正直所非。

同書叁玖荀顗傳略云：

荀顗，潁川人，魏太尉彧之第六子也。性至孝，與扶風王駿論仁孝孰先，見稱於世。咸熙中，遷司空，進爵鄉侯。以母憂去職，毀幾滅性，海内稱之。明三禮，知朝廷大儀，而無質直之操，唯阿意苟合於荀勖、賈充之間。初，皇太子將納妃，顗上言賈充女姿德淑茂，可以參選，以此獲譏於世。

三國志魏志壹武帝紀略云：

太祖武皇帝，沛國譙人也。姓曹，諱操，字孟德。桓帝世，曹騰爲中常侍大長秋，封費亭侯。養子嵩嗣，官至太尉，莫能審其生出本末。（裴注云：吴人作曹瞞傳及郭頒世語並云，嵩，夏侯氏之子，夏侯惇之叔父，太祖於惇爲從父兄弟。）嵩生太祖。太祖少機警，有權數，而任俠放蕩，不治行業，世人未之奇也。

同書魏志陸袁紹傳裴注引魏氏春秋載陳琳檄文略云：

〔曹〕操贅閹遺醜，本無令德，僄狡鋒俠，好亂樂禍，加其細政苛慘，科防互設，繒繳充蹊，坑穽塞路，舉手掛網羅，動足蹈機陷。

同書魏志壹貳毛玠傳云：

務以儉率人，由是天下之士莫不以廉節自勵，雖貴寵之臣，輿服不敢過度。

同書魏志壹武帝紀裴注引魏書曰：

性節儉，不好華麗，後宮衣不錦繡，侍御履不二采，帷帳屏風壞則補納，茵蓐取温，無有緣飾。

同書魏志壹貳崔琰傳裴注引世語曰：

〔曹〕植妻衣繡，太祖登臺見之，以違制，命還家賜死。

同書魏志壹武帝紀建安十五年云：

春下令曰：「自古受命及中興之君，曷嘗不得賢人君子與之共治天下者乎！及其得賢也，曾不出閭巷，豈幸相遇哉？上之人不求之耳。今天下尚未定，此特求賢之急時也。『孟公綽爲趙、魏老則優，不可以爲滕、薛大夫。』若必廉士而後可用，則齊桓其何以霸世！今天下得無有被褐懷玉而釣於渭濱者乎？又得無盜嫂受金而未遇無知者乎？二三子其佐我明揚仄陋，唯才是舉，吾得而用之。」

〔建安十九年十二月〕乙未令曰：「夫有行之士未必能進取，進取之士未必能有行也。陳平豈篤行，蘇秦豈守信邪？而陳平定漢業，蘇秦濟弱燕。由此言之，士有偏短，庸可廢乎！有司明思此義，則士無遺滯，官無廢業矣。」又曰：「夫刑，百姓之命也。而軍中典獄者或非其人，而任以三軍死生之事，吾甚懼之。其選明達法理者，使持典刑。」於是置理曹掾屬。

〔建安二十二年裴注引〕魏書曰：秋八月令曰：「昔伊摯、傅說出於賤人，管仲桓公賊也，皆用之以興。蕭何、曹參，縣吏也，韓信、陳平負汙辱之名，有見笑之恥，卒能成就王業，聲著千載。吴起貪將，殺妻自信，散金求官，母死不歸，然在魏，秦人不敢東向，在楚則三晉不敢南謀。今天下得無有至德之人放在民間，及果勇不顧，臨敵力戰；若文俗之吏，高才異質，或堪爲將守；負汙辱之名，見笑之行，或不仁不孝而有治國用兵之術：其各舉所知，勿有所遺。」

晉書壹宣帝紀略云：

帝内忌而外寬，猜忌多權變。魏武察帝有雄豪志，聞有狼顧相，欲驗之。乃召使前行，令反顧，面正向後而身不動。帝於是勤於吏職，夜以忘寢，至於芻牧之間，悉皆臨履，由是魏武意遂安。及平公孫文懿（淵），大行殺戮。誅曹爽之際，支黨皆夷及三族，男女無少長，姑姊妹之適人者皆殺之。既而竟遷魏鼎云。迹其猜忍，蓋有符於狼顧也。

世説新語尤悔類云：

王導、温嶠俱見明帝，帝問温前世所以得天下之由。温未答。頃，王曰：「温嶠年少未諳，臣爲陛下陳之。」王迺具叙宣王創業之始，誅夷名族，寵樹同己，及文王之末高貴鄉公事。（劉注云：宣王創業，誅曹爽，任蔣濟之流者是也。）明帝聞之，覆面著牀曰：「若如公言，祚安得長！」

三國志吴志叁孫皓傳斬吴丞相張悌下裴注引襄陽記曰：

魏伐蜀，吴人問悌曰：「司馬氏得政以來，大難屢作，智力雖豐，而百姓未服也。今又竭其資力，遠征巴蜀，兵勞民疲而不知恤，敗於不暇，何以能濟？」悌曰：「不然。曹操雖功蓋中夏，威震四海，崇詐杖術，征伐無已，民畏其威，而不懷其德也。丕、叡承之，係以慘虐，内興宫室，外懼雄豪，東西馳驅，無歲獲安，彼之失民，爲日久矣。司馬懿父子，自握其柄，累有大功，除其煩苛而布其平惠，爲之謀主而救其疾，民心歸之，亦已久矣。故淮南三叛而腹心不擾，曹髦之死，四方不動，摧堅敵如折枯，蕩異同如反掌，任賢使能，各盡其心，非智勇兼人，孰能如之？其威武張矣，本根固矣，羣情服矣，姦計立矣。彼彊弱不同，智算亦勝，困危而伐，殆其克乎！」

同書魏志壹武帝紀建安九年九月，令曰：「河北罹袁氏之難，其令無出今年租賦。」重豪彊兼并之法，百姓喜悦。裴注引魏書云：

公令曰：「有國有家者，不患寡而患不均，不患貧而患不安。袁氏之治也，使豪彊擅恣，親戚兼并；下民貧弱，代出租賦，衒鬻家財，不足應命；審配宗族，至乃藏匿罪人，爲逋逃主。欲望百姓親附，甲兵彊盛，豈可得邪！其收田租畝四升，户出絹二匹、綿二斤而已，他不得擅興發。郡國守相明檢察之，無令彊民有所隱藏，而弱民兼賦也。」

同書魏志壹伍賈逵傳略云：

自爲兒童，戲弄常設部伍，祖父習異之，曰：「汝大必爲將率。」口授兵法數萬言。初爲郡吏，（後）爲豫州刺史，是時天下初復，州郡多不攝。逵曰：「州本以御史出監諸郡，以六條詔書察長吏二千石已下，故其狀皆言嚴能鷹揚，有督察之才，不言安靜寬仁，有愷悌之德也。今長吏慢法，盜賊公行，州知而不糾，天下復何取正乎？」兵曹從事受前刺史假，逵到官數月乃還，考竟，其二千石以下阿縱不如法者，皆舉奏免之。〔文〕帝曰：「逵真刺史矣。」布告天下，當以豫州爲法。薨，子充嗣，咸熙中爲中護軍。（裴注引晉諸公贊曰：高貴鄉公之難，司馬文王賴充及免。爲晉室元功之臣。）

同書魏志貳捌王淩傳裴注引干寶晉紀曰：

淩到項，見賈逵祠在水側，淩呼曰：「賈梁道，王淩固忠於魏之社稷者，唯爾有神，知之。」其年（嘉平二年）八月太傅（司馬懿）有疾，夢淩、逵爲癘，甚惡之，遂薨。

晉書伍拾庾純傳略云：

初，純以賈充姦佞，與任愷共舉充西鎮關中，充由是不平。充嘗宴朝士，而純後至，充謂曰：「君行常居人前，今何以在後？」純曰：「且有小市井事不了，是以來後。」世言純之先嘗有伍伯者，充之先有市魁者，充、純以此相譏焉。充自以位隆望重，意殊不平。及純行酒，充不時飲。純曰：「長者爲壽，何敢爾乎！」充曰：「父老不歸供養，將何言也！」純因發怒曰：「賈充！天下兇兇，由爾一人。」充曰：「充輔佐二世，蕩平巴蜀，有何罪而天下爲之兇兇？」純曰：「高貴鄉公何在？」衆坐因罷。充左右欲執純，中護軍羊琇、侍中王濟佑之，因得出。

同書叁壹惠賈皇后傳略云：

惠賈皇后，父充。荒淫放恣，與太醫令程據等亂彰內外。

同書肆拾賈充傳略云：

以外孫韓謐爲〔充子〕黎民子，奉充後。謐母賈午，充少女也。父韓壽，美姿貌，賈充辟爲司空掾。女見壽而悦焉，呼壽夕入。充知女與壽通，遂以女妻壽。

三國志魏志貳貳陳矯傳裴注引世語略云：

〔魏明〕帝憂社稷，問矯：「司馬公（懿）忠正，可謂社稷之臣乎？」矯曰：「朝廷之望；社稷，未知也。」

又引魏氏春秋曰：

矯本劉氏子，出嗣舅氏，而婚于本族。徐宣每非之，庭議其闕。太祖惜矯才量，欲擁全之，乃下令曰：「喪亂已來，風教彫薄，謗議之言，難用褒貶。自建安五年已前，一切勿論。其以斷前誹議者，以其罪罪之。」

同書魏志玖夏侯惇傳云：

子楙素自封列侯。初，太祖以女妻楙，即清河公主也。

同書同卷夏侯淵傳云：

淵妻，太祖内妹。長子衡，尚太祖弟海陽哀侯女。

同書同卷夏侯尚傳云：

尚有愛妾嬖幸，寵奪適室；適室，曹氏女也，故文帝遣人絞殺之。

同書同卷夏侯尚附子玄傳云：

正始初，曹爽輔政。玄，爽之姑子也。

晉書叁伍陳騫傳略云：

陳騫，臨淮東陽人也。父矯，魏司徒。武帝受禪，〔騫〕以佐命之勳，封高平郡公。與賈充、石苞、裴秀等俱爲心膂，而騫智度過之，充等亦自以爲不及也。弟稚與其子輿忿争，遂説騫子女穢行，騫表徙弟，以此獲譏於世。

同書叁叁石苞傳略云：

石苞，渤海南皮人也。縣召爲吏，給農司馬。會謁者陽翟郭玄信奉使，求人爲御，司馬以苞及鄧艾給之。行十餘里，玄信謂二人曰：「子後並當至卿相。」苞曰：「御隸也，何卿相乎？」文帝崩，賈充、荀勖議葬禮未定。苞時奔喪，慟哭曰：「基業如此，而以人臣終乎！」葬禮乃定。

每與陳騫諷魏帝以曆數已終，天命有在。及禪位，苞有力焉。〔苞子〕崇穎悟有才氣，而任俠無行檢。在荆州劫遠使商客，致富不貲。復拜衛尉，與潘岳諂事賈謐。財產豐積，室宇宏麗。後房百數，皆曳紈繡，珥金翠。絲竹盡當時之選，庖膳窮水陸之珍。與貴戚王愷、羊琇之徒以奢靡相尚。〔崇被害後，〕有司簿閱崇水碓三十餘區，蒼頭八百餘人，他珍寶貨賄田宅稱是。

三國志蜀志伍諸葛亮傳張飛卒後領司隸校尉條裴注引蜀記所載郭沖條亮伍事其一事略云：

亮刑法峻急，刻剥百姓，自君子小人咸懷怨歎。法正諫曰：「願緩刑弛禁，以慰其望。」亮答曰：「劉璋暗弱，自焉以來有累世之恩，文法羈縻，互相承奉，德政不舉，威刑不肅。蜀土人士專權自恣，君臣之道漸以陵替；寵之以位，位極則賤，順之以恩，恩竭則慢。所以致弊，實由於此。吾今威之以法，法行則知恩。限之以爵，爵加則知榮；榮恩並濟，上下有節，爲治之要，於斯而著。」

同書蜀志壹劉焉傳略云：

焉少仕州郡，以宗室拜中郎，後以師祝公（司徒祝恬）喪去官。居陽城山，積學教授，舉賢良方正，辟司徒府。

同書蜀志貳先主傳略云：

先主少孤，與母販履織席爲業。事故九江太守同郡盧植。先主不甚樂讀書，好交結豪俠，年少争附之。

同書同卷同傳裴注引諸葛亮集載先主遺詔勅後主略云：

聞丞相爲寫申、韓、管子、六韜一通已畢。

三國志吴志壹孫堅傳裴注引吴書略云：

堅世仕吴，家於富春，母懷姙堅，夢腸出繞吴昌門，寤而懼之，以告鄰母。鄰母曰，安知非吉徵也。

抱朴子外篇叁肆吴失篇略云：

吴之晚世，尤劇之病：賢者不用，滓穢充序，紀綱弛紊，吞舟多漏。貢舉以厚貨者在前，官人以黨强者爲右。匪富匪勢，窮年無冀。秉維之佐，牧民之吏，非母后之親，則阿諂之人也。車服則光可以鑒，豐屋則羣烏爰止。勢利傾於邦君，儲積富乎公室。僮僕成軍，閉門爲市。牛羊掩原隰，田池布千里。雖造賓不沐嘉旨之俟，飢士不蒙升合之救，而金玉滿堂，妓妾溢房，商販千艘，腐穀萬庾，園囿擬上林，館第僭太極，粱肉餘於犬馬，積珍陷於帑藏。屢爲奔北之辱將，而不失前鋒之顯號；不別菽麥之同異，而忝叨顧問之近任。

晉書肆貳王濬傳略云：

〔王〕渾又騰周浚書，云濬軍得吴寶物。濬又表曰：被壬戌詔書，下安東將軍〔王渾〕所上揚州刺史周浚書謂臣諸軍得孫皓寶物。

同書肆叁王戎傳云：

性好興利，廣收八方園田水碓，周徧天下。積實聚錢，不知紀極，每自執牙籌，晝夜算計，恒若不足。而又儉嗇，不自奉養。天下人謂之膏肓之疾。女適裴頠，貸錢數萬，久而未還。女後歸寧，戎色不悦，女遽還直，然後乃歡。從子將婚，戎遺其一單衣，婚訖而更責取。家有好李，常出貨之，恐人得種，恒鑽其核。以此獲譏於世。

同書肆伍和嶠傳云：

嶠家産豐富，擬於王者，然性至吝，以是獲譏於世，杜預以爲嶠有錢癖。

同書玖肆隱逸傳魯褒傳略云：

元康之後，綱紀大壞，褒傷時之貪鄙，乃隱姓名，而著錢神論以刺之。其略云：「親之如兄，字曰『孔方』。失之則貧弱，得之則富昌。京邑衣冠，疲勞講肆。厭聞清談，對之睡寐。見我家兄，莫不驚視。洛中朱衣，當途立士，愛我家兄，皆無已已。諺曰：『錢無耳，可使鬼。』凡今之人，惟錢而已。」

同書伍孝愍帝紀論引干寶之言略云：

加以朝寡純德之人，鄉乏不貳之老，風俗淫僻，恥尚失所。學者以老莊爲宗而黜六經。談者以虛蕩爲辨而賤名檢。行身者以放濁爲通而狹節信，進仕者以苟得爲貴而鄙居正。當官者以望空爲高而笑勤恪。是以劉頌屢言治道，傅咸每糾邪正，皆謂之俗吏。其倚杖虛曠，依阿無心者，皆名重海内。若夫文王日旰不暇食，仲山甫夙夜匪懈者，蓋共嗤黜以爲灰塵矣。由是毀譽亂於善惡之實，情慝奔於貨欲之途。選者爲人擇官，官者爲身擇利，而執鈞當軸之士，身兼官以十數。大極其尊，小録其要，而世族貴戚之子弟陵邁超越，不拘資次。悠悠風塵，皆奔競之士。其婦女，莊櫛織紝皆取成於婢僕，未嘗知女工絲枲之業，中饋酒食之事也。先時而婚，任情而動，故皆不恥淫泆之過，不拘妒忌之惡，父兄不之罪也，天下莫之非也。又況責之聞四教於古，修貞順於今，以輔佐君子者哉！禮法刑政於此大壞，如水斯積而決其隄防，如火斯畜而離其薪燎也。國之將亡，本必先顛，其此之謂乎！故觀阮籍之行，而覺禮教崩弛之所由也。察庾純、賈充之争，而見師尹之多僻；考平吴之功，而知將帥之不讓；思郭欽之謀，而寤戎狄之有釁；覽傅玄、劉毅之言，而得百官之邪；核傅咸之奏、錢神之論，而覩寵賂之彰。民風國勢如此，雖以中庸之才，守文之主治之，辛有必見之於祭祀，季札必得之於聲樂，范燮必爲之請死，賈誼必爲之痛哭，又況我惠帝以放蕩之德臨之哉！

二 罷州郡武備與封建制度

世説新語識鑒類晉武帝講武於宣武場條劉注引竹林七賢論曰：

咸寧中，吴既平，上將爲桃林、華山之事，息役弭兵，示天下以大安。於是州郡悉去兵，大郡置武吏百人，小郡五十人。時京師猶講武，山濤因論孫吴用兵本意。濤爲人常簡默，蓋以爲國者不可以忘戰，故及之。

名士傳曰：

濤居魏晉之間，無所標明，嘗與尚書盧欽言及用兵本意。武帝聞之，曰：山少傅名言也。

又引竹林七賢論曰：

永寧之後，諸王構禍，狡虜欻起，皆如濤言。

晉書叁武帝紀云：

〔泰始〕九年十一月丁酉，臨宣武觀，大閲諸軍，甲辰乃罷。

〔泰始〕十年十一月庚午，帝臨宣武觀，大閲諸軍。

咸寧元年十一月癸亥，大閲於宣武觀，至于己巳。

〔咸寧〕三年十一日丙戌，帝臨宣武觀，大閲，至于壬辰。

太康元年三月壬寅，孫皓降。〔太康〕四年正月戊午，司徒山濤薨。

同書肆叁山濤傳略云：

咸寧初，轉太子少傅。

同書肆肆盧欽傳略云：

入爲尚書僕射，咸寧四年卒。

同書伍柒陶璜傳略云：

吴既平，普減州郡兵，璜上言曰：「臣〔在交州〕所統之卒本七千餘人，其見在者二千四百二十人。未宜約損，以示單虚。」從之。

三國志魏志壹伍司馬朗傳云：

朗以爲天下土崩之勢，由秦滅五等之制，而郡國無蒐狩習戰之備故也。今雖五等未可復行，可令州郡並置兵，外備四夷，内威不軌，於策爲長。又以爲宜復井田。往者以民各有累世之業，難中奪之，是以至今。今承大亂之後，民人分散，土業無主，皆爲公田，宜及此時復之。議雖未施行，然州郡領兵，朗本意也。

同書魏志肆陳留王奂傳云：

咸熙元年五月庚申，相國晉王奏復五等爵。

通鑑捌壹晉紀武帝太康元年末詔曰：

昔自漢末，四海分崩，刺史內親民事，外領兵馬。今天下爲一，當韜戢干戈，刺史分職，皆如漢氏故事。悉去州郡兵，置武吏百人，小郡五十人。（此詔全文見劉昭補後漢書百官志注引。）

三國志魏志貳叁裴潛傳裴注引魏略曰：

潛世爲著姓。父茂，仕靈帝時，歷縣令、郡守、尚書。建安初，以奉使率導關中諸將，討李傕有功，封列侯。

又裴注引魏略曰：

其家教上下相奉事，有似於石奮。其履檢校度，自魏興少能及者。

晉書叁伍裴秀傳略云：

裴秀，河東聞喜人也。祖茂，漢尚書令。父潛，魏尚書令。渡遼將軍毌丘儉嘗薦秀於大將軍曹爽，曰：「（秀）孝友著於鄉黨，高聲聞於遠近。」魏咸熙初，釐革憲司。時荀顗定禮儀，賈充正法律，而秀改官制焉。秀議五等之爵，自騎督以上六百餘人皆封。武帝既即王位，拜尚書令、右光祿大夫，與御史大夫王沈、衛將軍賈充俱開府，加給事中。秀儒學洽聞，且留心政事，當禪代之際，總納言之要，其所裁當，禮無違者。

同書叁玖王沈傳略云：

王沈，太原晉陽人也。祖柔，漢匈奴中郎將。父機，魏東郡太守。沈少孤，養於從叔司徒昶，事昶如父，奉繼母寡嫂，以孝義稱。好書，善屬文。時魏高貴鄉公好學有文才，引沈及裴秀數於東堂講讌屬文，號沈爲文籍先生，秀爲儒林丈人。及高貴鄉公將攻文帝，召沈及王業告之，沈、業馳白帝，以功封安平侯，邑二千户。沈既不忠於主，甚爲衆論所非。沈以才望，顯名當世，是以創業之事，羊祜、荀勖、裴秀、賈充等，皆與沈諮謀焉。

同書肆拾賈充傳云：

泰始中，人爲充等謡曰：「賈、裴、王，亂紀綱。王、裴、賈，濟天下。」言亡魏而成晉也。

同書肆陸劉頌傳略云：

除淮南相。頌上疏曰：今諸王裂土，皆兼於古之諸侯，而君賤其爵，臣恥其位，莫有安志，其故何也？法同郡縣，無成國之制故也。今雖一國周環近將千里，然力實寡，不足以奉國典。宜令諸王國容少，而軍容多。然於古典所應有者，悉立其制，然非急所須，漸而備之，不得頓設也。（寅恪案，通鑑繫頌上疏事於太康十年末。）

同書壹肆地理志云：

武帝泰始元年，封諸王，以郡爲國。邑二萬户爲大國，置上中下三軍，兵五千人；邑萬户爲次國，置上軍下軍，兵三千人；五千户爲小國，置一軍，兵千五百人。

同書伍玖長沙王乂傳略云：

〔楚王〕瑋既誅，乂以同母，貶爲常山王。三王之舉義也，乂率國兵應之。

同書同卷東海王越傳云：

以東海國上軍將軍何倫爲右衛將軍，王景爲左衛將軍，領國兵數百人宿衛。

三　清談誤國 附「格論」

世説新語文學類鍾會撰四本論始畢條劉注云：

魏志曰：會論才性同異，傳於世。四本者，言才性同，才性異，才性合，才性離也。尚書傅嘏論同，中書令李豐論異，侍郎鍾會論合，屯騎校尉王廣論離。文多不載。

三國志魏志貳壹傅嘏傳略云：

曹爽秉政，何晏爲吏部尚書。嘏謂爽弟羲曰：「何平叔外静而内銛巧，好利，不念務本。吾恐必先惑子兄弟，仁人將遠，而朝政廢矣。」晏等遂與嘏不平，因微事以免嘏官。起家拜滎陽太守，不行。太傅司馬宣王請爲從事中郎。曹爽誅，爲河南尹，遷尚書。正元二年春，毌丘儉、文欽作亂。或以司馬景王不宜自行，可遣太尉孚往，惟嘏及王肅勸之。景王遂行。以嘏守尚書僕射，俱東。儉、欽破敗，嘏有謀焉。及景王薨，嘏與司馬文王徑還洛陽，文王遂以輔政。

嘏以功進封陽鄉侯。

世説新語賢媛類王公淵娶諸葛誕女條劉注引魏氏春秋曰：

王廣字公淵，王淩子也。有風量才學，名重當世。與傅嘏等論才性同異，行於世。

三國志魏志貳捌王淩傳云：

〔淩子〕廣有志尚學行。〔淩敗並死，〕死時四十餘。

同書魏志玖夏侯尚傳略云：

中書令李豐雖宿爲大將軍司馬景王（師）所親待，然私心在〔夏侯〕玄。遂結皇后父光禄大夫張緝，謀欲以玄輔政。嘉平六年二月，當拜貴人，豐等欲因御臨軒，諸門有陛兵，誅大將軍，大將軍微聞其謀，請豐相見，豐不知而往，即殺之。

同書魏志貳捌鍾會傳略云：

毌丘儉作亂，大將軍司馬景王東征，會從，典知密事，衛將軍司馬文王爲大軍後繼。景王薨於許昌，文王總統六軍，會謀謨帷幄。時中詔勅尚書傅嘏，以東南新定，權留衛將軍屯許昌，爲内外之援，令嘏率諸軍還。會與嘏謀，使嘏表上，輒與衛將軍俱發，還到雒水南屯住。於是朝廷拜文王爲大將軍輔政，會遷黄門侍郎，封東武亭侯，邑三百户。及〔諸葛〕誕反，車駕住項，文王至壽春，會復從行。壽春之破，會謀居多，親待日隆，時人謂之子房。以中郎在大將軍府管記室事，爲腹心之任。

世說新語輕詆類桓公入洛條云：

桓公入洛，過淮、泗，踐北境，與諸僚屬登平乘樓，眺矚中原，慨然曰：「遂使神州陸沉，百年丘墟，王夷甫諸人不得不任其責。」袁虎率爾對曰：「運自有廢興，豈必諸人之過？」

同書同類同條劉注引八王故事曰：

夷甫雖居台司，不以事物自嬰，當世化之，羞言名教，自臺郎以下，皆雅崇拱默，以遺事爲高。四海尚寧，而識者知其將亂。

同書同類同條引晉陽秋曰：

夷甫將爲石勒所殺，謂人曰：「吾等若不祖尚浮虛，不至於此。」

晉書肆叁王戎傳附王衍傳略云：

衍自說少不豫事，欲求自免，因勸〔石〕勒稱尊號。勒怒曰：「君名蓋四海，身居重任，少壯登朝，至於白首，何得言不豫世事邪？破壞天下，正是君罪。」使人夜排牆填殺之。

元和郡縣圖志柒河南道叁亳州真源縣條云：

寧平故城，在縣西南五十五里。漢縣地。晉永嘉五年，東海王越自陽城率甲士四萬死於項，祕不發喪。石勒兵追之，及寧平城，焚越屍於此，數萬衆斂手受害，屍積如山，王夷甫亦遇害。

晉書伍玖東海王越傳略云：

永嘉五年薨於項，祕不發喪。以襄陽王範爲大將軍，統其衆。還葬東海。石勒追及於苦縣寧平城，將軍錢端出兵距勒，戰死，軍潰。勒命焚越柩曰：「此人亂天下，吾爲天下報之，故燒其骨以告天地。」於是數十萬衆，勒以騎圍而射之，相踐如山，王公士庶死者十餘萬。王彌弟璋焚其餘衆，并食之。

世說新語傷逝類王濬沖爲尚書令條云：

王濬沖爲尚書令，著公服，乘軺車，經黄公酒壚下過，顧謂後車客：「吾昔與嵇叔夜、阮嗣宗共酣飲於此壚，竹林之遊亦預其末。自嵇生夭阮公亡以來，便爲時所羈紲。今日視此雖近，邈若山河。」

劉注引竹林七賢論曰：

俗傳若此。潁川庾爰之嘗以問其伯文康，文康云：「中朝所不聞，江左忽有此論，蓋好事者爲之耳。」

同書文學類袁彦伯作名士傳成條云：

袁彦伯作名士傳成，（劉注：宏以夏侯太初、何平叔、王輔嗣爲正始名士，阮嗣宗、嵇叔夜、山巨源、向子期、劉伯倫、阮仲容、王濬沖爲竹林名士，裴叔則、樂彦輔、王夷甫、庾子嵩、王安期、阮千里、衛叔寶、謝幼輿爲中朝名士。）見謝公。公笑曰：「我嘗與諸人道江北事，特作狡獪耳。彥伯遂以箸書。」

晉書肆玖羊曼傳略云：

羊曼：（泰山南城人也），時州里稱陳留阮放爲宏伯，高平郗鑒爲方伯，泰山胡毋輔之爲達伯，濟陰卞壺爲裁伯，陳留蔡謨爲朗伯，阮孚爲誕伯，高平劉綏爲委伯，而曼爲黯伯，凡八人，號兗州八伯，蓋擬古之八儁也。

水經注玖清水篇清水出河内脩武縣之北黑山句下注云：

又逕七賢祠東，左右筠篁列植，冬夏不變貞萋，魏步兵校尉陳留阮籍、中散大夫譙國嵇康、晉司徒河内山濤、司徒琅邪王戎、黄門郎河内向秀、建威參軍沛國劉伶、始平太守阮咸等同居山陽，結自得之遊，時人號之爲竹林七賢也，向子期所謂山陽舊居也。後人立廟其處。

又云：

郭緣生述征記所云：「白鹿山東南二十五里有嵇公故居，以居時有遺竹焉，蓋爲此也。」

高僧傳肆竺法雅傳略云：

竺法雅河間人。少善外學，長通佛義，衣冠士子咸附諮稟。時依雅門徒，並世典有功，未善佛理。雅乃與康法朗等以經中事數，擬配外書，爲生解之例，謂之格義。

世說新語文學類云：

殷中軍被廢，徙東陽，大讀佛經，皆精解。唯至「事數」處不解，遇見一道人，問所籤，便釋然。

劉注云：

事數：謂若五陰、十二入、四諦、十二因緣、五根、五（當作十）力、七覺之聲。

高僧傳陸義解門晉廬山釋慧遠傳略云：

年二十四，便就講說。嘗有客聽講，難實相義，往復移時，彌增疑昧。遠乃引莊子義爲連類，於是惑者曉然，是後安公特聽慧遠不廢俗書。遠內通佛理，外善羣書，夫預學徒，莫不依擬。時遠講喪服經，雷次宗、宗炳等並執卷承旨。次宗後別著義疏，首稱雷氏，宗炳因寄書嘲之曰：「昔與足下共於釋和尚間面受此義，今便題卷首稱雷氏乎？」其化兼道俗，斯類非一。以晉義熙十二年八月初動散，至六日困篤，大德耆年，皆稽顙請飲豉酒，不許，又請飲米汁，不許，又請以蜜和水爲漿。乃命律師，令披卷尋文，得飲與不。卷未半而終，春秋八十三矣。

四　西晉末年之天師道活動

晉書伍玖趙王倫傳略云：

倫、秀並惑巫鬼，聽妖邪之說。秀使牙門趙奉詐爲宣帝神語，命倫早入西宮。又言宣帝於北芒爲趙王佐助，於是别立宣帝廟於芒山。謂逆謀可成。使楊珍晝夜詣宣帝别廟祈請，輒言宣帝謝陛下，某日當破賊。拜道士胡沃爲太平將軍，以招福祐。秀家日爲淫祀，作厭勝之文，使巫祝選擇戰日。又令近親於嵩山著羽衣，詐稱仙人王喬，作神仙書，述倫祚長久以惑衆。

同書壹佰孫恩傳云：

孫恩，字靈秀，琅邪人，孫秀之族也。世奉五斗米道

陶弘景真誥壹陸闡幽微第二謂：

晉宣帝爲西明公賓友。

晉書壹佰王彌傳略云：

王彌，東萊人也。家世二千石。祖頎，魏玄菟太守，武帝時至汝南太守。彌有才幹，博涉書記。少游俠京都，隱者董仲道見而謂之曰：「君好亂樂禍，若天下騷擾，不作士大夫矣。」惠帝末，妖賊劉柏根起於東萊之惤縣，彌率家僮從之，柏根以爲長史。柏根死，聚徒海渚。會天下大亂，進逼洛陽，宫城門晝閉。司徒王衍等率百官距守。彌屯七里澗，王師進擊，大破之。彌謂其黨劉靈曰：「晉兵尚强，歸無所厝。劉元海昔爲質子，我與之周旋京師，深有分契，今稱漢王，將歸之，可乎？」靈然之。乃渡河歸元海。彌後與〔劉〕曜寇襄城，遂逼京師。時京邑大饑，人相食，百姓流亡，公卿奔河陰。曜、彌等遂陷宫城，至太極前殿，縱兵大掠。幽帝於端

門，逼辱羊皇后，殺皇太子詮，發掘陵墓，焚燒宫廟，城府蕩盡，百官及男女遇害者三萬餘人，遂遷帝於平陽。

同書同卷張昌傳略云：

張昌，本義陽蠻也。易姓名爲李辰。造妖言云：「當有聖人出。」山都縣吏丘沈遇於江夏，昌名之爲聖人，立爲天子，置百官。沈易姓名爲劉尼，稱漢後，以昌爲相國，於石巖中作宫殿。江沔間猋起以應昌，旬月之間衆至三萬，皆以絳科頭，撍之以毛。江夏、義陽士庶莫不從之。新野王歆上言：「妖賊張昌、劉尼妄稱神聖，犬羊萬計，絳頭毛面，挑刀走戟，其鋒不可當。」昌别率石冰東破江、揚二州，僞置守長。當時五州之境皆畏逼從逆。又遣其將陳貞、陳蘭、張甫等攻長沙、湘東、零陵諸郡。昌雖跨帶五州，樹立牧守，皆桀盜小人而無禁制，但以劫掠爲務，人情漸離。劉弘遣陶侃等討昌，昌乃(？)沈竄于下儁山。明年(永興元年)秋，乃擒之。

三國志吴志壹孫策傳策陰欲襲許迎漢帝句裴注引江表傳略云：

策曰：「昔南陽張津爲交州刺史，舍前聖典訓，廢漢家法律，嘗著絳帕頭，鼓琴燒香，讀邪俗道書，云以助化，今此子(于吉)已在鬼籙。」即催斬之。

晉書壹貳拾李特載記略云：

漢末，張魯居漢中，以鬼道教百姓，賨人敬信巫覡，多往奉之。值天下大亂，自巴西之宕渠遷于漢中，特祖〔武〕將五百餘家歸之，魏武帝拜爲將軍，遷於略陽，北土復號之爲巴氐。特父慕爲東羌獵將。元康中，氐齊萬年反，關西擾亂，頻歲大饑，百姓乃流移就穀，相與入漢川者數萬家。特隨流人將入于蜀。初，流人既至漢中，上書求寄食巴蜀，朝議不許，遣侍御史李苾持節慰勞，且監察之，不令入劍閣。苾至漢中，受流人貨賂，反爲表曰：「流人十萬餘口，非漢中一郡所能振贍，東下荆州，水湍迅險，又無舟船。蜀有倉儲，人復豐稔，宜令就食。」朝廷從之，由是散在益梁，不可禁止。

同書同卷李流載記略云：

〔李〕雄渡江害汶山太守陳圖，遂入郫城，流移營據之。三蜀百姓並保險結塢，城邑皆空，流野無所略，士衆飢困。涪陵人范長生率千餘家依青城山，〔羅〕尚參軍涪陵徐轝求爲汶山太守，欲要結長生等，與尚犄角討流。尚不許，轝怨之，求使江西，遂降於流，説長生等使資給流軍糧。長生從之，故流軍復振。

同書壹貳壹李雄載記略云：

雄以西山范長生巖居穴處，求道養志，欲迎立爲君而臣之。長生固辭。范長生自西山乘素輿詣成都，雄迎之於門，執版延坐，拜丞相，尊曰范賢。長生勸雄稱尊號，雄於是僭即帝位，加范長生爲天地太師，封西山侯，復其部曲，不豫軍征，租稅一入其家。

晉書伍捌周訪傳附子撫傳略云：

〔撫〕永和初，桓温征蜀，以功遷平西將軍。隗文、鄧定等復反，立范賢子賁爲帝。初，賢爲李雄國師，以左道惑百姓，人多事之，賁遂有衆一萬。撫與龍驤將軍朱燾擊破斬之。

五　徙戎問題

晉書玖柒北狄傳匈奴傳略云：

郭欽上疏曰：「魏初人寡，西北諸郡皆爲戎居。宜及平吴之威，謀臣猛將之略，出北地、西河、安定，復上郡，實馮翊，於平陽已北諸縣募取死罪，徙三河、三魏見士四萬家以充之。」（通鑑捌壹太康元年末載郭欽此疏，不載徙三河三魏見士四萬家之語。殆由不甚解其義，遂與出北地等句并略去之耶？又文選肆玖干令升晉紀總論思郭欽之謀而悟戎狄之有釁句，李善注亦未及見士四萬家之語，且置馮翊平陽之句不可解，亦有脱誤。）

三國志魏志貳伍辛毗傳略云：

〔文〕帝欲徙冀州士家（通鑑作士卒家）十萬户實河南。毗曰：「今徙，既失民心，又無以食也。」帝遂徙其半。

晉書肆玖王尼傳略云：

王尼，城陽人也，或云河内人。本兵家子，寓居洛陽。初爲護軍府軍士。

同書玖陸列女傳王渾妻鍾氏傳略云：

王渾妻鍾氏，字琰，琰女亦有才淑，爲求賢夫。時有兵家子甚俊，〔琰子〕濟欲妻之，白琰，琰曰：「要令我見之。」濟令此兵與羣小雜處，琰自幃中察之，既而謂濟曰：「緋衣者非汝所拔乎？」濟曰：「是。」琰曰：「此人才足拔萃，然地寒壽促，不足展其器用，不可與婚。」遂止。其人數年果亡。

三國志魏志貳捌鄧艾傳略云：

〔艾〕又陳：「羌胡與民同處者，宜以漸出之，使居民表崇廉恥之教，塞姦宄之路。」大將軍司馬景王（司馬師）新輔政，多納用焉。

晉書肆柒傅玄傳略云：

玄上便宜五事：其五曰，臣以爲胡夷獸心，不與華同，鮮卑最甚。本鄧艾苟欲取一時之利，不慮後患，使鮮卑數萬散居人間，此必爲害之勢也。

三國志魏志壹伍張既傳略云：

〔張〕魯降，既說太祖，拔漢中民數萬户以實長安及三輔。是時，太祖徙民以充河北，隴西、天水、南安民相恐動，擾擾不安，既假三郡人爲將吏者休課，使治屋宅，作水碓，民心遂安。太祖將拔漢中守，恐劉備北取武都氐以逼關中，問既。既曰：「可勸使北出就穀以避賊，前至者厚其寵賞，則先者知利，後必慕之。」太祖從其策，乃自到漢中引出諸軍，令既之武都，徙氐五萬餘落出居扶風、天水界。

同書魏志壹肆蔣濟傳略云：

太祖問濟曰：「昔孤與袁本初對官渡，徙燕、白馬民，民不得走，賊亦不敢鈔。今欲徙淮南民，何如？」濟對曰：「是時兵弱賊彊，不徙必失之。〔今〕民無他志。然百姓懷土，實不樂徙，懼必不安。」太祖不從，而江、淮間十餘萬衆皆驚走吴。後濟使詣鄴，太祖迎見大笑曰：「本但欲使避賊，乃更驅盡之。」

晉書伍陸江統傳略云：

統深惟四夷亂華，宜杜其萌，乃作徙戎論。其辭曰：魏武皇帝令將軍夏侯妙才（夏侯淵）討叛氐阿貴、千萬等，後因拔棄漢中，遂徙武都之種於秦川，欲以弱寇强國，扞禦蜀虜。當今之宜，宜及兵威方盛，衆事未罷，徙馮翊、北地、新平、安定界内諸羌，著先零、罕幵、析支之地；徙扶風、始平、京兆之氐，出還隴右，著陰平、武都之界。廪其道路之糧，令足自致，各附本種，反其舊土，使屬國、撫夷就安集之。且關中之人百餘萬口，率其少多，戎狄居半。并州之胡，本實匈奴桀惡之寇也。中平中，以黄巾賊起，發調其兵，部衆不從，而殺羌渠。由是於彌扶羅求助於漢，以討其賊。仍值世喪亂，遂乘釁而作，鹵掠趙魏，寇至河南。建安中，又使右賢王去卑誘質呼廚泉，聽其部落散居六郡。咸熙之際，以一部太强，分爲三率。泰始之初，又增爲四。於是劉猛内叛，連結外虜。近者郝散之變，發於轂遠。今五部之衆，户至數萬，人口之盛，過於西戎。然其天性驍勇，弓馬便利，倍於氐羌。若有不虞風塵之慮，則并州之域可爲寒心。夫爲邦者，患不在貧而在不均，憂不在寡而在不安。以四海之廣，士庶之富，豈須夷虜在内，然後取足哉。

六　五胡種族問題

魏書陸柒崔光傳附崔鴻傳略云：

鴻乃撰爲十六國春秋，表曰：「自晉永寧以後，雖所在稱兵，競自尊樹，而能建邦命氏成爲戰國者，十有六家。善惡興滅之形，用兵乖會之勢，亦足以垂之將來，昭明勸戒。但諸史殘缺，體例不全，編録紛謬，繁略失所，宜審正不同，定爲一書。」

晉書壹壹肆苻堅載記下云：

〔姚〕萇求傳國璽於堅曰：「萇次膺符曆，可以爲惠。」堅瞋目叱之曰：「小羌乃敢干逼天子，豈以傳國璽授汝羌也。圖緯符命，何所依據？五胡次序，無汝羌名。違天不祥，其能久乎？璽已送晉，不可得也。」

通鑑壹佰陸晉孝武帝太元十年八月條五胡次序無汝羌名句胡注云：

胡、羯、鮮卑、氐、羌，五胡之次序也。無汝羌名，謂讖文耳，姚萇自謂次應曆數，堅故亦以讖文爲言。

晉書壹佰叁劉曜載記云：

置單于臺于渭城，拜大單于，置左右賢王已下，皆以胡、羯、鮮卑、氐、羌豪桀爲之。

魏書玖伍羯胡石勒傳略云：

羯胡石勒，字世龍，小字匐勒。（晉書石勒載記僅作匐，無勒字。）其先匈奴別部，（晉書石勒載記作其先匈奴別部羌渠之胄。）分散居於上黨武鄉羯室，因號羯胡。祖邪弈于，父周曷朱，一字乞翼加，並爲部落小帥。

晉書壹佰肆石勒載記略云：

鄔人郭敬、陽曲寧驅，並加資贍。勒亦感其恩，爲之力耕。會建威將軍閻粹説并州刺史、東嬴公騰執諸胡於山東賣充軍實，騰使將軍郭陽、張隆虜羣胡將詣冀州，勒亦在其中。賣與茌平人師懽爲奴。每耕作於野，懽家鄰於馬牧，與牧率汲桑往來，桑始命勒以石爲姓，勒爲名焉。

同書壹佰陸石季龍載記上略云：

太子詹事孫珍問侍中崔約曰：「吾患目疾，何方療之？」約素狎珍，戲之曰：「溺中則愈。」珍曰：「目何可溺？」約曰：「卿目睕睕，正耐溺中。」珍恨之，以白〔石〕宣。宣諸子中最胡狀，目深，聞之大怒，誅約父子。

同書壹佰柒石季龍載記下略云：

〔冉閔〕班令内外趙人，斬一胡首送鳳陽門者，文官進位三等，武職悉拜牙門。一日之中，斬首數萬。閔躬率趙人誅諸胡羯，無貴賤男女少長皆斬之，死者二十餘萬，尸諸城外，悉爲野犬豺狼所食。屯據四方者，所在承閔書誅之，于時高鼻多鬚至有濫死者半。

新唐書貳貳壹下西域傳康國條略云：

君姓温，本月氏人。始居祁連北昭武城，爲突厥（當作匈奴，參唐會要玖玖康國條。）所破，稍南依葱嶺，即有其地。枝庶分王，曰安，曰曹，曰石，曰米，曰何，曰火尋，曰戊地，曰史，世謂「九姓」，皆氏昭武。募勇健者爲柘羯。柘羯，猶中國言戰士也。石，或曰柘支，曰柘折，曰赭時，漢大宛北鄙也。

大唐西域記壹颯秣建國（即康國）條云：

兵馬强盛，多是赭羯。赭羯之人，其性勇烈，視死如歸。

三國志魏志叁拾外夷傳裴注引魏略西戎傳曰：

其（氐）俗，語不與中國同，及羌雜胡同，各自有姓，姓如中國之姓矣。其衣服尚青絳。俗能織布。善田種。畜養豕牛馬驢騾。其婦人嫁時著衽露，其緣飾之制有似羌，衽露有似中國袍。皆編髮。多知中國語，由與中國錯居故也。其自還種落間，則自氐語。其嫁娶有似於羌。

同書魏志玖夏侯淵傳略云：

還擊武都氐羌下辯，收氐穀十餘萬斛。

晉書壹壹肆苻堅載記下云：

初，堅强盛之時，國有童謡云：「河水清復清，苻詔死新城。」堅聞而惡之，每征伐，戒軍候云：「地有名新者避之。」

新唐書貳貳貳上南蠻傳南詔傳（參舊唐書壹玖柒南詔蠻傳）云：

夷語王爲「詔」。其先渠帥有六，自號「六詔」，曰蒙嶲詔、越析詔、浪穹詔、邆睒詔、施浪詔、蒙舍詔。

三國志魏志叁拾鮮卑傳評下裴注引魏書略云：

檀石槐既立，乃爲庭於高柳北三百餘里彈汗山啜仇水上，東西部大人皆歸焉。兵馬甚盛，南鈔漢邊，北拒丁令，東却夫餘，西擊烏孫，盡據匈奴故地，東西萬二千餘里，南北七千餘里。分其地爲中東西三部。從右北平以東至遼，東接夫餘、濊貊爲東部，二十餘邑，其大人曰彌加、闕機、素利、槐頭。從右北平以西至上谷爲中部，十餘邑，其大人曰柯最、闕居、慕容等，爲大帥。從上谷以西至燉煌，西接烏孫爲西部，二十餘邑，其大人曰置鞬落羅、日律推演、宴荔游等，皆爲大帥，而制屬檀石槐。

魏書壹序紀云：

宣皇帝諱推寅立，南遷大澤，方千餘里，厥土昏冥沮洳，謀更南徙，未行而崩。

同書壹壹叁官氏志云：

東方宇文慕容氏，即宣帝時東部。西方尉遲氏後改爲尉氏。

宋書玖陸鮮卑吐谷渾傳略云：

阿柴虜吐谷渾，遼東鮮卑也。父弈洛韓，有二子，長曰吐谷渾，少曰若洛廆。若洛廆別爲慕容氏。渾擁馬西行，廆遣舊父老及長史乙那樓追渾令還，渾曰：「諸君試擁馬令東，馬若還東，我當相隨去。」樓喜拜曰：「處可寒。」虜言「處可寒」，宋言爾官家也。於是遂西附陰山，遭晉亂，遂得上隴。

晉書壹貳陸禿髮烏孤載記云：

禿髮烏孤，河西鮮卑人也。其先與後魏同出。八世祖匹孤率其部自塞北遷于河西。

魏書肆壹源賀傳略云：

源賀，自署河西王禿髮傉檀之子也。傉檀爲乞伏熾磐所滅，賀自樂都來奔。世祖謂賀曰：「卿與朕源同，因事分姓，今可爲源氏。」

晉書壹貳伍乞伏國仁載記略云：

乞伏國仁，隴西鮮卑人也。在昔有如弗斯、出連、叱盧三部，自漠北南出大陰山，遇一巨蟲於路，狀若神龜，大如陵阜，乃殺馬而祭之，祝曰：「若善神也，便開路；惡神也，遂塞不通。」俄而不見，乃有一小兒在焉。時又有乞伏部有老父無子者，請養爲子，衆咸許之。

魏書壹序紀略云：

聖武皇帝諱詰汾，獻帝時命南移，山谷高深，九難八阻，於是欲止，有神獸，其形似馬，其聲類牛，先行導引，歷年乃出。

晉書陸明帝紀云：

〔王〕敦正晝寢，夢日環其城，驚起曰：「此必黄鬚鮮卑奴來也。」帝母荀氏，燕代人，帝狀類外氏，鬚黄，敦故謂帝云。（此出劉敬叔異苑。）

同書壹壹肆苻堅載記下云：

謡曰：「長鞘馬鞭擊左股，太歲南行當復虜。」秦人呼鮮卑爲白虜。

三國志魏志叄拾外夷傳評下裴注引魏略西戎傳略云：

貲虜，本匈奴也，匈奴名奴婢爲貲。始建武時，匈奴衰，分去其奴婢，亡匿在金城、武威、酒泉北黑水、西河東西，畜牧逐水草，鈔盜涼州，部落稍多，有數萬，不與東部鮮卑同也。其種非一，有大胡，有丁令，或頗有羌雜處，由本亡奴婢故也。

新唐書貳壹柒下回鶻傳下附黠戛斯傳略云：

黠戛斯，古堅昆國也。地當伊吾之西，焉耆北，白山之旁。其種雜丁零，乃匈奴西鄙也。匈奴封漢降將李陵爲右賢王，衛律爲丁零王。後郅支單于破堅昆，于時東距單于廷七千里，南車師五千里，郅支留都之。故後世得其地者訛爲結骨，稍號紇骨，亦曰紇扢斯云。人皆長大，赤髮、皙面、緑瞳，以黑髮爲不祥。黑瞳者，必曰陵苗裔也。

三國志魏志壹玖任城威王彰傳略云：

太祖喜，持彰鬚曰：「黃鬚兒竟大奇也。」（裴注引魏略曰：劉備使劉封下挑戰。太祖罵曰：「待呼我黃鬚來。」彰鬚黃，故以呼之。）

同書魏志貳拾武文世王公傳云：

武皇帝二十五男：卞皇后生文皇帝、任城威王彰、陳思王植、蕭懷王熊。

同書魏志伍武宣卞皇后傳略云：

武宣卞皇后，琅邪開陽人，文帝母也。本倡家，年二十，太祖於譙納后爲妾。

晉書壹貳玖沮渠蒙遜載記：

沮渠蒙遜，臨松盧水胡人也。其先世爲匈奴左沮渠，遂以官爲氏焉。

魏書肆下世祖紀下云：

〔太平真君六年〕九月盧水胡蓋吴聚衆反於杏城。

南齊書伍柒魏虜傳云：

初，佛狸討羯胡於長安，（寅恪案，此羯胡指蓋吴言，詳見魏書壹壹肆釋老志。）殺道人且盡。

七　塢壁及「桃花源」

晉書捌陸張軌傳略云：

祕書監繆世徵、少府摯虞，夜觀星象，相與言曰：「天下方亂，避難之國唯涼土耳。張涼州德量不恒，殆其人乎！」及京都陷，中州避難來者日月相繼，分武威置武興郡以居之。

同書壹佰捌慕容廆載記略云：

元康四年乃移居之（大棘城）。教以農桑，法制同于上國。百姓失業，流亡歸附者日月相繼。

建武初，元帝承制拜廆假節、散騎常侍、都督遼左雜夷流人諸軍事。流亡士庶多襁負歸之。

廆乃立郡以統流人，冀州人爲冀陽郡，豫州人爲成周郡，青州人爲營丘郡，并州人爲唐國郡。

同書捌捌孝友傳庾衮傳略云：

張泓等肆掠于陽翟，衮乃率其同族及庶姓保于禹山。是時百姓安寧，未知戰守之事。衮曰：「孔子云：不教而戰，是謂棄之。」乃集諸羣士而謀曰：「二三君子相與處於險，將以安保親尊，全妻孥也。古人有言：千人聚而不以一人爲主，不散則亂矣。將若之何？」衆曰：「善。今日之主非君而誰。」於是峻險阨，杜蹊徑，修壁塢，樹藩障，考功庸，計丈尺，均勞逸，通有無，繕完器備，量力任能，物應其宜，使邑推其長，里推其賢，而身率之。及賊至，衮乃勒部曲，整行伍，皆持滿而勿發。賊挑戰，晏然不動，且辭焉。賊服其慎而畏其整，是以皆退，如是者三。

郡齋讀書志壹肆兵家類云：

庾衮保聚圖一卷　右晉庾衮撰。晉書孝友傳載衮字叔褒。齊王冏之倡義也，張泓等掠陽翟，衮率衆保禹山，泓不能犯。此書序云，大駕還長安，時元康三年己酉，撰保聚壘議二十篇。按冏之起兵，惠帝永寧元年也，帝還長安永興元年也，皆在元康後，且三年歲次實癸丑，今云己酉，皆誤。

晉書陸柒郗鑒傳略云：

鄉里遂共推鑒爲主，舉千餘家俱避難於魯之嶧山，衆至數萬。

太平御覽肆貳地部嶧山條云：

地理志嶧山在鄒縣北，繹邑之所依名也。山東西二十里，南北一十三里，高秀獨出，積石相臨，殆無壤土，石間多孔穴，洞達相通，往往有如數間居處，其俗謂之嶧孔，遭亂輒將居人入嶧，外寇雖衆，無所施害，永嘉中，太尉郗鑒將鄉曲逃此山，胡賊攻守不能得，今山南有大嶧，名曰郗公嶧。

晉書壹佰蘇峻傳云：

蘇峻，長廣掖人也。永嘉之亂，百姓流亡，所在屯聚，峻糾合得數千家，結壘於本縣，于時豪傑所在屯聚，而峻最强。

同書陸貳祖逖傳略云：

河上堡固先有任子在胡者，皆聽兩屬，時遣游軍僞抄之，明其未附。諸塢主感戴，胡中有異謀，輒密以聞。前後克獲，亦由此也。

同書壹貳拾李流載記略云：

（見前西晉末年之天師道活動第八條。）

南史壹宋本紀壹高祖紀略云：

〔義熙〕十三年正月，帝以舟師進討〔姚秦〕。二月（資治通鑑壹壹捌作三月。）冠軍將軍檀道濟等軍次潼關。三月庚辰（初八日），帝率大軍入河。五月（資治通鑑壹壹捌作四月。）帝至洛陽。

水經注肆河水篇又南至華陰潼關，渭水從西來注之句注略云：

河水又東北，玉澗水注之，水南出玉溪，北流逕皇天原西，周固記：開山東首上平博，方可里餘，三面壁立，高千許仞。漢世祭天于其上，名之爲皇天原。

述征記曰：全節，地名也。其西名桃原，古之桃林，周武王克殷休牛之地矣。

同書壹伍洛水篇東北過盧氏縣南句注云：

洛水又東逕檀山南，其山四絶孤峙，山上有塢聚，俗謂之檀山塢。義熙中，劉公西入長安，舟師所居，次於洛陽，命參軍戴延之與府舍人虞道元即舟溯流，窮覽洛川，欲知水軍可至之處，延之居此而返，竟不達其源也。

八　司馬氏渡江建國及僑民住地 附淝水之戰

晉書陸捌賀循傳略云：

賀循，會稽山陰人也。曾祖齊，仕吴爲名將。祖景，滅賊校尉。父邵，中書令。著作郎陸機上疏薦循曰：「伏見武康令賀循、蒸陽令郭訥皆出自新邦，朝無知己。今揚州無郎，而荊州江南乃無一人爲京城職者，誠非聖朝待四方之本心。至於才望資品，循可尚書郎，訥可太子洗馬、舍人。」

同書伍貳華譚傳略云：

華譚，廣陵人也。祖融，吴左將軍、録尚書事。父諝，吴黄門郎。太康中，刺史嵇紹舉譚秀才。譚至洛陽，武帝策曰：「吴蜀恃險，今既蕩平。蜀人服化，無攜貳之心；而吴人趑睢，屢作妖寇。豈蜀人敦樸，易可化誘；吴人輕鋭，難安易動乎？今將欲綏静新附，何以爲先？」對曰：「蜀染化日久，風教遂成；吴始初附，未改其化，非爲蜀人敦愨而吴人易動也。然殊俗遠境，風土不同，吴阻長江，舊俗輕悍。所安之計，當先籌其人士，使雲翔閶闔，進其賢才，待以異禮；明選牧伯，致以威風；輕其賦斂，將順咸悦，可以永保無窮，長爲人臣者也。」

同書壹佰陳敏傳略云：

陳敏，廬江人也。少有幹能，以郡廉吏補尚書倉部令史。惠帝幸長安，四方交争，敏遂有割據江東之志。會吴王常侍甘卓自洛至，教卓假稱皇太弟命，拜敏爲揚州刺史，并假江東首望顧榮等四十餘人爲將軍、郡守，榮並僞從之。東海王軍諮祭酒華譚聞敏自相署置，而顧榮等並江東首望，悉受敏官爵，乃遺榮等書曰：「陳敏倉部令史，七第頑冗，六品下才，欲躡桓王之高蹤，蹈大皇之絶軌，遠度諸賢，猶當未許也。諸君垂頭，不能建翟義之謀；而顧生俛眉，已受羈絆之辱。何顔見中州之士邪！」周玘、顧榮之徒常懼禍敗，又得譚書，皆有慚色。玘、榮又説甘卓，卓遂背敏。敏單騎東奔至江乘，爲義兵所斬。

同書伍貳華譚傳略云：

顧榮先受敏官，而潛謀圖之。譚不悟榮旨，露檄遠近，極言其非，由此爲榮所怨。

世説新語言語類云：

元帝始過江，謂顧驃騎曰：寄人國土，心常懷慚。榮跪對曰：臣聞王者以天下爲家，是以耿、亳無定處，九鼎遷洛邑，願陛下勿以遷都爲念。

晉書陸伍王導傳略云：

〔琅邪王叡〕徙鎮建康，吴人不附，居月餘，士庶莫有至者，導患之。會〔王〕敦來朝。導謂之曰：「琅邪王仁德雖厚，而名論猶輕。兄威風已振，宜有以匡濟者。」會三月上巳，帝親觀禊，乘肩轝，具威儀，敦、導及諸名勝皆騎從。吴人紀瞻、顧榮，皆江南之望，竊覘之，見其如此，咸驚懼，乃相率拜於道左。導因進計曰：「古之王者莫不賓禮故老，存問風俗，虚己傾心，以招俊乂。況天下喪亂，九州分裂，大業草創，急於得人者乎！顧榮、賀循，此土之望，未若引之，以結人心。二子既至，則無不來矣。」帝乃使導躬造循、榮，二人皆應命而至，由是吴會風靡，百姓歸心焉。自此之後，漸相崇奉，君臣之禮始定。

王鳴盛十七史商榷伍拾王導傳多溢美條略云：

王導傳一篇凡六千餘字，殊多溢美。要之，看似煌煌一代名臣，其實乃並無一事，徒有門閥顯榮，子孫官秩而已，所謂翼戴中興，稱「江左夷吾」者，吾不知其何在也。以懼婦爲蔡謨所嘲，乃斥之云：「吾少遊洛中，何知有蔡克兒？」（參世説新語輕詆類王丞相輕蔡公條劉注引妒記。）導之所以驕人者，不過以門閥耳。

世説新語方正類云：

王丞相初在江左，欲結援吴人，請婚陸太尉。對曰：「培塿無松柏，薰蕕不同器。玩雖不才，義不爲亂倫之始。」

同書排調類云：

劉真長始見王丞相，時盛暑之月，丞相以腹熨彈棊局，曰：「何乃渹？」（劉注云：吴人以冷爲渹。）劉既出，人問：「見王公云何？」劉曰：「未見他異，唯聞作吴語耳。」（劉注引語林曰：真長云：丞相何奇？止能作吴語及細唾也。）

同書政事類云：

王丞相拜揚州，賓客數百人竝加霑接，人人有説色。唯有臨海一客姓任（劉注引語林曰：任名顒，時官在都，預王公坐。）及數胡人爲未洽，公因便還到過任邊云：「君出，臨海便無復人。」任大喜説。因過胡人前，彈指云：「蘭闍，蘭闍。」羣胡同笑，四坐竝懽。

同書同類云：

丞相（王導）末年，略不復省事，正封籙諾之。自歎曰：「人言我憒憒，後人當思此憒憒。」（劉注引徐廣歷紀曰：導阿衡三世，經綸夷險，政務寬恕，事從簡易，故垂遺愛之譽也。）

同書同類云：

丞相嘗夏月至石頭看庾公。庾公正料事，丞相云：「暑可小簡之。」庾公曰：「公之遺事，天下亦未以爲允。」（劉注引殷羨言行曰：王公薨後，庾冰代相，網密刑峻，羨時行，遇收捕者於途，慨然歎曰：丙吉問牛喘，似不爾。嘗從容謂冰曰：卿輩自是網目不失，皆是小道小善耳。至如王公，故能行無理事。謝安石每歎詠此唱。庾赤玉曾問羨：王公治何似，詎是所長。羨曰：其餘令績，不復稱論。然三捉三治，三休三敗。）

同書規箴類云：

王丞相爲揚州，遣八部從事之職。顧和時爲下傳還，同時俱見。諸從事各奏二千石官長得失，至和獨無言。王問顧曰：「卿何所聞？」答曰：「明公作輔，寧使網漏吞舟，何緣採聽風聞，以爲察察之政？」丞相咨嗟稱佳，諸從事自視缺然也。（參晉書捌叁顧和傳。）

晉書伍捌周處傳附周玘傳云：

玘宗族强盛，人情所歸，帝疑憚之。于時中州人士佐佑王業，而玘自以爲不得調，内懷怨望，復爲刁協輕之，恥恚愈甚。時鎮東將軍祭酒東萊王恢亦爲周顗所侮，乃與玘陰謀誅諸執政，推玘及戴若思與諸南士共奉帝，以經緯世事。先是，流人帥夏鐵等寓於淮泗，恢陰書與鐵，令起兵，己當與玘以三吴應之。建興初，鐵已聚衆數百人，臨淮太守蔡豹斬鐵以聞。恢聞鐵死，懼罪，奔于玘，玘殺之，埋于豕牢。帝聞而祕之，召玘爲鎮東司馬，未到，復改授建武將軍、南郡太守，玘既南行，至蕪湖，又下令曰：「玘奕世忠烈，義誠顯著，孤所欽喜。今以爲軍諮祭酒，將軍如故，進爵爲公，禄秩僚屬一同開國之例。」玘忿於迴易，又知其謀泄，遂憂憤發背而卒。將卒，謂子勰曰：「殺我者諸傖子，能復之，乃吾子也。」吴人謂中州人曰「傖」，故云耳。

同書同卷周勰傳云：

勰常緘父言。時中國亡官失守之士避亂來者，多居顯位，駕御吴人，吴人頗怨。勰因之欲起兵，潛結吴興郡功曹徐馥。馥家有部曲，勰使馥矯稱叔父札命以合衆，豪俠樂亂者翕然附之，以討王導、刁協爲名。孫皓族人弼亦起兵於廣德以應之。馥殺吴興太守袁琇，有衆數千，將奉札爲主。時札以疾歸家，聞而大驚，乃告亂於義興太守孔侃。勰知札不同，不敢發兵。馥黨懼，攻馥，殺之。孫弼衆亦潰，宣城太守陶猷滅之。元帝以周氏奕世豪望，吴人所宗，故不窮治，撫之如舊。

同書同卷周札傳略云：

札一門五侯，竝居列位，吴士貴盛，莫與爲比，王敦深忌之。後〔周〕莚喪母，送者千數，敦益憚焉。及敦疾，錢鳳以周氏宗强，與沈充權勢相侔，欲自託於充，謀滅周氏，使充得專威揚土，乃説敦曰：「夫有國者患於强逼，自古釁難恒必由之。今江東之豪，莫强周、沈，公萬世之後，二族必不静矣。周强而多俊才，宜先爲之所，後嗣可安，國家可保耳。」敦納之。時有道士李脱者，妖術惑衆，弟子李弘，養徒灊山，云應讖當王。故敦使廬江太守李恒告札及其諸兄子與脱謀圖不軌。時莚爲敦諮議參軍，即營中殺莚及脱、弘，又遣參軍賀鸞就沈充盡掩殺札兄弟子，既而遣軍會稽，襲札。札先不知，卒聞兵至，率麾下數百人出距之，兵散見殺。及敦死，札、莚故吏並詣闕訟周氏之冤，宜加贈謚。事下八坐，尚書卞壼議以「札石頭之役開門延寇，遂使賊敦恣亂，札之責也。追贈意所未安」。司徒王導議以「宜與周顗、戴若思等同例」。朝廷竟從導議，追贈札衛尉。

元和郡縣圖志貳伍江南道常州義興縣條云：

晉惠帝時妖賊石冰寇亂揚土，縣人周玘創義討冰，割吴興之陽羨并長城縣之北鄉爲義興郡，以表玘功。

同書同卷江南道壹潤州丹陽縣條云：

新豐湖，在縣東北三十里。晉元帝大興四年，晉陵内使張闓所立。舊晉陵地廣人稀，且少陂渠，田多惡穢，闓創湖，成溉灌之利。初以勞役免官，後追紀其功，超爲大司農。

宋書叁伍州郡志壹南徐州刺史條略云：

晉永嘉大亂，幽、冀、青、并、兖州及徐州之淮北流民相率過淮，亦有過江在晉陵郡界者，晉成帝咸和四年，司空郗鑒又徙流民之在淮南者於晉陵諸縣，其徙過江南及留在江北者，並立僑郡縣以司牧之。故南徐州備有徐、兖、幽、冀、青、并、揚七州郡邑。户七萬二千四百七十二，口四十二萬六百四十。晉陵太守，領縣六。户一萬五千三百八十二，口八萬一百一十三。義興太守領縣五。户一萬三千四百九十六，口八萬九千五百二十五。

晉書捌肆劉牢之傳略云：

劉牢之，彭城人也。曾祖羲，以善射事武帝，歷北地、雁門太守。父建，有武幹，爲征虜將軍。世以壯勇稱。牢之面紫赤色，鬚目驚人，而沈毅多計畫。太元初，謝玄北鎮廣陵，時苻堅方盛，玄多募勁勇，牢之與東海何謙、琅邪諸葛侃、樂安高衡、東平劉軌、西河田洛及晉陵孫無終等以驍猛應選。玄以牢之爲參軍，領精鋭爲前鋒，百戰百勝，號爲「北府兵」，敵人畏之。

宋書壹武帝紀略云：

高祖武皇帝諱裕，小名寄奴，彭城縣綏〔輿〕里人。〔曾祖〕混始過江，居晉陵郡丹徒縣之京口里。〔帝〕乃與〔東海何〕無忌同船共還，建興復之計。於是與弟道規、沛郡劉毅、平昌孟昶、任城魏詠之、高平檀憑之、琅邪諸葛長民、太原王元德、隴西辛扈興、東莞童厚之，並同義謀。

晉書壹壹肆苻堅載記下略云：

堅引羣臣會議，曰：「吾統承大業垂二十載，四方略定，惟東南一隅未賓王化。今欲起天下兵以討之。略計兵杖精卒可有九十七萬，吾將躬先啓行，薄伐南裔，於諸卿意何如？」羣臣各有異同，庭議者久之。羣臣出後，獨留苻融議之。融曰：「諸言不可者，策之上也，願陛下納之。」堅作色曰：「今有衆百萬，資仗如山，何不克之有乎！」融泣曰：「吴之不可伐昭然，虚勞大舉，必無功而反。臣之所憂，非此而已。陛下寵育鮮卑、羌、羯，布諸畿甸，舊人族類斥徙遐方。今傾國而去，如有風塵之變者，其如宗廟何！監國以弱卒數萬留守京師，鮮卑、羌、羯，攢聚如林，此皆國之賊也，我之仇也。臣恐非但徒返而已，亦未必萬全。臣智識愚淺，誠不足採；王景略一時奇士，陛下每擬之孔明，其臨終之言不可忘也。」堅不納。

同書壹壹叁苻堅載記上（參資治通鑑壹佰肆晉孝武帝太元六年七月條）云：

堅以關東地廣人殷，思所以鎮静之，引其羣臣於東堂議曰：「凡我族類，支胤彌繁，今欲分三原、九嵕、武都、汧、雍十五萬户於諸方要鎮，不忘舊德，爲磐石之宗，於諸君之意如何？」皆曰：「此有周所以祚隆八百，社稷之利也。」於是分四帥子弟三千户，以配苻丕鎮鄴，如世封諸侯，爲新券主。堅送丕於灞上，流涕而别。諸戎子弟離其父兄者，皆悲號哀慟，酸感行人，識者以爲喪亂流離之象。於是分幽州置平州，以石越爲平州刺史，領護鮮卑中郎將，鎮龍城；大鴻臚韓胤領護赤沙中郎將，移烏丸府於代郡之平城；中書令梁讜爲安遠將軍、幽州刺史，鎮薊城；毛興爲鎮西將軍、河州刺史，鎮枹罕；王騰爲鷹揚將軍、并州刺史，領護匈奴中郎將，鎮晉陽；二州各配支户三千；苻暉爲鎮東大將軍、豫州牧，鎮洛陽；苻叡爲安東將軍、雍州刺史，鎮蒲坂。

同書壹壹肆苻堅載記下略云：

堅下書悉發諸州公私馬，人十丁遣一兵。門在灼然者，爲崇文義從，良家子年二十已下，武藝驍勇，富室材雄者，皆拜羽林郎。良家子至者三萬餘騎。其秦州主簿金城趙盛之爲建威將軍、少年都統。遣征南苻融、驃騎張蚝、撫軍苻方、衛軍梁成、平南慕容暐、冠軍慕容垂率步騎二十五萬爲前鋒。堅發長安，戎卒六十餘萬，騎二十七萬，前後千里，旗鼓相望，堅至項城，涼州之兵始達咸陽，蜀漢之軍順流而下，幽冀之衆至於彭城，東西萬里，水陸齊進。運漕萬艘，自河入石門，達於汝潁。〔苻〕融等攻陷壽春，梁成與其揚州刺史王顯、弋陽太守王詠等率衆五萬，屯於洛澗，栅淮以遏東軍。成頻敗王師。晉遣都督謝石、徐州刺史謝玄、豫州刺史桓伊、輔國謝琰等水陸七萬，相繼距融，去洛澗二十五里，憚成不進。龍驤將軍胡彬先保硤石，爲融所逼，糧盡，詐揚沙以示融軍，潛遣使告石等曰：「今賊盛糧盡，恐不見大軍。」融軍人獲而送之。融乃馳使白堅曰：「賊少易俘，但懼其越逸，宜速進衆軍，掎擒賊帥。」堅大悅，恐石等遁也，捨大軍於項城，以輕騎八千兼道赴之。令軍人曰：「敢言吾至壽春者拔舌。」故石等弗知。晉龍驤將軍劉牢之率勁卒五千，夜襲梁成壘，克之，斬成及王顯、王詠等十將，士卒死者萬五千。謝石等以既敗梁成，水陸繼進。堅與苻融登城而望王師，見部陣齊整，將士精鋭，又北望八公山上草木，皆類人形，顧謂融曰：「此亦勍敵也，何謂少乎？」堅遣其尚書朱序説石等以衆盛，欲脅而降之。序詭謂石曰：「若秦百萬之衆皆至，則莫可敵也。及其衆軍未集，宜在速戰。若挫其前鋒，可以得志。」石聞堅在壽春也，懼，謀不戰以疲之。謝琰勸從序言，遣使請戰，許之。時張蚝敗謝石於肥南，謝玄、謝琰勒卒數萬，陣以待之。蚝乃退，列陣逼肥水。王師不得渡，遣使謂融曰：「君懸軍深入，置陣逼水，此持久之計，豈欲戰者乎？若小退師，令將士周旋，僕與君公緩轡而觀之，不亦美乎！」融於是麾軍却陣，欲因其濟水，覆而取之。軍遂奔退，制之不可止。融馳騎略陣，馬倒被殺，軍遂大敗。王師乘勝追擊，至於青岡，死者相枕。堅爲流矢所中，單騎遁還於淮北，聞風聲鶴唳，皆謂晉師之至。其僕射張天錫、尚書朱序及徐元喜等皆歸順。初，諺言「堅不出項」，羣臣勸堅停項，爲六軍聲鎮，堅不從，故敗。諸軍悉潰，惟慕容垂一軍獨全，堅以千餘騎赴之。垂子寶勸垂殺堅，垂不從，乃以兵屬堅。（參通鑑壹佰伍晉紀孝武帝太元八年（三八三年）十月條。）

晉書捌拾王羲之傳略云：

〔王〕述後檢察會稽郡，辯其刑政，主者疲於簡對。羲之深恥之，遂稱病去郡，於父母墓前自誓。羲之既去官，與東土人士盡山水之游，與吏部郎謝萬書曰：頃東游還，修植桑果，并行田視地利，頤養閒暇。

宋書陸柒謝靈運傳略云：

靈運因父祖之資，生業甚厚。奴僮既衆，義故門生數百。鑿山浚湖，功役無已。尋山陟嶺，必造幽峻，巖障千里，莫不備盡。登躡常著木履，上山則去前齒，下山去其後齒。嘗自始寧南山伐木開逕，直至臨海，從者數百人。臨海太守王琇驚駭，謂爲山賊，徐知是靈運乃安。在會稽亦多徒衆，驚動縣邑。

同書叁柒州郡志叁雍州刺史條略云：

晉江左立。胡亡氐亂，雍、秦流民多南出樊、沔，晉孝武始於襄陽僑立雍州，并立僑郡縣。宋文帝元嘉二十六年，割荆州之襄陽、南陽、新野、順陽、隨五郡爲雍州，而僑郡縣猶寄寓在諸郡界。孝武大明中，又分實土郡縣以爲僑郡縣境。

南齊書壹伍州郡志雍州條略云：

雍州。

新野郡。

宋書捌叁宗越傳云：

宗越，南陽葉人也。本河南人，晉亂，徙南陽宛縣，又土斷屬葉。本爲南陽次門，安北將軍趙倫之鎮襄陽，襄陽多雜姓，倫之使長史范覬之條次氏族，辨其高卑，覬之點越爲役門。出身補郡吏。

梁書拾蕭穎達傳略云：

兄穎胄，齊建武末行荆州事，穎達亦爲西中郎外兵參軍，俱在西府。東昏遣輔國將軍劉山陽爲巴西太守，道過荆州，密敕穎胄襲雍州。時高祖已爲備矣。仍遣穎胄親人王天虎以書疑之。山陽至，果不敢入城。穎胄計無所出，夜遣錢塘人朱景思呼西中郎城局參軍席闡文、諮議參軍柳忱，閉齋定議。闡文曰：「蕭雍州蓄養士馬，非復一日，江陵素畏襄陽人，人衆又不敵，取之必不可制。」

同書玖曹景宗傳略云：

曹景宗，新野人也。父欣之，爲宋將，位至征虜將軍、徐州刺史。景宗幼善騎射。

同書拾蔡道恭傳云：

蔡道恭，南陽冠軍人也。父那，宋益州刺史。〔道恭〕累有戰功。

同書同卷楊公則傳（南史伍伍楊公則傳同）略云：

楊公則，天水西縣人。父仲懷，宋泰始初爲豫州刺史殷琰將，戰死於横塘。公則殮畢，徒步負喪歸鄉里。（寅恪案，宋書叁柒州郡志雍州刺史條下有南天水太守及西縣令。公則之鄉里當即指此。）

同書壹貳席闡文傳（南史伍伍席闡文傳同）略云：

席闡文，安定臨涇人也。齊初，爲雍州刺史蕭赤斧中兵參軍，由是與其子穎胄善。（寅恪案，宋書叁柒秦州刺史條有安定太守。又云，晉孝武復立，寄治襄陽，闡文既爲雍州刺史府參軍，疑其家亦因晉孝武時胡亡氏亂南遷襄陽者也。）

同書壹柒馬仙琕傳（南史貳陸袁湛傳附馬仙琕傳同）略云：

馬仙琕，扶風郿人也。父伯鸞，宋冠軍司馬。仙琕少以果敢聞。（寅恪案，宋書叁柒州郡志雍州刺史條下有扶風太守郿縣令。）

同書壹捌康絢傳（南史伍伍康絢傳同）略云：

康絢，華山藍田人也。其先出自康居。初，漢置都護，盡臣西域，康居亦遣侍子待詔於河西，因留爲黔首，其後即以康爲姓。晉時隴右亂，康氏遷于藍田。絢曾祖因爲苻堅太子詹事，生穆，穆爲姚萇河南尹。宋永初中，穆舉鄉族三千餘家，入襄陽之峴南，宋爲置華山郡藍田縣，寄居于襄陽，以穆爲秦、梁二州刺史，未拜，卒。絢世父元隆，父元撫，並爲流人所推，相繼爲華山太守。絢少俶儻有志氣，齊文帝爲雍州刺史，所辟皆取名家，絢特以才力召爲西曹書佐。永明三年，除奉朝請。文帝在東宫，以舊恩引爲直後，以母憂去職。服闋，除振威將軍、華山太守。推誠撫循，荒餘悦服。遷前軍將軍，復爲華山太守。永元元年，義兵起，絢舉郡以應。

北周書肆壹庾信傳哀江南賦云：

我之掌庾承周，以世功而爲族；經邦佐漢，用論道而當官。禀嵩、華之玉石，潤河、洛之波瀾。居負洛而重世，邑臨河而晏安。逮永嘉之艱虞，始中原而乏主。民枕倚於牆壁，路交横於豺虎。值五馬之南奔，逢三星之東聚。彼凌江而建國，此播遷於吾祖。分南陽而賜田，裂東嶽而胙土。誅茅宋玉之宅，穿徑臨江之府。

隋書柒捌藝術傳庾季才傳略云：

庾季才，新野人也。八世祖滔，隨晉元帝過江，官至散騎常侍，封遂昌侯，因家于南郡江陵縣。

梁書壹玖宗夬傳略云：

宗夬，南陽涅陽人也。世居江陵。祖炳，宋時徵太子庶子不就，有高名。父繁，西中郎諮議參軍。夬少勤學，有局幹，弱冠，舉郢州秀才，齊司徒竟陵王集學士於西邸，並見圖畫，夬亦預焉。永明中，與魏和親，敕夬與尚書殿中郎任昉同接魏使，皆時選也。

世説新語任誕類略云：

桓車騎在荆州，張玄爲侍中，使至江陵，路經陽岐村，（劉注云：村臨江，去荆州二百里。）俄見一人持半小籠生魚，徑來造船云：「有魚，欲寄作膾。」張乃維舟而納之。問其姓字，稱是劉遺民。（劉注引中興書曰：劉驎之，一字遺民。）

同書棲逸類（參晉書玖肆隱逸傳劉驎之傳）略云：

南陽劉驎之，高率善史傳，隱於陽岐。荆州刺史桓沖徵爲長史。（劉注引鄧粲晉紀曰：驎之字子驥，南陽安衆人。）

吴士鑑晉書斠注引洪亮吉東晉疆域志曰：

石首有陽岐。

南齊書伍肆劉虯傳（參南史伍拾劉虬傳）略云：

劉虯，南陽涅陽人也。舊族，徙居江陵。建元初，豫章王爲荆州，教辟虯爲別駕，與同郡宗測、新野庾易竝遣書禮請。永明三年，刺史廬陵王子卿表虯及同郡宗測、宗尚之、庾易、劉昭五人，請加蒲車束帛之命。詔徵爲通直郎，不就。

九　胡族之漢化及胡漢分治

晉書壹佰壹劉元海（淵）載記略云：

劉氏雖分居五部，然皆家居晉陽汾澗之濱。〔元海〕幼好學，師事上黨崔游，習毛詩、京氏易、馬氏尚書，尤好春秋左氏傳、孫吳兵法，略皆誦之，史、漢、諸子，無不綜覽，咸熙中爲侍子，在洛陽。

同書同卷附子和傳略云：

和好學夙成，習毛詩、左氏春秋、鄭氏易。

同書同卷劉元海載記附劉宣傳略云：

劉宣好學修潔。師事樂安孫炎，沈精積思，不舍晝夜，好毛詩、左氏傳。炎每嘆之曰：「宣若遇漢武，當踰於金日磾也。」學成而返，不出門閭蓋數年。每讀漢書，至蕭何、鄧禹傳，未嘗不反覆詠之，曰：「大丈夫若遭二祖，終不令兩公獨擅美於前矣。」〔晉〕武帝以宣爲右部都尉。

同書壹佰貳劉聰載記略云：

劉聰，元海第四子也。幼而聰悟好學，博士朱紀大奇之。年十四，究通經史，兼綜百家之言，孫吳兵法，靡不誦之。工草隸，善屬文，著述懷詩百餘篇、賦頌五十餘篇。

同書壹佰壹劉元海載記略云：

〔元海〕下令曰：「曹操父子凶逆相尋，故孝愍委棄萬國，昭烈播越岷蜀，冀否終有泰，旋軫舊京。何圖天未悔禍，後帝窘辱，自社稷淪喪，宗廟之不血食四十年于茲矣。孤今猥爲羣公所推，紹脩三祖之業。以大恥未雪，社稷無主，勉從羣議。」乃赦其境内，年號元熙，追尊劉禪爲孝懷皇帝，定漢高祖以下三祖五宗神主而祭之。

資治通鑑捌伍孝惠帝永興元年十月條胡注云：

淵以漢高祖、世祖、昭烈爲三祖，太宗、世宗、中宗、顯宗、肅宗爲五宗。

晉書壹佰伍石勒載記下云：

勒雅好文學，雖在軍旅，常令儒生讀史書而聽之，每以其意論古帝王善惡，朝賢儒士聽者莫不歸美焉。嘗使人讀漢書，聞酈食其勸立六國後，大驚曰：「此法當失，何得遂成天下？」至留侯諫，乃曰：「賴有此耳。」

同書同卷附石弘傳略云：

弘字大雅，勒之第二子也。受經於杜嘏，誦律於續咸。勒曰：「今世非承平，不可專以文業教也。」於是使劉徵、任播授以兵書，王陽教之擊刺。

同書壹佰玖慕容皝載記略云：

慕容皝，廆第三子也。尚經學，善天文。

同書壹佰拾慕容儁載記略云：

慕容儁，皝之第二子也。博觀圖書，有文武幹略。

同書壹貳肆慕容寶載記略云：

慕容寶，垂之第四子也。及爲太子，砥礪自修，敦崇儒學，工談論，善屬文。

同書壹貳柒慕容德載記略云：

慕容德，皝之少子也。博觀羣書，性清慎，多才藝。

同書壹壹叁苻堅載記上略云：

苻堅，雄之子也。八歲，請師就家學。〔祖〕洪曰：「汝戎狄異類，世知飲酒，今乃求學邪？」欣而許之。性至孝，博學多才藝，有經濟大志，要結英豪，以圖緯世之宜。

同書壹壹伍苻登載記略云：

登，堅之族孫也。登長而折節謹厚，頗覽書傳。

同書壹壹陸姚襄載記略云：

襄少有高名，雄武冠世，好學博通，雅善談論。

同書壹壹柒姚興載記上略云：

姚興，萇之長子也。與其中舍人梁喜、洗馬范勗等講論經籍，不以兵難廢業。

同書壹壹玖姚泓載記略云：

姚泓，興之長子也。博學善談論，尤好詩詠。

同書壹貳玖沮渠蒙遜載記略云：

沮渠蒙遜博涉羣史，頗曉天文。

同書肆肆盧欽傳附諶傳云：

值中原喪亂，〔諶〕與清河崔悅、潁川荀綽、河東裴憲、北地傅暢並淪陷非所，雖俱顯於石氏，恒以爲辱。諶每謂諸子曰：「吾身没之後，但稱晉司空從事中郎爾。」

同書壹佰捌慕容廆載記附高瞻傳略云：

高瞻，渤海蓨人也。隨〔崔〕毖如遼東。毖奔敗，瞻隨衆降於廆。廆署爲將軍，瞻稱疾不起。廆敬其姿器，數臨候之，撫其心曰：「君之疾在此，不在餘也。君中州大族，冠冕之餘，奈何以華夷之異，有懷介然？且大禹出於西羌，文王生於東夷，但問志略何如耳，豈以殊俗不可降心乎？」瞻仍辭疾篤，廆深不平之。瞻遂以憂死。

北史貳壹崔宏傳略云：

始宏因苻氏亂，欲避地江南，爲張願所獲，本圖不遂。乃作詩以自傷，而不行於時，蓋懼罪也。

〔子〕浩誅，中書侍郎高允受敕收浩家書，始見此詩，允知其意。允孫綽録於允集。

晉書壹佰貳劉聰載記略云：

置左右司隸，各領户二十餘萬，萬户置一內史，凡內史四十三。單于左右輔，各主六夷十萬落，萬落置一都尉。

同書壹佰叁劉曜載記云：

置單于臺于渭城，拜大單于。置左右賢王已下，皆以胡、羯、鮮卑、氐、羌豪傑爲之。

同書玖柒匈奴傳略云：

隨所居郡縣，使宰牧之，與編户大同，而不輸貢賦。

同書壹佰肆石勒載記略云：

勒增置宣文、宣教、崇儒、崇訓十餘小學於襄國四門，簡將佐豪右子弟百餘人以教之，且備擊柝之衛。

同書壹佰柒石季龍載記下略云：

〔冉閔〕宣令內外，六夷敢稱兵杖者，斬之。胡人或斬關，或踰城而出者，不可勝數。令城內曰：「與官同心者住，不同心者各任所之。」勅城門不復相禁。於是趙人百里內悉入城，胡羯去者填門。

十　東晉時代北方徙民問題及北强南弱之形勢

晉書柒成帝紀云：

〔咸康五年〕九月，石季龍將夔安、李農陷沔南，張貉陷邾城，因寇江夏、義陽，征虜將軍毛寶、西陽太守樊俊、義陽太守鄭進並死之，夔安等進圍石城，竟陵太守李陽距戰，破之，斬首五千餘級，安乃退，遂略漢東，七千餘家遷於幽冀。

同書壹壹貳苻洪載記云：

〔石〕季龍滅石生，洪説季龍，宜徙關中豪傑及羌戎，内實京師。季龍從之，以洪爲龍驤將軍、流人都督，處於枋頭。

又云：

洪將死，謂〔子〕健曰：「所以未入關者，言中州可指時而定，今見困豎子，中原非汝兄弟所能辦，關中形勝，吾亡後便可鼓行而西。」言終而死。

同書同卷苻健載記略云：

盡衆西行，起浮橋於盟津以濟。遣其弟雄，率步騎五千入潼關，兄子菁自軹關入河東既濟，焚橋，自統大衆繼雄而進。三輔略定，健引兵至長安，入而都之。

同書壹壹叁苻堅載記上云：

徙關東豪傑及諸雜夷十萬户（通鑑壹佰叁晉紀簡文帝紀咸安元年作十五萬户。）於關中，處烏丸雜類於馮翊、北地，丁零翟斌於新安。徙陳留、東阿萬户以實青州。

同書壹壹陸姚弋仲載記略云：

石季龍克上邽，弋仲説之曰：「宜徙隴上豪强，虛其心腹，以實畿甸。」〔後〕季龍執權，思弋仲之言，遂徙秦雍豪傑於關東，弋仲率部衆數萬遷於清河。

同書同卷姚襄載記略云：

襄將佐皆北人，咸勸襄北還。襄方軌北引，乃據許昌，將如河東以圖關右，自許遂攻洛陽，踰月不克。桓温自江陵伐襄，戰於伊水，爲温所敗。襄尋徙北屈，將圖關中，進屯杏城，遣其從兄輔國姚蘭略地鄜城，使其兄益及將軍王欽盧招集北地戎夏，歸附者五萬餘户。襄率衆西引，戰於三原。襄敗，爲〔苻〕堅所殺。〔及襄死，萇率諸弟降於苻生。〕

同書柒成帝紀略云：

〔咸和五年〕石勒將劉徵寇南沙，都尉許儒遇害，進入海虞。六年春正月癸巳劉徵復寇婁縣，遂掠武進。

同書壹佰伍石勒載記下云：

晉將軍趙胤攻克馬頭，石堪遣將軍韓雍救之，至則無及，遂寇南沙、海虞，俘獲五千餘人。

同書壹佰陸石季龍載記上云：

季龍自率衆南寇歷陽，臨江而旋，京師大震。

同書壹壹叁苻堅載記上略云：

堅入鄴宫，閲其名籍，凡郡百五十七，縣一千五百七十九，户二百四十五萬八千九百六十九，口九百九十八萬七千九百三十五。

通典柒食貨典歷代盛衰户口條略云：

三國鼎立，戰争不息。及〔魏〕平蜀，得户二十八萬，口九十四萬，帶甲將士十萬二千，吏四萬，通計户九十四萬三千四百二十三，口五百三十七萬二千八百八十一，除平蜀所得，當時魏氏唯有户六十六萬三千四百二十三，口有四百四十三萬二千八百八十一。晉武帝太康元年平吴，收其圖籍，户五十三萬，吏三萬二千，兵二十三萬，男女口二百三十萬。後宫五千餘人。九州攸同，大抵編户二百四十五萬九千八百四十，口千六百一十六萬三千八百六十三，此晉之極盛也。〔宋〕孝武大明八年，户九十萬六千八百七十，口四百六十八萬五千五百一十。〔陳〕後主滅亡之時，隋家所收户五十萬，口二百萬。後魏户三百三十七萬五千三百六十八，北齊至崇（隆）化三年，爲周師所滅。有户三百三萬二千五百二十八，口二千萬六千八百八十。〔後周〕大象中，有户三百五十九萬，口九百萬九千六百四。

十一　江東統治階級之轉移

晉書壹佰孫恩傳略云：

廣州刺史王懷之以〔恩叔父〕泰行鬱林太守，南越亦歸之。泰見天下兵起，以爲晉祚將終，乃扇動百姓，私集徒衆，三吴士庶多從之。及〔會稽王世子〕元顯縱暴，吴會百姓不安，恩因其騷動，自海攻上虞，殺縣令，因襲會稽，害内史王凝之，有衆數萬。於是會稽謝鍼、吴郡陸瓌、吴興丘尫、義興許允之、臨海周胄、永嘉張永及東陽、新安等凡八郡，一時俱起，殺長吏以應之，旬日之中，衆數十萬。於是恩據會稽，號其黨曰「長生人」，畿内諸縣，處處蜂起，諸賊皆燒倉廩，焚邑屋，刊木堙井，虜掠財貨，相率聚於會稽。初，恩聞八郡響應，告其屬曰：「天下無復事矣，當與諸君朝服而至建康。」既聞〔劉〕牢之臨江，復曰：「我割浙江，不失作句踐也。」尋知牢之已濟江，乃曰：「孤不羞走矣。」乃虜男女二十餘萬口，一時逃入海。

同書同卷盧循傳略云：

循娶孫恩妹，及恩作亂與循通謀，恩亡，餘衆推循爲主。元興二年正月〔循〕寇東陽，八月攻永嘉。劉裕討循至晉安，循窘急，泛海到番禺，寇廣州。逐刺史吴隱之，自攝州事，號平南將軍，遣使獻貢。時朝廷新誅桓氏，中外多虞，乃權假循征虜將軍、廣州刺史、平越中郎將，〔循出嶺攻建業兵敗，〕還保廣州。〔劉〕裕先遣孫處從海道據番禺城，循攻之不下，循乃襲合蒲，克之。至龍編，刺史杜慧度譎而敗之，循勢屈，知不免，因自投於水，慧度取其尸斬之。

同書陸陸陶侃傳略云：

陶侃本鄱陽人也。吴平，徙家廬江之尋陽。父丹，吴揚武將軍。侃早孤貧，爲縣吏。至洛陽，伏波將軍孫秀以亡國支庶，府望不顯，中華人士恥爲掾屬，以侃寒宦，召爲舍人，與〔楊晫〕同乘，見中書郎顧榮，榮見奇之，吏部郎温雅謂晫曰：「奈何與小人共載。」〔後王敦欲殺侃，〕參軍梅陶、長史陳頒言於敦曰：「周訪與侃親姻，如左右手，安有斷人左手，而右手不應者乎！」敦意遂解。

同書伍捌周訪傳略云：

周訪本汝南安城人也。漢末避地江南，至訪四世。吴平，因家廬江尋陽焉。時陶侃爲散吏，訪薦爲主簿，相與結友，以女妻侃子瞻。訪以功遷南中郎將、督梁州諸軍事、梁州刺史。聞〔王〕敦有不臣之心，訪恒切齒。敦雖懷逆謀，故終訪之世，未敢爲非。

南史叁柒沈慶之傳附文季傳云：

〔齊〕武帝在東宫，於玄圃宴朝臣，文季數舉酒勸〔褚〕彦回。彦回甚不平，啓武帝曰：「沈文季謂彥回經爲其郡，依然猶有故情。」文季曰：「惟桑與梓，必恭敬止。豈如明府亡國失土，不識枌榆。」遂言及魏軍動事。彥回曰：「陳顯達、沈文季當今將略，足委以邊事。」文季諱稱將門，因是發怒，啓武帝曰：「褚彥回遂品藻人流，臣未知其身死之日，何面目見宋明帝。」武帝笑曰：「沈率醉也。」中丞劉休舉其事，見原。

同書陸叁羊侃傳略云：

羊侃，泰山梁父人也。魏帝常謂曰：「郎官謂卿爲虎，豈羊質虎皮乎？試作虎狀。」侃因伏，以手抉殿没指。魏帝壯之，賜以珠劍。侃以大通三年至建鄴，車駕幸樂游苑，侃預宴。時少府奏新造兩刃矟成，長二丈四尺，圍一尺三寸。帝因賜侃河南國紫騮，令試之。侃執矟上馬，左右擊刺，特盡其妙。觀者登樹。帝曰：「此樹必爲侍中折矣。」俄而果折，因號此矟爲折樹矟。北人降者，唯侃是衣冠餘緒，帝寵之踰於他者。謂曰：「朕少時捉矟，形勢似卿，今失其舊體，殊覺不奇。」上又製武宴詩三十韻示侃，侃即席上應詔。〔侯〕景既卒至，百姓競入，公私混亂，無復次序。侃乃區分防擬，皆以宗室間之。軍人爭入武庫，自取器甲，所司不能禁，侃命斬數人方得止。是時梁興四十七年，境內無事，公卿在位，乃閭里士大夫莫見兵甲。賊至卒迫，公私駭震。時宿將已盡，後進少年，並出在外，城中唯有侃及柳津、韋黯。津年老且疾，黯懦而無謀，軍旅指撝一決於侃。（參顏氏家訓涉務篇。）尋以疾卒於城內。侃少雄勇，膂力絕人，所用弓至二十石，馬上用六石弓。嘗於兗州堯廟蹋壁，直上至五尋，横行得七跡。泗橋有數石人，長八尺，大十圍。侃執以相擊，悉皆破碎。

同書伍玖任昉傳略云：

梁武帝剋建鄴，霸府初開，以爲驃騎記室參軍。始梁武與昉遇竟陵王西邸，從容謂曰：「我登三府，當以卿爲記室。」昉亦戲帝曰：「我若登三事，當以卿爲騎兵。」以帝善騎也。至是引昉符昔言焉。

同書陸叁王神念傳略云：

王神念，太原祁人也。仕魏位潁川太守，與子僧辯據郡歸梁。

同書同卷王神念傳附子僧辯傳略云：

及侯景反，元帝命僧辯總督舟師一萬赴援。元帝以僧辯爲征東將軍，命即率巴陵諸軍，沿流討景。景自出戰於石頭城北，僧辯等大破之。景走朱方，僧辯命衆將入據臺城。

同書同卷羊鴉仁傳略云：

羊鴉仁，泰山鉅平人也。少驍勇，仕郡爲主簿。普通中，率兄弟自魏歸梁，及侯景反，鴉仁率所部入援。

梁書伍伍武陵王紀傳略云：

世祖命護軍將軍陸法和於硤口夾岸築二壘，鎮江以斷之。時陸納未平，蜀軍（武陵王紀）復逼，物情恇擾，世祖憂焉。乃拔〔侯景將〕任約於獄，撤禁兵以配之，復於獄拔〔侯景將〕謝答仁爲步兵校尉，配衆一旅，上赴法和。

魏書玖捌島夷蕭衍傳略云：

衍每募人出戰，素無號令，初或暫勝，後必奔背。景宣言曰「城中非無菜（卒），但無醬（將）耳」，以戲侮之。

陳書捌侯安都傳略云：

侯安都，始興曲江人也。世爲郡著姓。善騎射，爲邑里雄豪。侯景之亂，招集兵甲至三千人。

同書玖侯瑱傳略云：

侯瑱，巴西充國人也。

同書玖歐陽頠傳略云：

歐陽頠，長沙臨湘人也。侯景構逆，〔衡州刺史韋〕粲自解還都征景，以頠監衡州。

同書拾程靈洗傳略云：

程靈洗，新安海寧人也。少以勇力聞，步行日二百餘里，便騎善游。梁末，海寧、黟、歙等縣及鄱陽、宣城郡界多盜賊，近縣苦之。靈洗素爲鄉里所畏伏，前後守長恒使招募少年，逐捕劫盜。侯景之亂，靈洗聚徒據黟、歙以拒景。景軍據有新安，新安太守湘西鄉侯蕭隱奔依靈洗，靈洗奉以主盟。

同書拾壹黄法𣰰傳略云：

黄法𣰰，巴山新建人也。少勁捷有膽力，步行日三百里，距躍三丈。出入郡中，爲鄉閭所憚。侯景之亂，於鄉里合徒衆。太守賀詡下江州，法𣰰監知郡事。

同書壹叁徐世譜傳略云：

徐世譜，巴東魚復人也。世居荆州，爲主帥，征伐蠻、蜑。至世譜，尤敢勇有膂力，善水戰。梁元帝之爲荆州刺史，世譜將領鄉人事焉。侯景之亂，因預征討，累遷至員外散騎常侍。

同書同卷周敷傳略云：

周敷，臨川人也。爲郡豪族。膽力勁果，超出時輩。性豪俠，輕財重士，鄉黨少年任氣者咸歸之。侯景之亂，鄉人周續合徒衆以討賊爲名，梁内史始興藩王蕭毅以郡讓續。侯景平，梁元帝授敷寧州刺史。

同書叁伍熊曇朗傳略云：

熊曇朗，豫章南昌人也。世爲郡著姓。曇朗跅弛不羈，有膂力，容貌甚偉。侯景之亂，稍聚少年，據豐城縣爲柵，桀黠劫盜多附之，梁元帝以爲巴山太守。

同書同卷周迪傳略云：

周迪，臨川南城人也。少居山谷，有膂力，能挽彊弩，以弋獵爲事。侯景之亂，迪宗人周續起臨川，梁始興王蕭毅以郡讓續，迪召募鄉人從之，每戰必勇冠衆軍，續所部渠帥皆郡中豪族，稍驕橫，續頗禁之，渠帥等竝怨望，乃相率殺續，推迪爲主，迪乃據有臨川之地，築城於工塘。梁元帝授迪高州刺史。

同書同卷留異傳略云：

留異，東陽長山人也。世爲郡著姓，〔異〕爲鄉里雄豪，多聚惡少，陵侮貧賤，守宰皆患之。侯景之亂，召募士卒，太守沈巡援臺，讓郡於異。

同書同卷陳寶應傳云：

陳寶應，晉安侯官人也。世爲閩中四姓。父羽，有材幹，爲郡雄豪。寶應性反覆，多變詐。梁代晉安數反，累殺郡將，羽初竝扇惑合成其事，後復爲官軍鄉導破之，由是一郡兵權皆自己出。侯景之亂，晉安太守、賓化侯蕭雲以郡讓羽，羽年老，但治郡事，令寶應典兵。

十二 「六鎮」問題 附北朝之兵

元和郡縣圖志壹肆雲州條云：

後魏道武帝又於此建都，東至上谷軍都關，西至河，南至中山隘門塞，北至五原，地方千里，以為甸服。

魏書伍捌楊播傳附弟椿傳云：

除定州刺史，自太祖平中山，多置軍府，以相威攝。凡有八軍，軍各配兵五千，食禄主帥軍各四十六人。自中原稍定，八軍之兵，漸割南戍，一軍兵纔千餘，然主帥如故，費禄不少。椿表罷四軍，減其帥百八十四人。州有宗子稻田，屯兵八百户，年常發夫三千，草三百車，修補畦堰，椿以屯兵惟輸此田課，更無徭役，及至閑月，即應修治，不容復勞百姓，椿亦表罷。朝廷從之。

同書玖肅宗紀正光五年云：

〔正光五年八月〕丙申，詔曰：「賞貴宿勞，明主恒德；恩沾舊績，哲后常範。太祖道武皇帝應期撥亂，大造區夏。世祖太武皇帝纂戎丕緒，光闡王業，躬率六師，掃清逋穢；諸州鎮城人，本充牙爪，服勤征旅，契闊行間，備嘗勞劇。逮顯祖獻文皇帝自北被南，淮海思乂，便差割强族，分衛方鎮。高祖孝文皇帝，遠遵盤庚，將遷嵩洛，規遏北疆，蕩闢南境，選良家酋胕，增戍朔垂，戎捍所寄，實惟斯等。先帝（世宗宣武皇帝）以其誠效既亮，方加酬錫，會宛郢馳烽，朐泗告警，軍旗頻動，兵連積歲，茲恩仍寢，用迄于今，怨叛之興，頗由於此。朕叨承乾曆，撫馭宇宙，調風布政，思廣惠液，宜追述前恩，敷茲後施。諸州鎮軍貫，元非犯配者，悉免爲民，鎮改爲州，依舊立稱。此等世習干戈，率多勁勇。今既甄拔，應思報效。可三五簡發，討彼沙隴。當使人齊其力，奮擊先驅，妖黨狂醜，必可蕩滌。衝鋒斬級，自依恒賞。」

同書伍拾尉元傳云：

〔太和十六年〕元表曰：「今計彼〔徐州〕戍兵，多是胡人，臣前鎮徐州之日，胡人子都將呼延籠達因於負罪，便爾叛亂，鳩引胡類，一時扇動。賴威靈遐被，罪人斯戮。又團城子都將胡人王敕懃負釁南叛，每懼姦圖，狡誘同黨。愚誠所見，宜以彭城胡軍換取南豫州徙民之兵，轉戍彭城；又以中州鮮卑增實兵數。於事爲宜。」

同書柒下高祖紀下略云：

〔太和十八年〕七月，車駕北巡。戊戌，謁金陵。辛丑，幸朔州。〔八月〕甲辰行幸陰山，觀雲川。癸丑，幸懷朔鎮。己未，幸武川鎮。

同書同卷：

〔太和十九年八月〕乙巳，詔選天下武勇之士十五萬人爲羽林、虎賁，以充宿衛。

同書壹捌廣陽王深〔淵〕傳云：

沃野鎮人破六韓拔陵反叛，詔深爲北道大都督，受尚書令李崇節度。深上書曰：「昔皇始以移防爲重，盛簡親賢，擁麾作鎮，配以高門子弟，以死防遏，不但不廢仕宦，至乃偏得復除。當時人物忻慕爲之。及太和在歷，僕射李沖當官任事，涼州土人悉免厮役，豐沛舊門，仍防邊戍。自非得罪當世，莫肯與之爲伍。征鎮驅使，但爲虞候白直，一生推遷，不過軍主。然其往世房分留居京者，得上品通官，在鎮者便爲清途所隔。或投彼有北，以禦魑魅，多復逃胡鄉。乃峻邊兵之格，鎮人浮遊在外，皆聽流兵捉之。於是少年不得從師，長者不得遊宦，獨爲匪人，言者流涕。自定鼎伊洛，邊任益輕，唯底滯凡才，出爲鎮將，轉相模習，專事聚斂。或有諸方姦吏，犯罪配邊，爲之指蹤，過弄官府，政以賄立，莫能自改。咸言姦吏爲此，無不切齒憎怒。

同書陸陸李崇傳略云：

詔曰：「崇乃上表求改鎮爲州，罷削舊貫，朕於時以舊典難革，不許其請。」

北齊書貳叁魏蘭根傳略云：

正光末，尚書令李崇爲本郡都督，以蘭根爲長史。因説崇曰：「緣邊諸鎮，控攝長遠。昔時初置，地廣人稀，或徵發中原强宗子弟，或國之肺腑，寄以爪牙。中年以來，有司乖實，號曰府户，役同厮養，官婚班齒，致失清流。而本宗舊類，各各榮顯，顧瞻彼此，理當憤怨。更張琴瑟，今也其時，静境寧邊，事之大者。宜改鎮立州，分置郡縣，凡是府户，悉免爲民，入仕次叙，一准其舊，文武兼用，威恩並施。此計若行，國家庶無北顧之慮矣。」

魏書陸肆張彝傳略云：

〔征西將軍彝〕第二子仲瑀上封事，求銓別選格，排抑武人，不使預在清品。由是衆口喧喧，謗讟盈路，立榜大巷，剋期會集，屠害其家。神龜二年二月，羽林虎賁幾將千人，相率至尚書省詬罵，求其長子尚書郎始均，不獲。以瓦石擊打公門。上下畏懼，莫敢討抑。遂便持火，擄掠道中薪蒿，以仗石爲兵器，直造其第，曳彝堂下，捶辱極意，唱呼嗷嗷，焚其屋宇。始均、仲瑀當時踰北垣而走。始均回救其父，拜伏羣小，以請父命。羽林等就加毆擊，生投之於煙火之中。及得屍骸，不復可識，唯以髻中小釵爲驗。仲瑀傷重走免。彝僅有餘命，沙門寺與其比隣，輿致於寺。遠近聞見，莫不惋駭。彝遂卒，官爲收掩羽林兇强者八人斬之。

北史壹陸太武五王傳廣陽王深（淵）傳（參魏書伍捌楊播傳附楊津傳）云：

先是，别將李叔仁以〔破六韓〕拔陵來逼，請求迎援，深赴之，前後降附二十萬人。深與行臺元纂表求恒州北别立郡縣，安置降户，隨宜振賚，息其亂心。不從。詔遣黄門侍郎楊昱分散之於冀、定、瀛三州就食，深謂纂曰：「此輩復爲『乞活』矣。禍亂當由此作。」既而鮮于修禮叛於定州，杜洛周反於幽州，其餘降户，猶在恒州，遂欲推深爲主。深乃上書還京師。令左衛將軍楊津代深爲都督。

魏書肆下世祖紀下云：

〔太平真君五年〕六月，北部民殺立義將軍、衡陽公莫孤，率五千餘落北走。追擊於漠南，殺其渠帥，餘徙冀、相、定三州爲營户。

同書柒上高祖紀上云：

〔延興元年〕冬十月丁亥，沃野、統萬二鎮敕勒叛。詔太尉、隴西王源賀追擊，至枹罕，滅之，斬首三萬餘級，徙其遺迸於冀、定、相三州爲營户。

延興二年三月，連川敕勒謀叛，徙配青、徐、齊、兖四州爲營户。

同書柒下高祖紀下云：

〔太和二十一年〕六月壬戌，詔冀、定、瀛、相、濟五州發卒二十萬，將以南討。

同書捌叁上外戚傳賀訥傳略云：

賀訥，代人，其先世爲君長，訥從太祖平中原。其後離散諸部，分土定居，不聽遷徙，其君長大人皆同編户。訥以元舅，甚見尊重，然無統領。以壽終於家。

同書壹佰叁高車傳（北史玖捌高車傳同）略云：

高車初號爲狄歷，北方以爲敕勒，諸夏以爲高車、丁零。其語略與匈奴同而時有小異。或云其先匈奴之甥也。太祖時分散諸部，惟高車以類粗獷，不任使役，故得别爲部落。〔有〕俟分氏。

同書壹壹叁官氏志略云：

從第四品上　高車羽林郎將

從第四品下　高車虎賁將軍

又云：

又制諸州各置都尉，以領兵。

同書柒肆尒朱榮傳云：

北秀容人也。其先居於尒朱川，因爲氏焉。常領部落，世爲酋帥。高祖羽健，登國初爲領民酋長，率契胡武士千七百人，從駕平晉陽，定中山。論功拜散騎常侍。以居秀容川，詔割方三百里封之，長爲世業。太祖初以南秀容川原沃衍，欲令居之，羽健曰：「臣家世奉國，給侍左右。北秀容既在剗内，差近京師，豈以沃堉更遷遠地。」

北史伍陸魏收傳云：

尒朱榮於魏爲賊，收以高氏出自尒朱，且納榮子金，故減其惡而增其善，論云：「若修德義之風，則韋、彭、伊、霍，夫何足數。」

魏書柒肆尒朱榮傳略云：

加使持節、安北將軍、都督恒朔討虜諸軍，榮率衆至肆州，刺史尉慶賓畏惡之，閉城不納。榮怒，攻拔之，乃署其從叔羽生爲刺史，執慶賓於秀容。自是榮兵威漸盛，朝廷亦不能罪責也。

又云：

〔武泰元年四月〕十三日榮惑武衛將軍費穆之説，乃引迎駕百官於行宮西北，云欲祭天。朝士既集，列騎圍遶，責天下喪亂，明帝卒崩之由，云皆緣此等貪虐，不相匡弼所致。因縱兵亂害，王公卿士皆斂手就戮，死者千三百餘人，皇弟、皇兄並亦見害，靈太后、少主其日暴崩。十四日，輿駕入宫。于時或云榮欲遷都晉陽，或云欲肆兵大掠，迭相驚恐，人情駭震，京邑士子不一存，率皆逃竄。葛榮爲賊既久，横行河北，時衆寡非敵，議者謂無制賊之理。葛榮自鄴以北列陳數十里，箕張而進。〔尒朱〕榮大破之，於陳擒葛榮，餘衆悉降。〔尒朱〕榮以賊徒既衆，若即分割，恐其疑懼，或更結聚，乃普告勒，各從所樂，親屬相隨，任所居止。於是羣情喜悦，登即四散，數十萬衆一朝散盡。待出百里之外，乃始分道押領，隨便安置，咸得其宜。擢其渠帥，量力授用，新附者咸安。時人服其處分機速。乃檻車送葛榮赴闕。

史臣曰：向使榮無姦忍之失，修德義之風，則彭、韋、伊、霍，夫何足數。

隋書貳肆食貨志云：

尋而六鎮擾亂，相率内徙，寓食於齊、〔寅恪案，此齊魏書壹佰陸上地形志武州領之齊郡。〕晉之郊。齊神武因之，以成大業。

北齊書神武紀上云：

葛榮衆流入并、肆者二十餘萬。爲契胡陵暴，皆不聊生，大小二十六反，誅夷者半，猶草竊不止。〔尒朱〕兆患之，問計於神武。神武曰：「六鎮反殘，不可盡殺，宜選王素腹心者，私使統焉。若有犯者，直罪其帥，則所罪者寡。」兆曰：「善，誰可行也？」賀拔允時在坐，請神武。神武拳毆之，折其齒，曰：「生平天柱時，奴輩伏處分如鷹犬，今日天下安置在王，而阿鞠泥敢誣下罔上，請殺之。」兆以神武爲誠，遂以委焉。

魏書壹佰陸上地形志上略云：

恒州　朔州　雲州　蔚州　顯州　廓州　武州(齊郡)　西夏州　寧州

靈州　前自恒州已下十州，永安已後，禁旅所出，户口之數，竝不得知。

錢大昕二十二史考異貳玖云：

魏書地形志上：

武州，武定元年置。治雁門川，武定三年，始立州城。按隋志：「雁門郡繁畤縣，後魏置，並置繁畤郡。有東魏武州及吐京、齊、新安三郡，寄在城中。」此志之雁門川即繁畤郡，且寄治郡城，非别立州城也。

同書同卷：

魏書〔壹佰陸上〕地形志

蔚州，永安中改懷荒、禦夷二鎮置，按六鎮爲州，魏收史言之不詳，惟懷朔改爲朔州，懷荒、禦夷改爲蔚州，薄骨律鎮改爲靈州，見於本志。

北齊書壹柒斛律金傳云：

朔州敕勒部人也。高祖倍侯利，以壯勇有名塞表，道武時率户内附，賜爵孟都公。祖幡地斤，殿中尚書。父大那瓌，光禄大夫、第一領民酋長。

錢大昕二十二史考異叁壹北齊書斛律金傳考異云：

留金守信都，領恒、雲、燕、朔、顯六州大都督，此六州即神武所領六鎮兵，趙郡王琛傳所云：「六州大都督」、「六州九酋長大都督」，孫騰傳「六州流民大都督」皆此六州也，但六州之名，尚少其一，史有脱文，蓋脱蔚州也。

北齊書貳肆孫搴傳略云：

又大括燕、恒、雲、朔、顯、蔚、二夏州、高平、平涼之民，以爲軍士，所獲甚衆，搴之計也。

魏書捌拾叱列延慶傳略云：

代西部人也，世爲酋帥。

同書肆上世祖紀略云：

〔神䴥二年〕夏車駕北伐，蠕蠕西走，秋，帝以東部高車屯巳尼陂，詔左僕射安原率騎萬餘討之。

通鑑壹伍貳梁武帝大通二年條云：

〔尒朱〕榮先遣并州人郭羅剎、西部高車叱列殺鬼侍帝側。

北齊書壹伍厙狄干傳略云：

善無人也。曾祖越豆眷，魏道武時以功割善無之西臘汙山地方百里以處之。後率部落北遷，因家朔方。

魏書壹肆高涼王孤傳附上黨王天穆傳云：

初，杜洛周、鮮于修禮爲寇，瀛冀諸州人多避亂南向。幽州前北平府主簿河間邢杲，擁率部曲，屯據鄚城，以拒洛周、葛榮，垂將三載。及廣陽王深（淵）等敗後，杲南渡居青州北海界。靈太后詔流人所在，皆置命屬郡縣，選豪右爲守令，以撫鎮之。時青州刺史元世儁表置新安郡，以杲爲太守，未報。會臺申汰簡所授郡縣，以杲從子子瑶資蔭居前，乃授河間太守。杲深恥恨，於是遂反。所在流人，先爲土人凌忽，聞杲起逆，率來從之，旬朔之間，衆踰十萬。劫掠村塢，毒害民人，齊人號之爲「䑛榆賊」。

周書拾玖楊忠傳略云：

楊忠，弘農華陰人也。小名奴奴。高祖元壽，魏初，爲武川鎮司馬，因家於神武樹頹焉。父禎，以軍功除建遠將軍。屬魏末喪亂，避地中山，結義徒以討鮮于脩禮，遂死之。忠年十八，客遊泰山，會梁兵攻郡，陷之，遂被執，至江左。在梁五年，從北海王顥入洛，顥敗，爾朱度律召爲帳下統軍。及爾朱兆以輕騎自并州入洛陽，忠時預焉，從獨孤信破梁下溠戍，平南陽，並有功，〔後〕忠出武川，過故宅，祭先人。

隋書柒玖外戚傳高祖外家吕氏傳略云：

高祖外家吕氏，其族蓋微，平齊之後，求訪不知所在。至開皇初，濟南郡上言，有男子吕永吉，自稱有姑字苦桃，爲楊諱妻。勘驗知是舅子，始追贈外祖雙周爲齊郡公，外祖母姚氏爲齊敬公夫人。詔竝改葬，於齊州立廟，置守冢十家。

宋書柒肆臧質傳略云：

〔拓跋〕燾與質書曰：「吾今所遣鬬兵，盡非我國人，城東北是丁零與胡，南是三秦氐、羌。設使丁零死者，正可減常山、趙郡賊；胡死，正減并州賊；氐、羌死，正減關中賊。卿若殺丁零、胡，無不利。」

同書柒柒柳元景傳略云：

虜衆大潰，面縛軍門者二千餘人，多河內人，元景詰之曰：「汝等怨王澤不浹，請命無所，今並爲虜盡力，便是本無善心。順附者存拯，從惡者誅滅，欲知王師正如此爾。」皆曰：「虐虜見驅，後出赤族，以騎蹙步，未戰先死，此親將軍所見，非敢背中國也。」

魏書肆叁毛脩之傳略云：

劉裕之擒姚泓，留子義真鎮長安，以脩之爲司馬。及赫連屈丐破義真於青泥，脩之被俘，遂没統萬。世祖平赫連昌，獲脩之。神䴥中，以脩之領吴兵討蠕蠕大檀，以功拜吴兵將軍，領步兵校尉。

庾子山集壹叁周太子太保步陸逞神道碑云：

吴人有降附者，悉領爲别軍，自是官帥擁鐸，便爲吴越之兵；君子習流，别有樓船之陣。

魏書貳捌劉潔傳略云：

郡國之民，雖不征討，服勤農桑，以供軍國，實經世之大本，府庫之所資。

資治通鑑壹伍柒梁武帝大同三年九月條云：

〔高〕歡每號令軍士，常令丞相屬代郡張華原宣旨，其語鮮卑則曰：「漢民是汝奴，夫爲汝耕，婦爲汝織，輸汝粟帛，令汝温飽，汝何爲陵之？」其語華人則曰：「鮮卑是汝作客，得汝一斛粟、一匹絹，爲汝擊賊，令汝安寧，汝何爲疾之？」時鮮卑共輕華人，唯憚高敖曹，歡號令將士，常鮮卑語，敕曹在列，則爲之華言。（隋書叁貳經籍志經部小學類有鮮卑號令一卷，周武帝撰。）

隋書貳肆食貨志云：

魏武西遷，連年戰爭，河、洛之間，又並空竭。天平元年，遷都於鄴，出粟一百三十萬石，以賑貧人。是時六坊之衆，從武帝而西者，不能萬人，餘皆北徙，並給常廩，春秋二時賜帛，以供衣服之費。〔齊〕文宣受禪，多所創革。六坊之内徙者，更加簡練，每一人必當百人，任其臨陣必死，然後取之，謂之百保鮮卑。又簡華人之勇力絶倫者，謂之勇士。以備邊要。

十三　北魏前期之漢化 附築城問題

魏書肆上世祖紀上略云：

〔神䴥四年九月〕壬申，詔曰：「訪諸有司，咸稱范陽盧玄、博陵崔綽、趙郡李靈、河間邢穎、勃海高允、廣平游雅、太原張偉等，皆賢儁之胄，冠冕州邦，有羽儀之用。勅州郡以禮發遣。」遂徵玄等及州郡所遣，至者數百人，皆差次敘用。

同書肆捌高允傳略云：

高允字伯恭，渤海人也。〔神䴥〕四年，與盧玄等俱被徵。

同書貳肆崔玄伯傳云：

崔玄伯，清河東武城人也。名犯高祖廟諱，魏司空林六世孫也。祖悅，仕石虎，官至司徒左長史、關内侯。父潛，仕慕容暐，爲黄門侍郎，並有才學之稱。

同書叁伍崔浩傳云：

浩父疾篤，浩乃剪爪截髮，夜在庭中仰禱斗極，爲父請命，求以身代，叩頭流血，歲餘不息，家人罕有知者。及父終，居喪盡禮，時人稱之。襲爵白馬公。朝廷禮儀、優文策詔、軍國書記，盡關於浩。浩能爲雜説，不長屬文。而留心於制度、科律，及經術之言。作家祭法，次序五宗，蒸嘗之禮，豐儉之節，義理可觀。性不好老莊之書，每讀不過數十行，輒棄之，曰：「此矯誣之説，不近人情，必非老子所作。老聃習禮，仲尼所師，豈設敗法文書，以亂先王之教。韋生所謂家人筐篋中物，不可揚於王庭也。」

同書同卷同傳云：

神瑞二年，秋穀不登，太史令王亮、蘇坦因華陰公主等言讖書國家當治鄴，應大樂五十年，勸太宗遷都。浩與特進周澹言於太宗曰：「今國家遷都於鄴，可救今年之飢，非長久之策也。東州之人，常謂國家居廣漠之地，民畜無算，號稱牛毛之衆。今留守舊都，分家南徙，恐不滿諸州之地。參居郡縣，處榛林之間，不便水土，疾疫死傷，情見事露，則百姓意沮。四方聞之，有輕侮之意，屈丐、蠕蠕必提挈而來，雲中、平城則有危殆之慮，阻隔恒代千里之險，雖欲救援，赴之甚難，如此則聲實俱損矣。今居北方，假令山東有變，輕騎南出，燿威桑梓之中，誰知多少？百姓見之，望塵震服。此是國家威制諸夏之長策也。至春草生，乳酪將出，兼有菜果，足接來秋，若得中熟，事則濟矣。」太宗深然之，曰：「唯此二人，與朕意同。」復使中貴人問浩、澹曰：「今既糊口無以至來秋，來秋或復不熟，將如之何？」浩等對曰：「可簡窮下之户，諸州就穀，若來秋無年，願更圖也。但不可遷都。」太宗從之。

又云：

浩從太宗幸西河、太原，登憩高陵之上，下臨河流，傍覽川域，慨然有感，遂與同僚論五等郡縣之是非，考秦始皇、漢武帝之違失。好古識治，時伏其言。天師寇謙之每與浩言，聞其論古治亂之迹，常自夜達旦，竦意斂容，無有懈倦。既而歎美之，曰：「斯言也惠，皆可底行，亦當今之皐繇也。但世人貴遠賤近，不能深察之耳。」因謂浩曰：「吾行道隱居，不營世務，忽受神中之訣，當兼修儒教，輔助太平真君，繼千載之絶統。而學不稽古，臨事闇昧。卿爲吾撰列王者治典，並論其大要。」浩乃著書二十餘篇，上推太初，下盡秦漢變弊之迹，大旨先以復五等爲本。

魏書肆捌高允傳云：

初，崔浩薦冀、定、相、幽、并五州之士數十人，各起家郡守。恭宗謂浩曰：「先召之人，亦州郡選也，在職已久，勞勤未答。今可先補前召外任郡縣，以新召者代爲郎吏。又守令宰民，宜使便事者。」浩固爭而遣之。允聞之，謂東宮博士管恬曰：「崔公其不免乎！苟逞其非，而校勝於上，何以能濟？」

同書肆陸李訢傳（參北史貳柒李訢傳）略云：

李訢范陽人也。初，李靈爲高宗博士、諮議，詔崔浩選中書學生器業優者爲助教。浩舉其弟子箱子與盧度世、李敷三人應之。給事高讜子祐、尚書段霸兒姪等以爲浩阿其親戚，言於恭宗。恭宗以浩爲不平，聞之於世祖。世祖意在於訢，曰：「云何不取幽州刺史李崇老翁兒也？」浩對曰：「前亦言訢合選，但以其先行在外，故不取之。」世祖曰：「可待訢還，箱子等罷之。」訢爲世祖所識如此，遂除中書助教博士。

同書叁陸李敷傳云：

真君二年，選入中書教學，以忠謹給侍東宮。又爲中散，與李訢、盧遐、度世等並以聰敏內參機密，出入詔命。

同書叁伍崔浩傳云：

真君十一年六月誅浩，清河崔氏無遠近，范陽盧氏、太原郭氏、河東柳氏，皆浩之姻親，盡夷其族。初，郄標等立石銘，刊國記，浩盡述國事，備而不典。而石銘顯在衢路，往來行者，咸以爲言，事遂聞發。有司按驗浩。其秘書郎吏已下盡死。

同書貳柒穆崇傳附亮傳云：

高祖曰：「世祖時崔浩爲冀州中正，長孫嵩爲司州中正，可謂得人。」

同書肆柒盧玄傳云：

〔崔〕浩大欲整齊人倫，分明姓族。玄勸之曰：「夫創制立事，各有其時，樂爲此者，詎幾人也？宜其三思。」浩當時雖無異言，竟不納。浩敗頗亦由此。

同書叁伍崔浩傳云：

浩母盧氏，諶孫也。浩著食經敍曰：「余自少及長，耳目聞見，諸母諸姑所修婦功，無不蘊習酒食。朝夕養舅姑，四時祭祀，雖有功力，不任僮使，常手自親焉。昔遭喪亂，飢饉仍臻，饘蔬餬口，不能具其物用，十餘年間不復備設。先妣慮久廢忘，後生無知見，而少不習業書，乃占授爲九篇。文辭約舉，婉而成章，聰辯强記，皆此類也。……」

同書叁捌王慧龍傳云：

初，崔浩弟恬聞慧龍王氏子，以女妻之。浩既婚姻，及見慧龍，曰：「信王家兒也。」王氏世齇鼻，江東謂之齇王。慧龍鼻大，浩曰：「真貴種矣。」數向諸公稱其美。司徒長孫嵩聞之，不悦，言於世祖，以其歎服南人，則有訕鄙國化之意。世祖怒，召浩責之，浩免冠陳謝得釋。

宋書柒柒柳元景傳曰：

元景從祖弟光世，先留鄉里，索虜以爲折衝將軍，河北太守，封西陵男。光世姊夫僞司徒崔浩，虜之相也。元嘉二十七年，虜主拓跋燾南寇汝、潁，浩密有異圖，光世要河北義士爲浩應。浩謀泄被誅，河東大姓坐連謀夷滅者甚衆。

魏書肆柒盧度世傳云：

弱冠，與從兄遐俱以學行爲時流所重。度世後以崔浩事，棄官逃於高陽鄭羆家。世祖臨江，劉義隆使其殿中將軍黄延年朝貢。世祖問延年曰：「范陽盧度世坐與崔浩親通，逃命江表，應已至彼？」延年對曰：「都下無聞，當必不至。」世祖詔東宫赦度世宗族逃亡及籍没者。度世乃出，赴京。

通鑑壹貳陸宋文帝元嘉二十八年二月魏主赦盧度世條考異略云：

宋〔書〕柳元景傳與魏〔收所紀〕事不同，今從魏書。

魏書叁伍崔浩傳云：

始浩與冀州刺史賾、滎陽太守模等年皆相次，浩爲長，次模，次賾。三人别祖而模、賾爲親。浩恃其家世魏晉公卿，常侮模、賾。模謂人曰：「桃簡正可欺我，何合輕我家周兒也。」浩小名桃簡，賾小名周兒。世祖頗聞之，故誅浩時，二家獲免。

同書玖伍鐵弗劉虎傳略云：

鐵弗劉虎，南單于之苗裔，左賢王去卑之孫，北部帥劉猛之從子，居於新興慮虒之北。北人謂胡父鮮卑母爲「鐵弗」。

晉書壹佰叁拾赫連勃勃載記略云：

以叱干阿利領將作大匠，發嶺北夷夏十萬人，於朔方水北、黑水之南，營起都城。勃勃自言：「朕方統一天下，君臨萬邦，可以統萬爲名。」阿利性尤工巧，然殘忍刻暴，乃蒸土築城，錐入一寸，即殺作者而并築之。勃勃以爲忠，故委以營繕之任。

魏書壹壹叁官氏志云：

西方尉遲氏，後改爲尉氏。

步鹿根氏，後改爲步氏。

破多羅氏，後改爲潘氏。

叱干氏，後改爲薛氏。

同書貳太祖紀略云：

〔皇始元年〕十有一月庚子朔，帝至真定。自常山以東，守宰或捐城奔竄，或稽顙軍門，唯中山、鄴、信都三城不下。别詔征東大將軍東平公儀五萬騎南攻鄴，冠軍將軍王建、左軍將軍李栗等攻信都。戊午，進軍中山，引騎圍之。二年春正月，是時信都未下。壬戌，引騎圍之。其夜，〔慕容〕寶冀州刺史宜都王慕容鳳踰城奔走，歸于中山。癸亥，寶輔國將軍張驤、護軍將軍徐超率將吏已下舉城降。十月，中山平。天興元年春正月，克鄴。

十四　北魏後期之漢化 附户籍問題

魏書柒下高祖紀云：

〔太和十八年十有二月〕壬寅，革衣服之制。

〔太和十九年〕六月己亥，詔不得以北俗之語，言於朝廷。若有違者，免所居官。丙辰，詔遷洛之民，死葬河南，不得還北。於是代人南遷者，悉爲河南洛陽人。

同書貳拾廣川王諧傳云：

〔太和十九年〕詔曰：「遷洛之人，自兹厥後，悉可歸骸邙嶺，皆不得就塋恒代。其有夫先葬在北，婦今葬在南，婦人從夫，宜還代葬；若欲移父就母，亦得任之。其有妻墳於恒代，夫死於洛，不得以尊就卑；欲移母就父，宜亦從之；若異葬亦從之。若不在葬限，身在代喪，葬之彼此，皆得任之。其户屬恒燕，身官京洛，去留之宜，亦從所擇。其屬諸州者，各得任意。」

同書貳壹上咸陽王禧傳云：

於時，王國舍人應取八族及清修之門，禧取任城王隸户爲之，深爲高祖所責。詔曰：「此年爲六弟娉室。長弟咸陽王禧可娉故潁川太守隴西李輔女。次弟河南王幹可娉故中散代郡穆明樂女。次弟廣陵王羽可娉驃騎諮議參軍滎陽鄭平城女。次弟潁川王雍可娉故中書博士范陽盧神寶女。次弟始平王勰可娉廷尉卿隴西李沖女。季弟北海王詳可娉吏部郎中滎陽鄭懿女。」高祖曰：「今欲斷諸北語，一從正音。年三十以上，習性已久，容或不可卒革；三十以下，見在朝廷之人，語音不聽仍舊。若有故爲，當降爵黜官。王公卿士，咸以然不？」禧對曰：「實如聖旨。」高祖曰：「朕嘗與李沖論此，沖言：『四方之語，竟知誰是？帝者言之，即爲正矣。何必改舊從新。』沖之此言，應合死罪。」沖免冠陳謝。

世説新語下賢媛類王汝南少無婚條云：

王汝南少無婚，自求郝普女。司空以其癡，會無婚處，任其意，便許之。（劉注云：魏氏志曰：王昶字文舒，仕至司空。）既婚，果有令姿淑德。生東海，遂爲王氏母儀。或問汝南何以知之？曰：「嘗見井上取水，舉動容止不失常，未嘗忤觀。以此知之。」（劉注云：汝南别傳曰：襄城郝仲將，門至孤陋，非其所偶也。君嘗見其女，便求聘焉。果高朗英邁，母儀冠族。其通識餘裕，皆此類。）

同書同類王渾妻鍾氏條云：

王渾妻鍾氏生女令淑，武子爲妹求簡美對而未得。有兵家子，有儁才，欲以妹妻之，乃白母，曰：「誠是才者，其地可遺。」

同書同類王司徒婦鍾氏女條云：

王司徒婦鍾氏女，太傅曾孫，（劉注云：王氏譜曰：夫人，黄門侍郎鍾琰女。）亦有俊才女德。（劉注云：婦人集曰：夫人有文才，其詩賦頌誄行於世。）鍾、郝爲娣姒，雅相親重。鍾不以貴陵郝，郝亦不以賤下鍾。東海家内，則郝夫人之法。京陵家内，範鍾夫人之禮。

晉書肆貳王渾傳略云：

襲父（魏司空昶）爵京陵侯。

〔渾孫〕卓嗣渾爵。

同書柒伍王湛傳略云：

王湛字處沖，司徒渾之弟也。出爲汝南内史。元康五年卒，年四十七。子承嗣。

承字安期，永寧初爲驃騎參軍。避難南下，遷司空從事中郎。久之，遷東海太守。

魏書壹壹叁官氏志云：

太和十九年，詔曰：「代人諸胄，先無姓族，雖功賢之胤，混然未分。故官達者位極公卿，其功衰之親，仍居猥任。比欲制定姓族，事多未就，且宜甄擢，隨時漸銓。其穆、陸、賀、劉、樓、于、嵇、尉八姓，皆太祖已降，勳著當世，位盡王公，灼然可知者，且下司州、吏部，勿充猥官，一同四姓。」

同書陸拾韓麒麟傳附子顯宗傳云：

顯宗又上言曰：「進賢求才，百王之所先也。前代取士，必先正名，故有賢良、方正之稱。今之州郡貢察，徒有秀、孝之名，而無秀、孝之實。而朝廷但檢其門望，不復彈坐。如此，則可令別貢門望，以敘士人，何假冒秀、孝之名也。夫門望者，是其父祖之遺烈，亦何益於皇家。益於時者，賢才而已。苟有其才，雖屠釣奴虜之賤，聖皇不恥以爲臣；苟非其才，雖三后之胤，自墜於皁隸矣。是以大才受大官，小才受小官，各得其所，以致雍熙。議者或云，今世等無奇才，不若取士於門。此亦失矣。豈可以世無周邵，便廢宰相而不置哉。」

高祖曾詔諸官曰：「自近代已來，高卑出身，恒有常分。朕意一以爲可，復以爲不可。宜相與量之。」李沖對曰：「未審上古以來，置官列位，爲欲爲膏粱兒地，爲欲益治贊時？」高祖曰：「俱欲爲治。」沖曰：「若欲爲治，陛下今日何爲專崇門品，不有拔才之詔？」高祖曰：「苟有殊人之伎，不患不知。然君子之門，假使無當世之用者，要自德行純篤，朕是以用之。」沖曰：「傅巖、呂望，豈可以門見舉？」高祖曰：「如此濟世者希，曠代有一兩人耳。」沖謂諸卿士曰：

「適欲請諸賢救之。」秘書令李彪曰：「師旅寡少，未足爲援，意有所懷，不敢盡言於聖日。陛下若專以門地，不審魯之三卿，孰若四科？」高祖曰：「猶如向解。」顯宗進曰：「陛下光宅洛邑，百禮唯新，國之興否，指此一選。臣既學識浮淺，不能援引古今，以證此議，且以國事論之。不審中、秘書監令之子，必爲秘書郎，頃來爲監、令者，子皆可爲不？」高祖曰：「卿何不論當世膏腴爲監、令者？」顯宗曰：「陛下以物不可類，不應以貴承貴，以賤襲賤。」高祖曰：「若有高明卓爾、才具儁出者，朕亦不拘此例。」

同書陸叁宋弁傳略云：

宋弁，廣平列人人也。以弁兼黃門（郎），尋即正，兼司徒左長史。時大選內外群官，並定四海士族，弁專參銓量之任，事多稱旨。然好言人之陰短，高門大族意所不便者，弁因毀之；至於舊族淪滯，人非可忌者，又申達之。弁又爲本州大中正，姓族多所降抑，頗爲時人所怨。弁性好矜伐，自許膏腴。高祖以郭祚晉魏名門，從容謂弁曰：「卿固應推郭祚之門也。」弁笑曰：「臣家未肯推祚。」高祖曰：「卿自漢魏以來，既無高官，又無儁秀，何得不推？」弁曰：「臣清素自立，要爾不推。」

同書肆柒盧玄傳論略云：

盧玄緒業著聞，首應旌命，子孫繼迹，爲世盛門。其文武功烈，殆無足紀，而見重於時，聲高冠帶，蓋德業儒素有過人者。

北史叁陸薛辯傳附薛聰傳云：

又除羽林監。帝曾與朝臣論海内姓地人物，戲謂聰曰：「世人謂卿諸薛是蜀人，定是蜀人不？」聽對曰：「臣遠祖廣德，世仕漢朝，時人呼爲漢。臣九世祖永，隨劉備入蜀，時人呼爲蜀。臣今事陛下，是虜非蜀也。」帝撫掌笑曰：「卿幸可自明非蜀，何乃遂復苦朕。」聽因投戟而出。帝曰：「薛監醉耳。」其見知如此。（資治通鑑壹肆拾齊明帝建武三年薛聰作薛宗起從元行沖後魏國典。）

新唐書壹玖玖儒學中柳沖傳云：

開元初，詔沖與薛南金復加刊竄，〔姓系録〕乃定。後柳芳著論甚詳。芳之言曰：山東之人質，故尚婚婭，其信可與也；江左之人文，故尚人物，其智可與也；關中之人雄，故尚冠冕，其達可與也；代北之人武，故尚貴戚，其泰可與也。

魏書柒玖成淹傳云：

高祖幸徐州，敕淹與閭龍駒等主舟楫，將汎泗入河，泝流還洛。軍次碻磝，淹以黄河浚急，慮有傾危，乃上疏陳諫。高祖敕淹曰：「朕以恒代無運漕之路，故京邑民貧。今移都伊洛，欲通運四方，而黄河急浚，人皆難涉。我因有此行，必須乘流，所以開百姓之心。」

晉書壹壹壹慕容暐載記略云：

僕射悅綰言於暐曰：「太宰〔慕容評〕政尚寬和，百姓多有隱附。今諸君營户，三分共貫，風教陵弊，威綱不舉。宜悉罷軍封，以實天府之饒。」暐納之。出户二十餘萬。

同書壹貳肆慕容寶載記云：

校閱户口，罷諸軍營，分屬郡縣。定士族舊籍，明其官儀，而法峻政嚴，上下離德，百姓思亂者十室而九焉。

魏書壹佰拾食貨志略云：

〔太和〕九年，下詔均給天下民田。

魏初不立三長，故民多蔭附。蔭附者皆無官役，豪強徵斂，倍於公賦。十年，給事中李沖上言：「宜準古，五家立一鄰長，五鄰立一里長，五里立一黨長。長取鄉人強謹者。鄰長復一夫，里長二，黨長三。所復復征戍，餘若民。三載亡愆則陟用，陟之一等。」

十五　北齊之鮮卑化及西胡化

(甲)鮮卑化

魏書叁貳高湖傳附高謐傳云：

顯祖之御寧光宫也，謚恒侍講讀，拜蘭臺御史。尋轉治書，掌攝内外，彈糾非法，當官而行，無所畏避，甚見稱賞。延興二年九月卒，時年四十五。

北齊書壹神武紀上略云：

湖生四子，第三子謐，仕魏位至侍御史，坐法徙居懷朔鎮。謐生皇考樹。及神武生而皇妣韓氏殂，養於同産姊婿鎮獄隊尉景家。神武既累世北邊，故習其俗，遂同鮮卑。孝昌元年柔玄鎮人杜洛周反於上谷，神武乃與同志從之。醜其行事，遂奔葛榮，又亡歸尒朱榮於秀容。

同書玖神武婁后傳略云：

神武明皇后婁氏，諱昭君，贈司徒内干之女也。少明悟，强族多聘之，並不肯行。及見神武於城上執役，驚曰：「此真吾夫也。」乃使婢通意，又數致私財，使以聘己，父母不得已而許焉。

太后寢疾，用巫媪言，改姓石氏。

魏書壹壹叁官氏志略云：

神元皇帝時，餘部諸姓内入者。

匹婁氏，後改爲婁氏。

出大汗氏，後改爲韓氏。

北齊書貳肆杜弼傳云：

顯祖（高洋）嘗問弼云：「治國當用何人？」對曰：「鮮卑車馬客，會須用中國人。」顯祖以爲此言譏我。

同書玖文宣李后傳略云：

文宣皇后李氏，諱祖娥，趙郡李希宗女也。容德甚美。初爲太原公夫人。及帝將建中宮，高隆之、高德正言漢婦人不可爲天下母，宜更擇美配。楊愔固請依漢、魏故事，不改元妃。而德正猶固請廢后而立段昭儀，欲以結勳貴之援。帝竟不從而立后焉。

同書叁拾高德政傳云：

高德政字士貞，渤海蓨人。父顥，魏滄州刺史。

同書壹捌高隆之傳略云：

高隆之本姓徐氏，云出自高平金鄉。父幹，爲姑婿高氏所養，因從其姓。隆之後有參議之功，高祖命爲從弟，仍云渤海蓨人。

（乙）西胡化

北齊書伍拾恩倖傳略云：

西域醜胡、龜兹雜伎，封王者接武，開府者比肩。非直獨守弄臣，且復多干朝政。

和士開，清都臨漳人也。其先西域商胡，本姓素和氏。天保初，世祖封長廣王，辟士開府行參軍。世祖性好握槊，士開善於此戲，由是遂有斯舉。又能彈胡琵琶，因此親狎。世祖踐祚，累除侍中，加開府。武平元年，封淮陽王，除尚書令、録尚書事。世祖時，恒令士開與太后握槊，又出入卧内無復期限，遂與太后爲亂。

韓鳳，與高阿那肱、穆提婆共處衡軸，號曰三貴。壽陽陷没，鳳與穆提婆聞告敗，握槊不輟，曰：「他家物，從他去。」後帝使於黎陽臨河築城戍，曰：「急時且守此作龜兹國子，更可憐人生如寄，唯當行樂，何因愁爲？」君臣應和若此。〔齊主〕以波斯狗爲儀同、郡君，分其幹禄。又有何海及子洪珍皆爲王，尤爲親要。洪珍侮弄權勢，鬻獄賣官。又有史醜多之徒胡小兒等數十，咸能舞工歌，亦至儀同開府、封王。胡小兒等眼鼻深嶮，一無可用，非理愛好，排突朝貴，尤爲人士之所疾惡。

資治通鑑壹伍柒梁紀武帝大同三年九月〔高〕敖曹與北豫州刺史鄭嚴祖握槊句下胡注云：

握槊，亦博塞之戲也。劉禹錫觀博曰：「初，主人執握槊之器，置於廡下，曰：『主進者要約之。』既揖讓，即次。有博齒，齒異乎古之齒，其制用骨，觚稜四均，鏤以朱墨，耦而合數，取應日月。視其轉止，依以争道。是制也行之久矣，莫詳所祖。以其用必投擲，以博投詔之。」又，爾朱世隆與元世儁握槊，忽聞局上詨然有聲，一局子盡倒立，世隆甚惡之，既而及禍。李延壽曰：握槊，此蓋胡戲，近入中國，云胡王有弟一人，遇罪，將殺之，從獄中爲此戲上之，意言孤則易死也。

同書壹柒壹陳紀宣帝太建五年九月條云：

齊穆提婆、韓長鸞聞壽陽陷，握槊不輟，曰：「本是彼物，從其取去。」齊主聞之，頗以爲憂。提婆等曰：「假使國家盡失黄河以南，猶可作一龜兹國。更可憐人生如寄，唯當行樂，何用愁爲。」左右嬖臣因共贊和之，帝即大喜，酣飲鼓舞，仍使於黎陽臨河築城戍。

洛陽伽藍記叁城南永橋以南圜丘以北伊洛之間夾御道有四夷館條云：

西夷來附者，處崦嵫館，賜宅慕義里。自葱嶺以西，至於大秦，百國千城，莫不款附，商胡販客，日奔塞下，所謂盡天地之區已。樂中國土風，因而宅者，不可勝數。是以附化之民，萬有餘家。門巷修整，閶闔填列，青槐蔭陌，緑柳垂庭，天下難得之貨，咸悉在焉。

十六　梁之滅亡

南史柒梁本紀中武帝紀云：

勤於政務，孜孜無怠。每冬月四更竟，即敕把燭看事，執筆觸寒，手爲皴裂。然仁愛不斷；親親及所愛愆犯，多有縱捨，故政刑弛紊。

梁書叁捌賀琛傳略云：

是時，高祖任職者，皆緣飾姦諂，深害時政，琛遂啓陳事條封奏。其一事曰：今北邊稽服，戈甲解息，政是生聚教訓之時，而天下户口減落，誠當今之急務。雖是處彫流，而關外（通鑑壹伍玖梁武帝大同十一年十二月胡注曰：謂淮、汝、潼、泗新復州郡在邊關之外者。）彌甚，郡不堪州之控總，縣不堪郡之裒削，更相呼擾，莫得治其政術，惟以應赴徵斂爲事。百姓不能堪命，各事流移，或依於大姓，或聚於屯封，蓋不獲已而竄亡，非樂之也。其二事曰：今天下宰守所以皆尚貪殘，罕有廉白者，良由風俗侈靡，使之然也。淫奢之弊，其事多端，粗舉二條，言其尤者。今之燕喜，相競誇豪，積果如山岳，列肴同綺繡，露臺之産，不周一燕之資，而賓主之間，裁取滿腹，未及下堂，已同臭腐。又歌姬儛女，本有品制，今雖復庶賤微人，皆盛姬姜，務在貪汚，争飾羅綺。故爲吏牧民者，競爲剥削。其餘淫侈，著之凡百，習以成俗，日見滋甚，欲使人守廉隅，吏尚清白，安可得邪！

南史陸貳朱异傳云：

异博解多藝，圍碁上品，而貪財冒賄，欺罔視聽，以伺候人主意，不肯進賢黜惡。四方餉饋，曾無推拒，故遠近莫不忿疾。起宅東陂，窮乎美麗，晚日來下，酣飲其中。每迫曛黄，慮臺門將闔，乃引其鹵簿自宅至城，使捉城門停留管籥。既而聲勢所驅，薰灼内外，産與羊侃相埒。好飲食，極滋味聲色之娛，子鵝炰鰌不輟於口，雖朝謁，從車中必齎飴餌。而輕傲朝賢，不避貴戚。人或誨之，异曰：「我寒士也，遭逢以至今日。諸貴皆恃枯骨見輕，我下之，則爲蔑尤甚。我是以先之。」

同書伍叁梁昭明太子統傳云：

帝既廢嫡立庶，海内噂喈，故各封諸子大郡以慰其心。岳陽王詧流涕受拜，累日不食。

同書同卷附統子歡傳云：

歡既嫡孫，次應嗣位，而遲疑未決。帝既新有天下，恐不可以少主主大業，又以心銜故，意在晉安王，猶豫自四月上旬至五月二十一日方決。歡止封豫章王還任。

周書肆捌蕭詧傳云：

中大通三年，進封岳陽郡王，官東揚州刺史。初，昭明卒，梁武帝舍詧兄弟而立簡文，内常愧之，寵亞諸子，以會稽人物殷阜，一都之會，故有此授，以慰其心。詧既以其昆弟不得爲嗣，常懷不平。

魏書玖捌島夷蕭衍傳略云：

〔慕容〕紹宗檄衍境内曰：「大興寺塔，廣繕臺堂，鞭撻疲民，盡其筋骨。廢捐冢嫡，崇樹愚子，朋黨路開，彼我側目。」

初，〔建業〕城中男女十餘萬人，及陷，存者纔二三千人。江南之民及衍王侯妃主世胄子弟爲景軍人所掠，或自相賣鬻，漂流入國者，蓋以數十萬口。加以飢饉死亡，江左遂爲丘墟矣。

隋書貳肆食貨志云：

晉自過江，凡貨賣奴婢馬牛田宅，有文券，率錢一萬，輸估四百入官，賣者三百，買者一百。無文券者，隨物所堪，亦百分收四，名爲散估。歷宋齊梁陳，如此以爲常。以此人競商販，不爲田業。

又云：

梁初，唯京師及三吴、荆、郢、江、湘、梁、益用錢。其餘州郡，則雜以穀帛交易。交、廣之域，全以金銀爲貨。武帝乃鑄錢，肉好周郭。文曰「五銖」，重如其文。而又別鑄，除其肉郭謂之女錢，二品並行。百姓或私以古錢交易，有直百五銖、五銖、女錢、太平百錢、定平一百、五銖雉錢、五銖對文等號。輕重不一。天子頻下詔書，非新鑄二種之錢，並不許用。而趣利之徒，私用轉甚。至普通中，乃議盡罷銅錢，更鑄鐵錢。人以鐵賤易得，並皆私鑄。及大同已後，所在鐵錢，遂如丘山，物價騰貴。交易者以車載錢，不復計數，而唯論貫。商旅姦詐，因之以求利。

十七　宇文氏之府兵及關隴集團 附鄉兵

周書壹文帝紀上略云：

太祖文皇帝姓宇文氏，諱泰，字黑獺，代武川人也。〔魏〕天興初，徙豪傑於代都，〔宇文〕陵隨例遷武川，陵生系，系生韜，韜生肱。正光末，沃野鎮人破六汗拔陵作亂，遠近多應之。其僞署王衛可孤徒黨最盛，肱乃糾合鄉里斬可孤。後避地中山，遂陷於鮮于修禮，修禮令肱還統其部衆。後爲定州軍所破，殁於陣。太祖少隨德皇帝（肱）在鮮于修禮軍，及葛榮殺修禮，榮遂任以將帥。會爾朱榮擒葛榮，定河北，太祖隨例遷晉陽。榮遣賀拔岳討〔元〕顥，太祖與岳有舊，乃以别將從岳。万俟醜奴作亂關右，孝莊帝遣爾朱天光及〔賀拔〕岳等討之，太祖遂從岳入關。

同書拾壹晉蕩公〔宇文〕護傳略云：

仍令人爲〔護母〕閻作書報護曰：「於後，吾共汝在受陽住。」

隋書陸壹宇文述傳云：

代郡武川人也。本姓破野頭，役屬鮮卑俟豆歸，後從其主爲宇文氏。

元和姓纂上聲九麌韻宇文下云：

出本遼東南單于之後，或云以遠係炎帝。神農有嘗草之功，俗呼草爲「俟汾」，音轉爲「宇文」。

北齊書貳肆杜弼傳云：

弼以文武在位，罕有廉潔，言之於高祖，高祖曰：「弼來，我語爾。天下濁亂，習俗已久。今督將家屬，多在關西，黑獺常相招誘，人情去留未定。江東復有一吳兒老翁蕭衍者，專事衣冠禮樂，中原士大夫望之，以爲正朔所在。我若急作法網，不相饒借，恐督將盡投黑獺，士子悉奔蕭衍，則人物流散，何以爲國？爾宜少待，吾不忘之。」

周書貳文帝紀下云：

〔大統三年〕冬十月壬辰，至沙苑，距齊神武軍六十餘里，遂進軍至渭曲，背水東西爲陣，大破之。齊神武夜遁，追至河上。前後虜其卒七萬，留其甲士二萬，還軍渭南。〔大統〕四年八月，太祖至穀城，莫多婁貸文、可朱渾元來逆，臨陣斬貸文，元單騎遁免，悉虜其衆送弘農。及旦，太祖率輕騎追之，至於河上。大捷，斬高敖曹。虜其甲士一萬五千。是日置陣既大，首尾懸遠。獨孤信、李遠居右，趙貴、怡峯居左，戰並不利。開府李虎、念賢等爲後軍，遇信等退，即與俱還。由是乃班師，洛陽亦失守。大軍至弘農，守將皆已棄城西走。所虜降卒在弘農者，因相與閉門拒守。進攻拔之。大軍之東伐也，關中留守兵少，而前後所虜東魏士卒，皆散在民間，乃謀爲亂。及李虎等至長安，計無所出，乃與公卿輔魏太子出次渭北。關中大震恐，百姓相剽劫，於是沙苑所俘軍人趙青雀、雍州民于伏德等遂反。魏帝留止閿鄉，遣太祖討之，關中於是乃定。

〔大統〕九年，太祖以邙山之戰，諸將失律，上表請自貶。魏帝報曰：「宜抑此謙光，恤予一人。」於是廣募關隴豪右，以增軍旅。

同書同卷同紀下魏恭帝元年云：

魏氏之初，統國三十六，大姓九十九，後多絶滅。至是，以諸將功高者爲三十六國後，次功者爲九十九姓後，所統軍人，（通鑑壹陸伍梁元帝承聖三年作「所將士卒」。）亦改從其姓。

隋書肆壹高熲傳云：

自云渤海蓨人也。父賓，背齊歸周，大司馬獨孤信引爲僚佐，賜姓獨孤氏。

同書伍伍獨孤楷傳云：

本姓李氏。父屯，從齊神武帝與周師戰於沙苑，齊師敗績，因爲柱國獨孤信所擒，配爲士伍，給使信家，漸得親近，因賜姓獨孤氏。

周書叄孝閔帝紀（北史玖周本紀上同）元年八月甲午詔云：

今二十四軍宜舉賢良堪治民者，軍列九人。

北史陸拾末略云：

使持節太尉柱國大將軍都督尚書左僕射隴右行臺少師隴西郡開國公李諱與周文帝爲柱國。使持節大將軍大都督淮安王元育，〔略〕是爲十二大將軍。每大將軍督二開府，凡爲二十四員。分團統領，是二十四軍。每一團儀同二人，自相督率，不編户貫。都十二大將軍。十五日上，則門欄陛戟，警晝巡夜。十五日下，則教旗習戰。無他賦役。

周書伍武帝紀上云：

〔建德三年〕十二月戊子，大會衛官及軍人以上，賜錢帛各有差。辛卯，詔荆、襄、安、延、夏五州總管内，有能率其從軍者，授官各有差。丙申，改諸軍軍士並爲侍官。

隋書貳肆食貨志云：

〔周武帝〕建德二年（應依周書伍武帝紀作三年），改軍士爲侍官，募百姓充之，除其縣籍。是後夏人半爲兵矣。

〔隋〕高祖登庸，罷東京之役。及頒新令，制十八已上爲丁。丁從課役。其丁男、中男永業露田，皆遵後齊之制。開皇三年正月，帝入新宫。初令軍人以二十一成丁。減十二番每歲爲二十日役。

同書叁壹地理志云：

南郡、夷陵、竟陵、沔陽、沅陵、清江、襄陽、舂陵、漢東、安陸、永安、義陽、九江、江夏諸郡，多雜蠻左，其與夏人雜居者，則與諸華不别。其僻處山谷者，則言語不通，嗜好居處全異。

同書貳高祖紀下云：

〔開皇十年〕五月乙未，詔曰：「魏末喪亂，宇縣瓜分，役車歲動，未遑休息。兵士軍人，權置坊府，（通鑑壹柒柒隋文帝開皇十年胡注云：元魏之季，兵制有六坊，後齊因之，亦曰六府。）南征北伐，居處無定。家無完堵，地罕包桑，恒爲流寓之人，竟無鄉里之號。朕甚愍之。凡是軍人，可悉屬州縣，墾田籍帳，一與民同。軍府統領，宜依舊式。罷山東河南及北方緣邊之地新置軍府。」六月辛酉，制人年五十，免役收庸。

周書貳叁蘇綽傳附弟椿傳云：

〔大統〕十四年，置當州鄉帥。自非鄉望允當衆心，不得預焉。〔太祖〕乃令驛追椿領鄉兵。

同書叁貳柳敏傳云：

加帥都督，領本鄉兵。

同書叁叁王悦傳略云：

太祖初定關隴，悦率募鄉里從軍。東魏將侯景攻圍洛陽，太祖赴援。悦又率鄉里千餘人從軍，又領所部兵從達奚武征梁漢。及梁州平，太祖即以悦行刺史事。魏廢帝二年，徵還本任。屬改行臺爲中外府，尚書員廢，以儀同領兵還鄉里。

同書叁伍裴俠傳云：

大統三年，領鄉兵從戰沙苑，先鋒陷陣。

同書叁柒郭彦傳云：

大統十二年，初選當州首望，統領鄉兵，除帥都督。

同書叄玖韋瑱傳云：

徵拜鴻臚卿。以望族，兼領鄉兵，加帥都督。

同書肆叄魏玄傳云：

每率鄉兵，抗拒東魏。

同書肆肆泉企傳略云：

泉企，上洛豐陽人也。世雄商洛。蕭寶夤反，遣其黨郭子恢襲據潼關，企率鄉兵三千人拒之。齊神武率衆至潼關，企遣其子元禮督鄉里五千人，北出大谷以禦之。〔後〕元禮遂率鄉人襲〔洛〕州城，斬〔東魏刺史杜〕窋。

同書同卷任果傳云：

太祖以益州未下，復令果乘傳歸南安，率鄉兵二千人，從〔尉遲〕迥征蜀。

同書貳叄蘇綽傳略云：

蘇綽字令綽，武功人，魏侍中則之九世孫也。累世二千石。父協，武功郡守。綽少好學，博覽羣書，尤善筭術。太祖與公卿往昆明池觀漁，行至城西漢故倉地，顧問左右，莫有知者。或曰：「蘇綽博物多通，請問之。」太祖乃召綽，具以狀對，太祖大悦。自有晉之季，文章競爲浮華，遂成風俗，太祖欲革其弊，因魏帝祭廟，羣臣畢至，乃命綽爲大誥，奏行之。自是之後，文筆皆依此體。

又爲六條詔書，奏施行之。其四，擢賢良，曰：今之選舉者，當不限資蔭，唯在得人。苟得其人，自可起厮養而爲卿相，伊尹、傅説是也，而况州郡之職乎？苟非其人，則丹朱、商均，雖帝王之胤，不能守百里之封，而况於公卿之胄乎？由此而言，觀人之道可見矣。然善官人者，必先省其官。官省，則善人易充，善人易充，則事無不理；官煩，則必雜不善之人，雜不善之人，則政必有得失。

同書貳肆盧辯傳云：

太祖欲行周官，命蘇綽專掌其事。未幾而綽卒，乃令辯成之。於是依周禮建六官，置公、卿、大夫、士，並撰次朝儀，車服器用，多依古禮，革漢、魏之法。事竝施行。

十八　南北社會異同

魏書陸捌甄琛傳略云：

琛表曰：「今僞弊相承，仍崇關鄽之税；大魏恢博，唯受穀帛之輸。」

隋書貳肆食貨志云：

晉自過江，凡貨賣奴婢馬牛田宅，有文券，率錢一萬，輸估四百入官，賣者三百，買者一百。無文券者，隨物所堪，亦百分收四，名爲散估。歷宋齊梁陳，如此以爲常。以此人競商販，不爲田業。

顔氏家訓壹後娶篇云：

江左不諱庶孽，喪室之後，多以妾媵終家事，疥癬蚊虻，或未能免，限以大分，故稀鬬閱之耻。河北鄙於側出，不預人流，是以必須重娶，至於三四。母年有少於子者。後母之弟與前婦之兄，衣服飲食，爰及婚宦，至於嫡庶貴賤之隔，俗以爲常。身没之後，辭訟盈公門，謗辱彰道路。悲夫。

魏書貳肆崔玄伯傳附崔道固傳云：

〔崔道固，清河東武城人。〕琰八世孫也。道固賤出，嫡母兄攸之、目連等輕侮之。時劉義隆子駿爲徐兖二州刺史，得辟他州民爲從事。〔父〕輯乃資給道固，令其南仕。既至彭城，駿以爲從事。會青州刺史新除，過彭城，駿謂之曰：「崔道固人身如此，豈可爲寒士至老乎？而世人以其偏庶，便相陵侮，可爲嘆息。」青州刺史至州，辟爲主簿。

同書柒壹裴叔業傳附裴植傳略云：

植，〔河東聞喜人，〕叔業兄叔寶子也。植母，夏侯道遷之姊也。植雖自州送禄奉母及贍諸弟，而各别資財，同居異爨，一門數竈，蓋亦染江南之俗也。

宋書肆陸王懿傳云：

字仲德，太原祁人。晉太元末，徙居彭城。北土重同姓，謂之骨肉。有遠來相投者，莫不竭力營贍。若不至者，以爲不義，不爲鄉里所容。仲德聞王愉在江南，是太原人，乃往依之，愉禮之甚薄，因至姑孰投桓玄。

顔氏家訓貳風操篇云：

凡宗親世數，有從父，有從祖，有族祖。江南風俗，自兹已往，高秩者通呼爲尊。同昭穆者，雖百世猶稱兄弟。若對他人稱之，皆云族人。河北士人，雖三二十世，猶呼爲從伯從叔。梁武帝嘗問一中土士人曰：「卿北人，何故不知有族？」答云：「骨肉易疏，不忍言族耳。」當時雖爲敏對，於禮未通。

南史伍伍夏侯詳傳附子亶傳云：

亶侍御座，〔梁武〕帝謂亶曰：「夏侯溢於卿疏近？」亶答云：「是臣從弟。」帝知溢於亶已疏，乃曰：「卿傖人，如何不辨族從？」亶對曰：「臣聞服屬易疏，所以不忍言族。」時以爲能。

同書柒叁孝義上封延伯傳云：

建元三年，大使巡行天下，義興陳玄子四世同居，一百七口。武陵邵榮興、文獻叔並八世同居。東海徐生之、武陵范安祖、李聖伯、范道根，並五世同居。零陵譚弘寶、衡陽何弘、華陽陽黑頭，疏從四世同居。詔俱表門閭，蠲租稅。又蜀郡王續祖、華陽郝道福並累世同爨，建武三年，明帝詔表門，蠲調役。

世說新語下之上容止篇庾長仁與諸弟入吴條云：

庾長仁與諸弟入吴，欲住亭中宿。諸弟先上，見羣小滿屋，都無相避意。長仁曰：我試觀之。乃策杖將一小兒，始入門，諸客望其神姿，一時退匿。

顔氏家訓肆涉務篇梁世士大夫條云：

梁世士大夫皆尚褒衣博帶，大冠高履。出則車輿，入則扶侍。郊郭之内，無乘馬者。周弘正爲宣城王所愛，給一果下馬，常服御之，舉朝以爲放達。至乃尚書郎乘馬則糾劾之。及侯景之亂，膚脆骨柔，不堪行步，體羸氣弱，不耐寒暑，坐死倉猝者，往往而然。建康令王復，性既儒雅，未嘗乘騎，見馬嘶歕陸梁，莫不震懾。乃謂人曰：「正是虎，何故名馬乎？」其風俗至此。

十九　道教與佛教之關係

魏書壹壹肆釋老志略云：

世祖時，道士寇謙之，字輔真，南雍州刺史讚之弟。自云寇恂之十三世孫。早好仙道，有絶俗之心。少修張魯之術，服食餌藥，歷年無效。幽誠上達，有仙人成公興，不知何許人，至謙之從母家傭賃。謙之嘗覲其姨，見興形貌甚强，力作不倦，請回賃興代己使役。乃將還，令其開舍南辣田。謙之樹下坐算，興墾發致勤，時來看算。謙之謂曰：「汝但力作，何爲看此？」二三日後復來看之，如此不已。後謙之算七曜，有所不了，惘然自失。興謂謙之曰：「先生何爲不懌？」謙之曰：「我學算累年，而近算周髀不合，以此自愧。且非汝所知，何勞問也。」興曰：「先生試隨興語布之。」俄然便決。謙之歎伏，不測興之深淺，請師事之。興固辭不肯，但求爲謙之弟子。未幾，謂謙之曰：「先生有意學道，豈能與興隱遁？」謙之欣然從之。興乃令謙之潔齋三日，共入華山。令謙之居一石室，自出採藥，還與謙之食藥，不復飢。乃將謙之入嵩山。謙之守志嵩岳，精專不懈，以神瑞二年十月乙卯，忽遇大神，稱太上老君。謂謙之曰：「往辛亥年，嵩岳鎮靈集仙宫主，表天曹，稱自天師張陵去世以來，地上曠誡，修善之人，無所師授。嵩岳道士上谷寇謙之，立身直理，行合自然，才任軌範，首處師位，吾故來觀汝，授汝天師之位，賜汝雲中音誦新科之誡二十卷。號曰『並進』。」言：「吾此經誡，自天地開闢以來，不傳於世，今運數應出。汝宣吾新科，清整道教，除去三張僞法，租米錢税，及男女合氣之術。大道清虚，豈有斯事。專以禮度爲首，而加之以服食閉鍊。」泰常八年十月戊戌，有牧土上師李譜文來臨嵩岳，作誥曰：「地上生民，末劫垂及，其中行教甚難。但令男女立壇宇，朝夕禮拜，若家有嚴君，功及上世。其中能修身煉藥，學長生之術，即爲真君種民。」藥别授方，銷練金丹、雲英、八石、玉漿之法，皆有决要。上師李君手筆有數篇，其餘皆正真書曹趙道覆所書。古文鳥迹，篆隸雜體，辭義約辯，婉而成章。大自與世禮相準。始光初，奉其書而獻之。世祖乃令謙之止於張曜之所，供其食物。時朝野聞之，若存若亡，未全信也。崔浩獨異其言，因師事之，受其法術。於是上疏，讚明其事，曰：「臣聞聖王受命，則有大應，而河圖、洛書，皆寄言於蟲獸之文。未若今日人神接對，手筆燦然，辭旨深妙，自古無比。昔漢高雖復英聖，四皓猶或恥之，不爲屈節。今清德隱仙，不召自至。斯誠陛下侔蹤軒黄，應天之符也，豈可以世俗常談，而忽上靈之命。臣竊懼之。」世祖欣然，乃使謁者奉玉帛牲牢，祭嵩岳，迎致其餘弟子在山中者。於是崇奉天師，顯揚新法，宣布天下，道業大行。

同書肆貳寇讚傳云：

寇讚字奉國，上谷人，因難徙馮翊萬年。父脩之字延期，弟謙之。

高僧傳（海山仙館本，下同）壹貳宋僞魏平城釋玄高傳云：

釋玄高姓魏，馮翊萬年人也。母寇氏，本信外道。

時崔浩、寇天師並先得寵於〔拓跋〕燾，恐〔太子〕晃纂承之日，奪其威柄，乃譖云：「太子前事，實有謀心。但結高公道術，故令先帝降夢。如比物論，事迹稍形，若不誅除，以爲巨害。」燾遂納之。至僞太平〔真君〕五年九月十五日，就禍，卒於平城之東隅。

芒洛冢墓遺文三編後魏寇臻墓誌銘云：

寇臻字仙勝，春秋甫履從心，寢疾，薨於路寢。上谷昌平人，漢相威侯之裔，侍中榮十世之胤，榮之子孫前魏因官遂寓馮翊，公皇魏秦州刺史馮翊哀公之孫，南雍州使君河南宣穆公之少子。

元和姓纂九去聲五十候條云：

寇上谷昌平，恂，後漢執金吾雍奴侯，曾孫榮，榮孫孟，魏馮翊太守，徙家馮翊。

魏書玖壹殷紹傳略云：

殷紹，長樂人。好陰陽術數，達九章、七曜。世祖時爲算生博士。太安四年夏，上四序堪輿，表曰：「臣以姚氏之世，行學伊川，時遇游遁大儒成公興，從求九章要術。興字廣明，自云膠東人也。山居隱跡，希在人間。興時將臣南到陽翟九崖巖沙門釋曇影間。興即北還，臣獨留住，依止影所，求請九章。影復將臣向長廣東山見道人法穆。法穆時共影爲臣開述九章數家雜要，披釋章次，意況大旨。又演隱審五藏六府心髓血脈，商功大算端部，變化玄象，土圭、周髀。練精鋭思，蘊習四年，從穆所聞，粗皆髣髴。穆等仁矜，特垂憂閔，復以先師和公所注黃帝四序經文三十六卷，合有三百二十四章，專説天地陰陽之本。以甲寅之年，日維鶉火，月吕林鍾，景氣鬱盛，感物懷歸，奉辭影等。自爾至今，四十五載。又史遷、郝振，中古大儒，亦各撰注，配會大小，序述陰陽，依如本經，猶有所闕。〔今〕依先撰録奏，謹以上聞。」其四序堪輿遂大行於世。

高僧傳陸義解晉長安釋曇影傳云：

釋曇影，或云北人，不知何許郡縣。後入關中，姚興大加禮接，及〔鳩摩羅〕什至長安，影往從之，助什譯經，後山棲隱處，守節塵外。以晉義熙中卒，春秋七十矣。

同書伍義解晉蒲坂釋法和傳云：

釋法和，滎陽人也。少與〔道〕安公同學，因石氏之亂，率徒入蜀，聞襄陽陷没，自蜀入關，住陽平寺。

同書肆義解晉剡白山于法開傳云：

于法開，不知何許人。事蘭公爲弟子，祖述耆婆，妙通醫法。或問：「法師高明剛簡，何以醫術經懷。」答曰：「明六度以除四魔之病，調九候以療風寒之疾，不亦可乎。」

世説新語下術解類郗愔信道甚精勤條云：

郗愔信道甚精勤，常患腹内惡，諸醫不可療。聞于法開有名，往迎之。既來，便脈云：「君侯所患，正是精進太過所致耳。」合一劑湯與之。一服，即大下，去數段許紙如拳大，剖看，乃先所服符也。（劉注云，晉書曰：法開善醫術，嘗行，莫投主人，妻産而兒積日不墮。法開曰：此易治耳。殺一肥羊，食十餘臠而針之。須臾兒下，羊脊裹兒出，其精妙如此。）

高僧傳晉燉煌于道邃傳云：

于道邃，燉煌人。年十六出家，事蘭公爲弟子。學業高明，内外該覽，善方藥，美書札。

同書拾神異門上晉洛陽耆域傳云：

耆域者，天竺人也。晉惠之末，至于洛陽。時衡陽太守南陽滕永文在洛，寄住滿水寺。得病，兩脚攣屈，不能起行。域往看之，因取淨水一杯，楊柳一枝，便以楊枝拂水，舉手向永文而呪，如此者三。因以手搦永文膝令起，即起行步如故。洛陽兵亂，辭還天竺。既還西域，不知所終。

同書貳譯經中晉壽春石礀寺卑摩羅叉傳略云：

先在龜兹，弘闡律藏。四方學者，競往師之，鳩摩羅什時亦預焉。又欲使毗尼勝品，復洽東國，冒險東渡。以僞秦弘始八年達自關中，什以師禮敬待。及羅什棄世，叉乃出遊關左，逗於壽春，止石礀寺，律徒雲聚，盛闡毗尼。頃之，南適江陵，於新（本書壹叁慧猷傳「新」作「辛」。）寺夏坐，開講十誦。律藏大弘，叉之力也。

同書壹叁明律宋江陵釋慧猷傳略云：

少出家，止江陵辛（本書貳卑摩羅叉傳「辛」作「新」。）寺，時有西國律師卑摩羅叉，來適江陵，大弘律藏，猷從之受業，沈思積時，乃大明十誦，講説相續，陝西律師莫不宗之。

同書同卷宋吳閑居寺釋僧業傳略云：

遊長安，從什公受業，見新出十誦，遂專功此部。值關中多難，避地京師。吳國張邵請還姑蘇，爲造閑居寺。業訓誘無輟，三吳學士，輻湊肩聯。業弟子慧先，襲業風軌，亦數當講説。

同書同卷宋京師長樂寺釋慧詢傳略云：

經遊長安，受學什公。尤善十誦、僧祇。宋永初中，還止廣陵，大開律席。元嘉中至京師，止道場寺。寺僧慧觀，亦精於十誦。乃令更振他寺。於是移止長樂寺。

同書同卷宋京師莊嚴寺釋僧璩傳略云：

出家爲僧業弟子。尤明十誦。宋孝武敕出京師爲僧正，少帝准從受五戒，豫章王子尚崇爲法友，袁粲、張敷並一遇傾蓋。

同書同卷彭城郡釋道儼傳略云：

善於毗尼，精研四部，融會衆家。又以律部東傳，梵漢異音，文頗左右，恐後人諮訪無所，乃會其旨歸，名曰決正四部毗尼論。後遊於彭城，弘通律藏。時棲元寺又有釋慧曜者，亦善十誦。

高僧傳陸義解晉廬山釋慧遠傳略云：

（見前三、清談誤國附「格論」第二十二條。）

開元占經壹天地名體天地渾宗條略云：

梁武帝云，四大海之外，有金剛山；一名鐵圍山，金剛山北又有黑山，日月循山而轉，周迴四十面，一晝一夜，圍繞環匝。

隋書壹玖天文志上云：

逮梁武帝於長春殿講義，別擬天體，全同周髀之文，蓋立新義，以排渾天之論而已。

晉書壹壹天文志上云：

古言天者有三家。一曰蓋天，二曰宣夜，三曰渾天。漢靈帝時，蔡邕於朔方上書，言「宣夜之學，絶無師法。周髀術數俱存，考驗天狀，多所違失。惟渾天近得其情，今史官候臺所用銅儀則其法也。」蔡邕所謂周髀者，即蓋天之説也。

漢書貳壹下律曆志云：

中營室十四度，驚蟄。（今曰雨水，於夏爲正月，商爲二月，周爲三月。）終於奎四度。降婁，初奎五度，雨水。（今曰驚蟄。）

後漢書壹叁律曆志下云：

二十四氣

冬至，小寒，立春，雨水，驚蟄。

論曰：太初曆到章帝元和，旋復疏闊，徵能術者課校諸曆，定朔稽元，追漢四十五年庚辰之歲，追朔一日，乃與天合，以爲四分曆元。加六百五元一紀，上得庚申。

北史捌玖藝術傳信都芳傳略云：

信都芳，河間人也。少明算術。安豐王延明聚渾天、欹器、地動、銅烏、漏刻、候風諸巧事，並令芳算之。〔芳〕又著樂書、遁甲經、四術周髀宗。其序曰：「漢成帝時，學者問蓋天，楊雄曰：『蓋哉，未幾也。』問渾天，曰：『落下閎爲之，鮮于妄人度之，耿中丞象之，幾乎，莫之息矣。』（見法言重黎篇。）此言蓋差而渾密也。蓋器測影而造，用之日久，不同於祖，故云『未幾也』。渾器量天而作，乾坤大象，隱見難變，故云『幾乎』。是時，太史令尹咸窮研晷蓋，易古周法，雄乃見之，以爲難也。自昔周公定影王城，至漢朝，蓋器一改焉。渾天覆觀，以靈憲爲文；蓋天仰觀，以周髀爲法。覆仰雖殊，大歸是一。古之人制者，所表天效玄象。芳以渾算精微，術機萬首，故約本爲之省要，凡述二篇，合六法，名四術周髀宗。」

魏書叁伍崔浩傳云：

〔太平真君十一年〕浩又上五寅元曆。

道藏太平部（外字壹）太平經鈔甲部卷之壹略云：

昔之天地與今天地，有始有終，同無異矣。初善後惡，中間興衰，一成一敗，陽九百六，六九乃周，周則大壞，天地混齏，人物糜潰，惟積善者免之，長爲「種民」，君聖師明，教化不死，積練成聖，故號「種民」，「種民」聖賢長生之類也。

後聖帝君撰「長生之方」，寶經符圖，三古妙法，垂謨立典，施之種民。不能行者，非種民也。凡大小甲申之至也，除凶民，度善人，善人爲種民，凶民爲混齏，大道神人，更遣真仙上士，出經行化，委曲導之，勸上勵下，從者爲「種民」，不從者沈没，沈没成混齏。

弘明集捌辨惑論序云：

閩藪留「種民」之穢。

同書同卷同論合氣釋罪三逆條注云：

至甲子，詔冥醮録男女媟合，尊卑無别，吴陸修静復勤行此。

同書同卷同論畏鬼帶符妖汝之極一條云：

至於使六甲神而跪拜圊厠。（如郭景純亦云仙流，登圊度厄，竟不免災。）

同書同卷解廚纂門不仁之極三條注云：

又道姑，道南〔女？〕冠，女官，道父，道母，神君，「種民」。此是合氣之後贈物名也。

同書玖周甄鸞笑道士合氣三十五云：

真人内朝律云，真人日禮，男女至朔望日先齋三日，入私房詣師立功德，陰陽竝進日夜六時，此諸猥雜，不可聞説。

魏書貳肆崔玄伯傳（參北史貳壹崔宏傳）略云：

〔玄伯〕尤善草隸行押之書，爲世摹楷。玄伯祖悦與范陽盧諶，竝以博藝著名。諶法鍾繇，悦法衛瓘，而俱習索靖之草，皆盡其妙。諶傳子偃，偃傳子邈，悦傳子潛，潛傳玄伯，世不替業。故魏初重崔盧之書。又玄伯之行押特盡精巧，而不見遺迹。子浩。

同書同卷同傳附簡傳（參北史貳壹崔宏傳附簡傳）略云：

〔玄伯〕次子簡，一名覽，好學，少以善書知名。

同書叄伍崔浩傳（參北史貳壹崔玄伯傳附浩傳）略云：

太祖以其工書，常置左右。浩既工書，人多託寫急就章，從少至老，初無憚勞，所書蓋以百數。浩書體勢及其先人，而妙巧不如也。世寶其迹，多裁割綴連，以爲模楷。

唐史講義

目次

下學期

附年表

公元五一八年　（北朝）魏孝明帝神龜元年
公元五二八年　（北朝）魏孝明帝武泰元年
　　　　　　　　魏孝莊帝建義元年、永安元年
　　　　　　　（南朝）梁武帝大通二年
公元五七七年　（北朝）周武帝建德六年
公元五八一年　隋文帝開皇元年
公元五九〇年　隋文帝開皇十年
公元六一七年　隋煬帝大業十三年（十一月壬戌隋恭帝改元義寧）
　　　　　　　隋恭帝義寧元年
公元六一八年　隋恭帝義寧二年（五月甲子唐改元武德）
　　　　　　　唐高祖武德元年
公元六八五年　唐武后垂拱元年

公元七五六年　唐玄宗天寶十五載
　　　　　　　唐肅宗至德元載
公元九〇七年　梁太祖開平元年

壹　關隴集團與隋唐皇室

唐會要柒貳京城諸軍條略云：

武德三年七月十一日，高祖以天下未定，將舉關中之衆，以臨四方，乃下詔。於是置十二衛將軍，分關内諸府隸焉。每將軍一人、副一人，取威名素重者爲之，督以耕戰之事。（軍名傅奕所造。）萬年道爲參旗軍，長安道爲鼓旗軍，富平道爲元戈軍，醴泉道爲井鉞軍，同州道爲羽林軍，華州道爲騎官軍，寧州道爲折威軍，岐州道爲平道軍，邠州道爲招摇軍，西麟州道爲游奕軍，涇州道爲天紀軍，宜州道爲天節軍。至六年二月二十四日廢，八年五月，以突厥爲患，復置十二軍。

北史玖周太祖紀略云：

〔大統四年〕帝率輕騎追至河上，景等北據河橋，南屬芒山爲陣。是日，置陣既大，〔諸將〕戰並不利，又未知魏帝及帝所在，皆棄其卒先歸，洛陽亦失守。大軍之東伐也，關中留兵少，及李虎等至長安，計無所出，乃輔魏太子出次渭北，關中大震。

舊唐書伍捌柴紹傳略云：

柴紹，晉州臨汾人也。祖烈，周驃騎大將軍，封冠軍縣公。父慎，封鉅鹿郡公。高祖微時，妻之以女，即平陽公主也。義兵將起，公主與紹並在長安，遣使密召之。紹即間行赴太原，公主乃歸鄠縣莊所，遂散家資，招引山中亡命，得數百人，起兵以應高祖。時有胡賊何潘仁，聚衆於司竹園。公主遣家僮馬三寶說以利害，潘仁攻鄠縣，陷之。三寶又說羣盜李仲文、向善志、丘師利等，各率衆數千人來會。及義軍渡河，公主引精兵萬餘，與太宗軍會於渭北，號曰娘子軍。

舊唐書柒捌于志寧傳略云：

雍州高陵人，周太師燕文公謹之曾孫也。大業末，棄官歸鄉里。高祖將入關，率羣從於長春宮迎接。顯慶元年，嘗與右僕射張行成、中書令高季輔俱蒙賜地，志寧奏曰：臣居關右，代襲箕裘，周魏以來，基址不墜。行成等新營莊宅，尚少田園，於臣有餘，乞申私讓。

唐會要卷壹帝號類條略云：

獻祖宣皇帝諱熙。葬建初陵。（在趙州昭慶縣界，儀鳳二年五月一日追封爲建昌陵。開元二十八年七月十八日詔改爲建初陵。）

懿祖光皇帝諱天賜。葬啓運陵。（在趙州昭慶縣界，儀鳳二年三月一日追封爲延光陵。開元二十八年七月十八日詔改爲啓運陵。）

太祖景皇帝諱虎。葬永康陵。（在京兆府三原縣界。）

世祖元皇帝諱昺。葬興寧陵。（在京兆府咸陽縣界。）

太宗文武大聖大廣孝皇帝諱世民。隋開皇十八年十二月戊午生於武功別館。

唐會要叁皇后條（開元十三年光業寺碑文及巴黎圖書館藏敦煌寫本伯希和號第貳仟伍佰肆唐代祖宗忌日表等均同）云：

宣皇帝（熙）皇后張氏。

光皇帝（天賜）皇后賈氏。

景皇帝（虎）皇后梁氏。

元皇帝（昞）皇后獨孤氏。

魏書柒下高祖紀（參閱北史叁魏本紀、資治通鑑壹肆拾齊紀建武二年六月條）云：

太和十九年（公元四九五年）六月丙辰（十九日），詔遷洛之民，死葬河南，不得還北。於是代人南遷者，悉爲河南洛陽人。

北史卷叁叁李靈傳附顯甫傳略云：

豪俠知名，集諸李數千家於殷州西山，開李魚川方五六十里居之，顯甫爲其宗主。以軍功賜爵平棘子，位河南太守，贈安川刺史，謚曰安。

元和郡縣圖志卷壹柒云：

趙州。

昭慶縣，本漢廣阿縣，屬鉅鹿郡。

皇十三代祖宣皇帝建初陵，高四丈，周迴八十丈。

皇十二代祖光皇帝啓運陵。高四丈，周迴六十步。二陵共塋，周迴一百五十六步。在縣西南二十里。

黄彭年等修畿輔通志壹柒肆古蹟略所載碑文節録：

（上略）。皇祖瀛州刺史宣簡公謹追上尊號，謚宣皇帝，皇祖妣夫人張氏追上尊號，謚宣莊皇后。皇祖懿王謹追上尊號，謚光皇帝，皇祖妣妃賈氏謹追上尊號，謚光懿皇后。（中略）。詞曰：維王桑梓，本際城池。（下略）。

新唐書柒拾上宗室世系表略云：

〔李〕歆字士業，西涼後主。八子：勗、紹、重耳、弘之、崇明、崇産、崇庸、崇祐。重耳字景順，以國亡奔宋，爲汝南太守。後魏克豫州，以地歸之，拜恒農太守，復爲宋將薛安都所陷，後魏安南將軍豫州刺史。生獻祖宣皇帝諱熙，字孟良，後魏金門鎮將（舊唐書壹高祖紀云：「領豪傑鎮武川，因家焉。」新唐書壹高祖紀同）。生懿祖光皇帝，諱天賜，字德真。三子：長曰起頭，長安侯。生達摩，後周羽林監太子洗馬長安縣伯。次曰太祖（虎），次曰乞豆。

宋書柒柒柳元景傳略云：

〔元嘉〕二十七年八月，（隨王）誕遣振威將軍尹顯祖出貲谷，奮武將軍魯方平、建武將軍薛安都、略陽太守龐法起入盧氏。（中略）。閏（十）月法起、安都、方平諸軍入盧氏。（中略）。法起諸軍進次方伯堆，去弘農城五里。（中略）。諸軍造攻具，進兵城下。僞弘農太守李初古拔嬰城自固，法起、安都、方平諸軍鼓譟以陵城。（中略）。安都軍副譚金、薛係孝率衆先登，生禽李初古拔父子二人。（中略）。殿中將軍鄧盛、幢主劉駿亂使人入荒田，招宜陽人劉寬蚪，率合義徒二千餘人，共攻金門隖，屠之。殺戍主李買得，古拔子也，爲虜永昌王長史，勇冠戎類。永昌聞其死，若失左右手。

隋書叁叁經籍志史部譜序篇序云：

後魏遷洛，有八氏十姓，咸出帝族。又有三十六族，則諸國之從魏者；九十二（九？）姓，世爲部落大人者，並爲河南洛陽人。其中國士人則第其門閥，有四海大姓、郡姓、州姓、縣姓。及周太祖入關，諸姓子孫有功者，並令爲其宗長，仍撰譜録，紀其所承，又以關内諸州爲其本望。

周書貳文帝紀下魏恭帝元年條（通鑑壹陸伍梁元帝承聖三年春同）云：

魏氏之初，統國三十六，大姓九十九，後多絶滅。至是，以諸將功高者爲三十六國後，次功者爲九十九姓後，所統軍人亦改從其姓。

周書壹玖楊忠傳略云：

楊忠，弘農華陰人也。高祖元壽，魏初爲武川鎮司馬，因家於神武樹頹焉。父禎，魏末喪亂，避地中山，結義徒以討鮮于脩禮，遂死之。忠年十八，客遊泰山，會梁兵攻郡，陷之，遂被執至江左。在梁五年，從北海王顥入洛，〔後〕從獨孤信，忠〔伐齊〕，出武川，過故宅，祭先人。

隋書柒玖外戚傳高祖外家吕氏傳略云：

高祖外家吕氏，其族蓋微，平齊之後，求訪不知所在。至開皇初，濟南郡上言，有男子吕永吉，自稱有姑字苦桃，爲楊誼妻，勘驗知是舅子。始追贈外祖雙周爲青州刺史，封齊郡公。外祖母姚氏爲齊敬公夫人，詔並改葬，於齊州立廟。

魏書壹肆高涼王孤傳附上黨王天穆傳云：

初，杜洛周、鮮于脩禮爲寇，瀛、冀諸州人多避亂南向。幽州前北平府主簿河間邢杲，擁率部曲，屯據鄚城，以拒洛周、葛榮，垂將三載。及廣陽王深（淵）等敗後，杲南渡居青州北海界。靈太后詔流人所在皆置命屬郡縣，選豪右爲守令，以撫鎮之。時青州刺史元世儁表置新安郡，以杲爲太守，未報。會臺申汰簡所授郡縣，以杲從子子瑶資蔭居前，乃授河間太守。杲深恥恨，於是遂反。所在流人先爲土人凌忽，聞杲起逆，率來從之，旬朔之間，衆踰十萬。劫掠村塢，毒害民人，齊人號之爲「踏榆賊」。

貳　隋末羣雄

新唐書柒壹下宰相世系表竇氏條：

（引文缺）

（録者注：陳寅恪論隋末唐初所謂「山東豪傑」文中云：「竇建德自言出於漢代外戚之竇氏，實則鮮卑紇豆陵氏之所改（見新唐書柒壹下宰相世系表竇氏條），實是胡種也。」）

新唐書捌伍竇建德傳云：

竇建德，貝州漳南人。世爲農。自言漢景帝太后父安成侯充之苗裔。

全唐文柒肆肆殷侔竇建德碑略云：

自建德亡，距今已久遠，山東河北之人或尚談其事，且爲之祀，知其名不可滅，而及人者存也。聖唐大和三年，魏州書佐殷侔過其廟下，見父老羣祭，駿奔有儀，「夏王」之稱猶紹於昔。

新唐書捌陸劉黑闥傳略云：

劉黑闥，貝州漳南人。與竇建德少相友。〔王世充〕以其武健，補馬軍總管。〔後竇〕建德用爲將。建德有所經略，常委以斥候，陰入敵中，覘虛實，每乘隙奮奇兵，出不意，多所摧克，軍中號爲神勇。

資治通鑑壹玖拾唐高祖武德五年十二月壬申〔劉黑闥〕衆遂大潰條考異引太宗實録云：

〔劉〕黑闥重反，高祖謂太宗曰：「前破黑闥，欲令盡殺其黨，使空山東，不用吾言，致有今日。」及隱太子征闥，平之，將遣唐儉往，使男子十五已上悉阬之，小弱及婦女總驅入關，以實京邑。

舊唐書陸拾廬江王瑗傳略云：

時隱太子建成將有異圖，外結於瑗。及建成誅死，瑗乃舉兵反。〔王〕利涉曰：「山東之地，先從竇建德，酋豪首領，皆是僞官，今並黜之，退居匹庶，此人思亂，若旱苗之望雨。王宜發使復其舊職，各於所在遣募本兵，諸州倘有不從，即委隨便誅戮。此計若行，河北之地可呼吸而定也。」

新唐書捌肆李密傳云：

初，〔王〕世充乏食，密少帛，請交相易，難之。

資治通鑑壹捌叁隋煬帝大業十二年七月云：

虞世基以盜賊充斥，請發兵屯洛口倉，帝曰：「卿是書生，定猶恇怯。」戊辰，車駕至鞏。敕有司移箕山、公路二府於倉内，仍令築城，以備不虞。

隋書貳肆食貨志云：

〔大業〕十二年，帝幸江都。是時，李密據洛口倉，聚衆百萬。越王侗與段達等守東都。東都城内糧盡，布帛山積，乃以絹爲汲綆，然布以爨。

舊唐書伍陸羅藝傳略云：

遇天下大亂，涿郡物殷阜，加有伐遼器仗，倉粟盈積。又臨朔宮中多珍産，屯兵數萬，而諸賊競來侵掠。留守官虎賁郎將趙什住、賀蘭誼、晉文衍等皆不能拒，唯藝獨出戰，前後破賊不可勝計，威勢日重。什住等頗忌藝，藝陰知之，將圖爲亂。乃宣言於衆曰：「吾輩討賊，甚有功効，城中倉庫山積，制在留守之官，而無心濟貧，此豈存恤之意也。」以此言激怒其衆，衆人皆怨。既而旋師，郡丞出城候藝，藝因執之，陳兵而入，什住等懼，皆來聽命。於是發庫物以賜戰士，開倉以賑窮乏，境内咸悦。

舊唐書伍柒裴寂傳云：

及義兵起，寂進宫女五百人，并上米九萬斛、雜綵五萬段、甲四十萬領，以供軍用。

大唐創業起居注中云：

有華陰縣令李孝常據永豐倉，遣子弟妹夫竇軌等送欵，仍便應接河西關上兵馬。帝曰：「吾未濟者，正須此耳。今既事辦可以濟乎？」

新唐書捌柒蕭銑傳略云：

蕭銑，後梁宣帝曾孫也。銑遣將蘇胡兒拔豫章，使楊道生取南郡，張繡略定嶺表。西至三峽，南〔至〕交趾，北距漢水，皆附屬，勝兵四十萬。武德元年徙都江陵。〔武德〕四年詔〔江夏王〕孝恭與李靖〔等〕，會兵圖銑。〔銑以江陵降。〕後數日，救兵至，且十餘萬。

新唐書捌柒沈法興傳略云：

沈法興，湖州武康人。父恪，陳廣州刺史。江都亂，法興自以世南土，屬姓數千家，遠近嚮服，遂定江表十餘州。武德二年稱梁王，建元爲延康，易隋官儀，頗用陳氏故事。〔後爲李子通所攻。敗死。〕

舊唐書陸捌秦叔寶傳略云：

秦叔寶名瓊，齊州歷城人。從鎮長春宫，拜馬軍總管。

同書同卷程知節傳略云：

程知節本名驍金，濟州東阿人也。授秦王府左三統軍。破宋金剛，擒竇建德，降王世充，並領左一馬軍總管。

同書同卷段志玄傳云：

段志玄，齊州臨淄人也。

新唐書玖貳杜伏威傳略云：

杜伏威，齊州章丘人。隋大業九年，入長白山，依賊左君行，不得意，舍去，轉剽淮南，攻安宜，屠之。與虎牙郎將公孫上哲戰鹽城，進破高郵，引兵渡淮，攻歷陽，據之。江淮羣盜爭附。

同書捌柒輔公祏傳云：

輔公祏，齊州臨濟人。隋季與鄉人杜伏威爲盜，轉掠淮南。

同書同卷李子通傳略云：

李子通，沂州丞人。隋大業末，長白山賊左才相自號「博山公」，子通依之。有徒萬人，引衆渡淮，爲隋將來整所破，奔海陵。

同書同卷附林士弘、張善安傳云：

林士弘，饒州鄱陽人。隋季與鄉人操師乞起爲盜。

張善安，兗州方與人。年十七亡命爲盜。

同書捌陸劉黑闥傳附徐圓朗傳略云：

徐圓朗者，兗州人。隋末爲盜，據本郡，以兵徇琅邪以西，北至東平，盡有之。附李密，密敗，歸竇建德。山東平，授兗州總管、魯郡公。會〔劉〕黑闥兵起，圓朗應之，自號魯王，黑闥以爲大行臺元帥。河間人劉復禮說圓朗曰：彭城有劉世徹，才略不常，將軍欲自用，恐敗，不如迎世徹立之。盛彥師以世徹若聯叛，禍且不解，即謬說曰：公亡無日矣！獨不見翟讓用李密哉？圓朗信之，世徹至，奪其兵，遣徇地，所至皆下，忌而殺之。會淮安王神通、李世勣合兵攻圓朗，總管任瓌遂圍兗州。圓朗棄城夜亡，爲野人所殺。

隋書捌伍宇文化及傳略云：

奪江都人舟檝，從水路西歸。至顯福宫，宿公麥孟才、折衝郎將沈光等謀擊化及，反爲所害。行至徐州，水路不通，化及糧盡，渡永濟渠，與密戰於童山，遂入汲郡求軍糧。其將陳智略率嶺南驍果萬餘人，張童兒率江東驍果數千人，皆叛歸李密。

同書同卷司馬德戡傳略云：

〔德戡〕仍統本兵，化及意甚忌之。後數日，化及署諸將，分配士卒，乃以德戡爲禮部尚書，外示美遷，實奪其兵也。行至徐州，令德戡將後軍，乃與趙行樞、李本、尹正卿、宇文導師等謀襲化及。未發，許弘仁、張愷知之，以告化及，命送幕下，縊而殺之。

舊唐書伍肆王世充傳略云：

未幾，李密破化及還，其勁兵良馬多戰死，士卒疲倦。世充欲乘其弊而擊之。

新唐書玖叁李勣傳略云：

李勣，曹州離狐人。本姓徐氏。客衛南。家富，多僮僕，積粟常數千鍾。與其父蓋皆喜施貸，所周給無親疏之間。隋大業末，韋城翟讓爲盜，勣年十七，往從之。武德二年，〔李〕密歸朝廷，其地東屬海，南至江，西直汝，北抵魏郡，勣統之，未有所屬。乃録郡縣户口以啓密，請自上之。詔授黎州總管，封萊國公。賜姓，附宗正屬籍，徙封曹。封蓋濟陰王。從秦王伐東都，戰有功。平〔竇〕建德，俘〔王〕世充，乃振旅還，秦王爲上將，勣爲下將，皆服金甲，乘戎輅，告捷於廟。

大唐新語捌聰敏類云：

賈嘉隱，年七歲，以神童召見。時太尉長孫無忌、司空李勣於朝堂立語。李戲之曰：「吾所倚者何樹？」嘉隱對曰：「松樹。」李曰：「此槐也，何忽言松？」嘉隱曰：「以公配木則爲松樹。」無忌連問之曰：「〔吾〕所倚者何樹？」嘉隱曰：「槐樹。」無忌曰：「汝不能復矯對耶？」嘉隱應聲曰：「何須矯對？但取其以鬼配木耳。」勣曰：「此小兒作獠面，何得如此聰明？」嘉隱又應聲曰：「胡面尚爲宰相，獠面何廢聰明？」勣狀貌胡也。

舊唐書伍叁李密傳略云：

李密，本遼東襄平人。魏司徒弼曾孫。後周賜弼姓徒何氏。祖曜，周太保、魏國公；父寬，隋上柱國、蒲山公，皆知名當代。密說〔翟〕讓曰：「明公以英傑之才，而統驍雄之旅，宜當廓清天下，誅翦羣凶，豈可求食草間，常爲小盜而已？」讓曰：「僕起隴畝之間，望不至此。」柴孝和說密曰：「秦地阻山帶河，西楚背之而亡，漢高都之而霸。如愚意者，令〔裴〕仁基守迴洛，翟讓守洛口，明公親簡精銳，西襲長安，百姓孰不郊迎？必當有征無戰。既克京邑，業固兵强，方更長驅崤函，掃蕩東洛，傳檄指撝，天下可定。但今英雄競起，實恐他人我先，一朝失之，噬臍何及？」密曰：「君之所圖，僕亦思之久矣，誠乃上策。但昏主尚存，從兵猶衆，我之所部，並是山東人，既見未下洛陽，何肯相隨西入？諸將出於羣盜，留之各競雄雌。若然者，殆將敗矣。」其府掾柳爽對曰：「明公雖不陪從起義，而阻東都斷隋歸路，使唐公不戰而據京師，此亦公之功也。」

叁　唐初與突厥之關係

舊唐書陸柒李靖傳（參新唐書貳壹伍上突厥傳、貞觀政要貳任賢篇、大唐新語柒容恕篇）云：

太宗初聞靖破頡利，大悦，謂侍臣曰：「朕聞『主憂臣辱，主辱臣死。』往者國家草創，太上皇（高祖）以百姓之故，稱臣於突厥，朕未嘗不痛心疾首，志滅匈奴，坐不安席，食不甘味。今者暫動偏師，無往不捷，單于款塞，恥其雪乎。」

通典壹玖柒邊防典突厥條上（參新唐書貳壹伍上突厥傳、唐會要玖肆北突厥條）略云：

有一兒，年且十歲，以其小不忍殺之，乃刖足斷臂，棄于大澤中。有牝狼每銜肉至於兒處。其後遂與狼交，狼有孕焉。……後狼生十男，……其後各爲一姓，阿史那即其一也。……又云，先出於索國，在匈奴之北。……其一曰伊質泥師都，狼所生也。

旗纛之上，施舍狼頭，侍衛之士，謂之附離，夏言狼也。蓋本狼生，志不忘舊。（參隋書捌肆突厥傳、北史玖玖突厥傳等。）

及隋末亂離，中國人歸之者甚衆，又更强盛，勢陵中夏，迎蕭皇后，置於定襄，薛舉、竇建德、王世充、劉武周、梁師都、李軌、高開道之徒，雖僭尊號俱北面稱臣。東自契丹，西盡吐谷渾、高昌諸國皆臣之，控弦百萬，戎狄之盛，近代未之有也。大唐起義太原，劉文静聘其國，引以爲援。

大唐創業起居注上云：

裴寂等乃因太子秦王等入啓，請依伊尹放太甲、霍光廢昌邑故事，廢皇帝而立代王，興義兵以檄郡縣，改旗幟以示突厥，師出有名，以輯夷夏。於是遣使以衆議馳報突厥，始畢依旨，即遣其柱國康鞘利、級失熱寒特勤達官等送馬千疋，來太原交市，仍許遣兵送帝往西京，多少惟命。康鞘利將至，軍司以兵起甲子之日，又符讖尚白，請建武王所執白旗以示突厥。帝曰，誅紂之旗牧野臨時所仗，未入西郊，無容預執，宜兼以絳雜半續之。諸軍稍旛皆放此，營壁城壘幡旗四合，赤白相映若花園。開皇初太原童謡云：法律存，道德在，白旗天子出東海。常亦云白衣天子，故隋主恒服白衣，每向江都，擬於東海。又有桃李子歌曰：桃李子，莫浪語，黄鵠繞山飛，宛轉花園裏。案李爲國姓，桃當作陶，若言陶唐也，配李而言，故云桃花園，宛轉屬旌幡。汾晉老幼謳歌在耳，忽覩靈驗，不勝懽躍。

同書下略云：

裴寂等乃奏：神人太原慧化尼、蜀郡衛元嵩等歌謡詩讖曰：西北天火照龍山，童子赤光連北斗。童子木上懸白幡，胡兵紛紛滿前後。

隋書壹高祖紀云：

〔開皇元年〕六月癸未，詔以初受天命，赤雀降祥，五德相生，赤爲火色。其郊及社廟，依服冕之儀，而朝會之服，旗幟犧牲，盡令尚赤。

資治通鑑壹捌肆隋紀義寧元年六月雜用絳白以示突厥句下胡注云：

隋色尚赤，今用絳而雜之以白，示若不純於隋。

同書壹捌伍唐紀高祖武德元年條略云：

五月甲子，唐王即位於太極殿，推五運爲土德，色尚黄。

隋書伍壹長孫晟傳云：

因遣太僕元暉出伊吾道，使詣玷厥，賜以狼頭纛。

舊唐書伍伍劉武周傳（參新唐書捌陸劉武周傳）略云：

突厥立武周爲定楊可汗，遺以狼頭纛。因僭稱皇帝，建元爲天興。

資治通鑑壹捌叁隋紀柒略云：

恭帝義寧元年（即煬帝大業十三年），突厥立〔劉〕武周爲定楊可汗，遺以狼頭纛。武周即皇帝位，改元天興。

通鑑考異云：

新舊唐書武周皆無國號，惟創業起居注云，國號定楊。

通鑑此條胡注云：

言將使之定楊州也。

大唐創業起居注上云：

〔大業十三年〕二月己丑，馬邑軍人劉武周殺太守王仁恭，據其郡而自稱天子，國號定楊。武周竊知煬帝於樓煩築宮厭當時之意，故稱天子，規而應之。

新唐書捌柒梁師都傳（參舊唐書伍陸梁師都傳）略云：

自爲梁國，僭皇帝位，建元永隆。始畢可汗遺以狼頭纛，號大度毗伽可汗、解事天子。

同書玖貳李子和傳云：

北事突厥，納弟爲質，始畢可汗册子和爲平楊天子，不敢當，乃更署爲屋利設。

資治通鑑壹捌叁隋紀柒略云：

〔恭帝義寧元年三月〕始畢以劉武周爲定楊天子，梁師都爲解事天子，子和爲平楊天子。子和固辭不敢當，乃更以爲屋利設。

胡注云：

平楊，猶定楊也。

大唐創業起居注上云：

帝引康鞘利等禮見於晉陽宫東門之側舍，受始畢所送書信，帝僞貌恭，厚加饗賄。鞘利等大悦，退相謂曰，唐公見我蕃人，尚能屈意，見諸華夏，情何可論，敬人者人皆敬愛，天下敬愛，必爲人主，我等見之人，不覺自敬。

同書上略云：

始畢得書大喜，其部達官等曰：「天將以太原與唐公，必當平定天下，不如從之以求寶物，但唐公欲迎隋主，共我和好，此語不好，我不能從。唐公自作天子，我則從行，覓大勳賞，不避時熱。」當日即以此意作書報帝。帝開書歎息，久之曰：「孤爲人臣須盡節，本慮兵行已後，突厥南侵，屈節連和，以安居者，不謂今日所報，更相要逼，乍可絶好蕃夷，無有從其所勸。」突厥之報帝書也，謂使人曰：「唐公若從我語，即宜急報我，遣大達官往取進止。」官僚等以帝辭色懍然，莫敢咨諫。興國寺兵知帝未從突厥所請，往往偶語曰：「公若更不從突厥，我亦不能從公。」裴寂劉文静等知此議，以狀啓聞。

同書上云：

帝遣長孫順德、趙文恪等率興國寺所集兵五百人總取秦王部分。

冊府元龜柒帝王部創業門云：

〔唐〕高祖乃命太宗與晉陽令劉文静及門下客長孫順德劉弘基等各募兵，旬日之間，衆且一萬，文静頓於興國寺，順德頓於阿育王寺。

舊唐書伍柒劉文静傳略云：

隋末爲晉陽令，煬帝令繫於郡獄，太宗以文静可與謀議，入禁所視之。高祖開大將軍府，以文静爲軍司馬，文静勸改旗幟以彰義舉，又請連突厥以益兵威，高祖並從之，因遣文静使於始畢可汗，始畢曰：「唐公起事，今欲何爲？」文静曰：「願與可汗兵馬同入京師，人衆土地入唐公，財帛金寶入突厥。」始畢大喜，即遣將康鞘利領騎二千隨文静而至。〔武德二年〕裴寂又言曰：「當今天下未定，外有勍敵，今若赦之，必貽後患。」高祖竟聽其言，遂殺文静。

大唐創業起居注上略云：

乃命司馬劉文静報使，并取其兵，静辭，帝私誡曰，胡兵相送，天所遣來，數百之外，無所用之，所防之者，恐武周引爲邊患，取其聲勢，以懷遠人，公宜體之，不須多也。

新唐書捌陸李軌傳略云：

薛舉亂金城，軌與同郡安脩仁等共舉兵。脩仁夜率諸胡入内苑城，建旗大呼，軌集衆應之，執虎賁郎將謝統師、郡丞韋士政，遂自稱河西大涼王。初，突厥曷娑那可汗弟達度闕設内屬，保會寧川，至是稱可汗，降於軌。未幾，悉有河西。武德元年，高祖方事薛舉，遣使涼州，璽書慰結。軌喜，乃遣弟懋入朝。梁碩爲謀主，嘗見故西域胡種族盛，勸軌備之，因與安脩仁交怨。謝統師等每引結羣胡排其用事臣，因是欲離沮其衆。脩仁兄興貴本在長安，自表詣涼州招軌。帝曰：「軌據河西，連吐谷渾、突厥，今興兵討擊尚爲難，單使弄頰可下邪？」興貴曰：「臣世涼州豪望，多識其士民，而脩仁爲軌信任，典事樞者數十人，若候隙圖之，無不濟。」帝許之。興貴至涼州，軌授以左右衛大將軍。興貴乃與脩仁等潛引諸胡兵圍其城。脩仁執送之，斬〔軌〕於長安。

同書壹高祖本紀云：

〔武德二年〕五月庚辰，涼州將安脩仁執李軌以降。

舊唐書壹高祖本紀云：

〔武德二年七月〕西突厥葉護可汗及高昌並遣使朝貢。

資治通鑑壹捌柒（參新唐書貳壹伍下）武德二年（九月）條云：

西突厥曷娑那可汗與北突厥有怨，曷娑那在長安，北突厥遣使請殺之，上不許。羣臣皆曰：「保一人而失一國，後必爲患。」秦王世民曰：「人窮來歸，我殺之不義。」上遲迴久之，不得已，丙戌，引曷娑那於内殿宴飲，既而送中書省，縱北突厥使者使殺之。

舊唐書壹玖肆下西突厥傳略云：

武德三年，遣使貢條支巨卵。時北突厥作患，高祖厚加撫結，與之並力以圖北蕃。統葉護尋遣使來請婚，高祖謂侍臣曰：「西突厥去我懸遠，今請婚，其計安在？」封德彝對曰：「當今之務，莫若遠交而近攻，正可權許其婚，以威北狄。」

資治通鑑壹捌捌唐紀肆略云：

〔武德三年七月〕驃騎大將軍可朱渾定遠告「并州總管李仲文與突厥通謀，欲俟洛陽兵交，引胡騎直入長安。」甲戌，命皇太子鎮蒲反以備之。〔四年二月〕并州安撫使唐儉密奏：「真鄉公李仲文與妖僧志覺有謀反語，又娶陶氏之女以應桃李之謡。諂事可汗，甚得其意，可汗許立爲南面可汗；及在并州，贓賄狼籍。」上命裴寂、陳叔達、蕭瑀雜鞫之，乙巳，仲文伏誅。

舊唐書壹玖肆上突厥傳上（參册府元龜玖捌壹外臣部盟誓門）略云：

〔武德〕七年八月，頡利、突利二可汗舉國入寇，太宗乃親率百騎馳詣虜陣，告之曰：「國家與可汗誓不相負，何爲背約深入吾地？我秦王也，故來一決。可汗若自來，我當與可汗兩人獨戰；若欲兵馬總來，我唯百騎相禦耳。」頡利弗之測，笑而不對。太宗又前，令騎告突利曰：「爾往與我盟，急難相救，爾今將兵來，何無香火之情也？亦宜早出，一決勝負。」突利亦不對。太宗前，將渡溝水，頡利見太宗輕出，又聞香火之言，乃陰猜突利，因遣使曰：「王不須渡，我無惡意，更欲共王自斷當耳。」於是稍引却，各斂軍而退。太宗因縱反間於突利，突利悅而歸心焉，遂不欲戰。其叔侄内離，頡利欲戰不可，因遣突利及夾畢特勒（勤）阿史那思摩奉見請和，許之。突利因自託於太宗，願結爲兄弟。

同書同卷同傳略云：

〔武德〕九年七月，頡利自率十萬餘騎進寇武功，頡利遣其腹心執失思力入朝爲覘，自張形勢云：「二可汗總兵百萬，今已至矣。」太宗謂之曰：「我與突厥面自和親，汝則背之，我實無愧。又義軍入京之初，爾父子（指頡利、突利言，如昔人稱漢疏廣受父子之例，蓋頡利、突利爲叔父及從子也。）並親從我。」

教坊記（據説郛本。）坊中諸女條云：

坊中諸女以氣類相似，約爲香火兄弟，每多至十四五人，少不下八九輩。有兒郎娉之者，輒被以婦人稱呼，即所娉者兄見呼爲新婦，弟見呼爲嫂也。兒郎有任宫僚者，宫忝與内人對同日，垂到内門，車馬相逢，或搴車簾呼阿嫂若新婦者，同黨未達，殊爲怪異，問被呼者，笑而不答。

兒郎既娉一女，其香火兄弟多相奔，云學突厥法。又云，我兄弟相憐愛，欲得嘗其婦也。主者知亦不妬，他香火即不通。

舊唐書伍柒劉文静傳附張長遜傳略云：

累至五原郡通守，及天下亂，遂附於突厥，號長遜爲割利特勒（勤）。言事者以長遜久居豐州，與突厥連結；長遜懼，請入朝。

同書壹玖肆上突厥傳上略云：

〔武德二年，始畢〕授馬邑賊帥劉武周兵五百餘騎，遣入句注，又追兵大集，欲侵太原。是月，始畢卒，立其弟俟利弗設，是爲處羅可汗。

同書同卷同傳云：

太宗在藩，受詔討劉武周，師次太原，處羅遣其弟步利設率二千騎與官軍會。六月，處羅至并州，總管李仲文出迎勞之。留三日，城中美婦人多爲所掠，仲文不能制，俄而處羅卒。

同書貳太宗紀上略云：

〔武德〕七年秋，突厥頡利、突利二可汗自原州入寇，侵擾關中。有説高祖云：「祇爲府藏子女在京師，故突厥來，若燒却長安而不都，則胡寇自止。」高祖乃遣中書侍郎宇文士及行山南可居之地，即欲移都。蕭瑀等皆以爲非，然終不敢犯顔正諫。太宗獨曰：「幸乞聽臣一申微効，取彼頡利。若一兩年間不繫其頸，徐建遷都之策，臣當不敢復言。」高祖怒，仍遣太宗將三十餘騎行剗。還日，固奏必不可移都，高祖遂止。

新唐書柒玖隱太子傳云：

突厥入寇，帝議遷都，秦王苦諫止。建成見帝曰：「秦王欲外禦寇，沮遷都議，以久其兵，而謀篡奪。」帝寖不悦。

册府元龜玖捌壹外臣部盟誓門云：

又云突利武德初深自結託，太宗亦以恩撫之，結爲兄弟，與盟而去。

舊唐書陸貳鄭善果傳附元璹傳略云：

元璹又謂頡利曰：「大唐初有天下，即與可汗結爲兄弟。」

同書伍伍劉武周傳（參新唐書捌陸劉武周傳）略云：

劉武周，河間景城人。父匡，徙家馬邑。

武周率五百騎棄并州，亡奔突厥。

武周又欲謀歸馬邑，事洩，爲突厥所殺。

武周既死，突厥又以君璋爲大行臺，統其餘衆，仍令郁射設督兵助鎮。高祖遣諭之，君璋部將高滿政謂君璋曰：「不如盡殺突厥以歸唐朝。」君璋不從，滿政因人心夜逼君璋，君璋亡奔突厥，滿政遂以城來降。

資治通鑑壹玖叁唐紀貞觀三年十一月條、貞觀四年三月條略云：

庚申，以行并州都督李世勣爲通漢道行軍總管（舊書李勣傳作「通漠道」，當從之。），兵部尚書李靖爲定襄道行軍總管，華州刺史柴紹爲金河道行軍總管，靈州大都督薛萬徹爲暢武道行軍總管，衆合十餘萬，皆受李勣節度（兩唐書皆作受李靖節度），分道出擊突厥。

〔貞觀四年三月〕庚辰，〔大同道〕行軍副總管張寶相，俘頡利送京師，蘇尼失舉衆來降，漠南之地遂空。

舊唐書叁太宗紀下云：

〔貞觀四年〕夏四月丁酉，御順天門，軍吏執頡利以獻捷。自是西北諸蕃咸請上尊號爲天可汗，於是降璽書冊命其君長，則兼稱之。

大慈恩寺三藏法師傳卷伍云：

諸衆歡喜，爲法師競立美名，大乘衆號曰「摩訶耶那提婆」，此云「大乘天」。小乘衆號曰「木叉提婆」，此云「解脱天」。

同書卷柒略云：

〔永徽三年〕夏五月乙卯，中印度國摩訶菩提寺大德智光、慧天等致書於法師，其書曰：微妙吉祥世尊金剛座所摩訶菩提寺諸多聞衆所共圍繞上座慧天，致書摩訶支那國於無量經律論妙盡精微木叉阿遮利耶。

大唐西域求法高僧傳卷上略云：

道希法師者，齊州歷城人也。梵名室利提婆（唐云吉祥天）。

玄太法師者，新羅人也。梵名薩婆愼若提婆（唐云一切智天）。

道生法師者，并州人也。梵名旃達羅提婆（唐云月天）。

明遠法師者，益州清城人也。梵名振多提婆（唐云思天）。

木叉提婆者，交州人也（唐云解脱天）。

有一故寺，但有塼基，厥號支那寺。古老相傳云是昔室利笈多大王爲支那國僧所造。（支那即廣州也。莫訶支那即京師也，亦云提婆佛呾羅，唐云天子也。）

同書卷下略云：

靈運師者，襄陽人也。梵名般若提婆。

無行禪師者，荆州江陵人也。梵名般若提婆（唐云慧天）。

苾芻法朗者，梵名達摩提婆（唐云法天），襄州襄陽人也。

舊唐書陸柒李靖傳略云：

其舅韓擒虎，號爲名將，每與論兵，未嘗不稱善，撫之曰：「可與論孫吳之術者，惟斯人矣。」大業末，累除馬邑郡丞。會高祖擊突厥於塞外，靖察高祖，知有四方之志，因自鎖上變，將詣江都，至長安，道塞不通而止。

資治通鑑壹捌肆隋恭帝義寧元年十一月馬邑郡丞三原李靖素與淵有隙條考異曰：

柳芳唐曆及唐書靖傳云：「高祖擊突厥於塞外。靖察高祖知有四方之志，因自鎖上變，將詣江都，至長安，道塞不通而止。」按太宗謀起兵，高祖尚未知，知之猶不從。當擊突厥之時，未有異志，靖何從察知。又上變當乘驛取疾，何爲自鎖也。今依靖行狀云：「昔在隋朝，曾經忤旨。及茲城陷，高祖追責舊言。公忼慨直論，特蒙宥釋。」但行狀題云魏徵撰，非也。按徵以貞觀十七年卒，靖二十三年乃卒，蓋後人爲之，託徵名。又叙靖事極怪誕無取，唯此可爲據耳。

肆　唐起兵太原及入關

舊唐書伍捌唐儉傳略云：

〔唐儉，〕并州晉陽人。北齊尚書左僕射邕之孫也。高祖在太原留守，儉與太宗周密，儉從容説太宗，以隋室昏亂，天下可圖，儉曰：「若開府庫，南嘯豪傑，北招戎狄。……則湯武之業不遠。」

同書同卷長孫順德傳略云：

〔長孫順德，〕文德順聖皇后之族叔也。順德仕隋右勳衛，避遼東之役，逃匿於太原，深爲高祖、太宗所親委。太宗外以討賊爲名，因令順德與劉弘基等召募，旬月之間，衆至萬餘人。

同書同卷劉弘基傳略云：

〔劉弘基，〕雍州池陽人也。以父蔭爲右勳侍。大業末，嘗從煬帝征遼東，家貧不能自致，亡命盜馬，因至太原。

同書同卷武士彠傳云：

〔武士彠，〕并州文水人也。家富於財，好交結。高祖初行軍於汾晉，休止其家，因蒙顧接，及爲太原留守，引爲行軍司鎧。

同書同卷柴紹傳附平陽公主傳略云：

公主乃歸鄠縣，得數百人，起兵以應高祖。遣家僮馬三寶説〔何〕潘仁、李仲文、向善志、丘師利等，各率衆數千來會。

資治通鑑壹捌肆隋恭帝義寧元年九月條略云：

左親衛段綸娶〔李〕淵女，亦聚徒於藍田，得萬餘人。

大唐創業起居注中云：

初，周齊戰争之始，周太祖數往同州，侍從達官，隨便各給田宅。景皇帝與隋太祖並家于州治。

文館詞林肆伍玖李百藥洛州都督竇軌碑銘文云：

占（招）募英勇五萬餘人，從入京師，翊成大業。

舊唐書陸壹竇威傳附軌傳（新唐書玖伍竇威傳附軌傳同）云：

義兵起，軌聚衆千餘人，迎謁於長春宫。高祖見之大悦，降席握手，語及平生。賜良馬十匹，使掠地渭南。軌先下永豐倉，收兵得五千人，從平京城。

新唐書捌陸薛舉傳略云：

薛舉，蘭州金城人。殖産鉅萬，好結納邊豪，爲長雄。隋大業末，任金城府校尉。……軍益張，號二十萬，將窺京師。會高祖入關，遂留攻扶風，秦王擊破之。舉畏王，遂踰隴走。……〔郝〕瑗請連梁師都，厚賂突厥，合從東向。舉從之，約突厥莫賀咄設犯京師。會都水監宇文歆使突厥，歆説止其兵，故舉謀塞。

武德元年，豐州總管張長遜擊〔宗〕羅睺，舉悉兵援之，屯析墌，以游軍掠岐、豳。秦王禦之，次高墌，度舉糧少，利速鬭，堅壁老其兵。會王疾，卧屯不出，而舉數挑戰。行軍長史劉文静、殷開山觀兵於高墌，恃衆不設備，舉兵掩其後，遂大敗，死者十六，大將慕容羅睺、李安遠、劉弘基皆没。王還京師，舉拔高墌，仁杲進逼寧州，郝瑗謀曰：「今唐新破，將卒禽俘，人心摇矣，可乘勝直趨長安。」舉然之，方行而病，未幾死。

附：太宗起兵之年歲

唐會要壹帝號類太宗皇帝條略云：

隋開皇十八年十二月戊午，生於武功别館。貞觀二十三年五月二十六日，崩於翠微宫含風殿。（年五十二。）

新唐書貳太宗紀云：

（貞觀二十三年五月）己巳，皇帝崩於含風殿。年五十三（參唐會要壹帝號類）。

舊唐書貳太宗紀上云：

隋開皇十八年十二月戊午，生於武功之别館。

同書叁太宗紀下云：

（貞觀二十三年五月）己巳，上崩於含風殿。年五十二。

新唐書貳太宗紀云：

大業中，突厥圍煬帝鴈門，煬帝從圍中以木繫詔書，投汾水而下，募兵赴援。太宗時年十六，往應募。

舊唐書柒貳虞世南傳云：

太宗曰：「吾纔弱冠舉義兵。」

隋大業十三年（公元六一七年）十一月壬戌恭帝改元義寧。義寧二年（公元六一八年）五月甲子唐改元武德。

伍　太宗與建成之關係

資治通鑑壹玖壹（參新唐書柒玖隱太子傳）略云：

武德七年七月，〔或說高祖遷都避突厥，〕遣宇文士及踰南山至樊、鄧，行可居之地，將徙都之。太子建成、齊王元吉、裴寂皆贊成其策。秦王世民諫，建成與妃嬪因共譖世民曰：「突厥雖屢爲邊患，得賂即退。秦王外託禦寇之名，內欲總兵權，成其篡奪之謀耳。」

舊唐書陸肆隱太子傳略云：

及劉黑闥重反，王珪、魏徵謂建成曰：「願請討之，且以立功，深自封植，因結山東英俊。」建成從其計。建成、元吉又外結小人，內連嬖幸，高祖所寵張婕妤、尹德妃皆與之淫亂。建成乃私召四方驍勇，並募長安惡少年二千餘人，畜爲宮甲，分屯左右長林門，號長林兵。及〔太宗〕將行（往洛陽），建成、元吉相與謀曰：「秦王今往洛陽，既得土地甲兵，必爲後患。留在京師制之，一匹夫耳。」密令數人上封事曰：「秦王左右多是東人，聞往洛陽，非常欣躍，觀其情狀，自今一去，不作來意。」高祖於是遂停。

同書陸捌：

（尉遲敬德傳）尉遲敬德，朔州善陽人。

（秦叔寶傳）秦叔寶名瓊，齊州歷城人。

（程知節傳）程知節本名齩金，濟州東阿人。

（段志玄傳）段志玄，齊州臨淄人。

（張公謹傳）張公謹字弘慎，魏州繁水人。

同書陸伍：

（高士廉傳）高儉字士廉，渤海蓨人。

同書陸陸：

（房玄齡傳）房喬字玄齡，齊州臨淄人。

同書陸壹陳叔達傳云：

建成、元吉嫉害太宗，陰行譖毀，高祖惑其言，將有貶責，叔達固諫，乃止。至是，太宗勞之曰：「武德時，危難潛構，知公有讜言，今之此拜，有以相答。」叔達謝曰：「此不獨爲陛下，社稷計耳。」

同書陸叁封倫傳云：

初，倫數從太宗征討，特蒙顧遇。以建成、元吉之故，數進忠款，太宗以爲至誠，前後賞賜以萬計。而倫潛持兩端，陰附建成。時高祖將行廢立，猶豫未決，謀之於倫，倫固諫而止。然所爲秘隱，時人莫知，事具建成傳。

同書同卷蕭瑀傳云：

太宗又曰：「武德六年已後，太上皇有廢立之心而不之定也，我當此日，不爲兄弟所容，實有功高不賞之懼。此人不可以厚利誘之，不可以刑戮懼之，真社稷臣也。」因賜瑀詩曰：「疾風知勁草，版蕩識誠臣。」

同書陸捌尉遲敬德傳略云：

隱太子、巢剌王元吉將謀害太宗，密致書以招敬德，仍贈以金銀器物一車。敬德辭，尋以啓聞，太宗曰：「送來但取，寧須慮也。且知彼陰計，足爲良策。」

同書同卷張公謹傳略云：

張公謹，魏州繁水人也。初爲王世充洧州長史。武德元年，與王世充所署洧州刺史崔樞以州城歸國。初未知名，李勣驟薦於太宗，乃引入幕府。〔武德九年〕六月四日，公謹與長孫無忌等九人伏於玄武門以俟變。及斬建成、元吉，其黨來攻玄武門，兵鋒甚盛。公謹有勇力，獨閉門以拒之。以功累授左武候將軍，封定遠郡公。

巴黎圖書館藏敦煌寫本李義府撰常何碑略云：

公諱□，字□□，其先居河內温縣，迺祖遊陳留之境，因徙家焉，今爲汴州浚儀人也。〔公〕傾産周窮，捐生拯難，嘉賓狎至，俠侣争歸。既而炎靈將謝，政道云衰，黑山競結，白波潛駭，爰顧宗姻，深憂淪溺。鄉中豪桀五百餘人以公誠信早彰，嚮望所集，互相糺率，請爲盟主。李密擁兵敖庾，枕(?)威河曲，廣集英彦，用託爪牙，乃授公上柱國雷澤公。尋而天歷有歸，聖圖斯啓，自參墟而鳳舉，指覇川而龍躍。公智叶陳、張，策踰荀、賈，料安危之勢，審興亡之迹，抗言於密，請歸朝化。密竟奉謁丹墀，升榮紫禁，言瞻彼相，實賴於公，既表忠圖，爰膺厚秩，授清義府驃騎將軍上柱國雷澤公。密奉詔綏撫山東，公又以本官隨密，密至函城之境，有背德之心，公既知逆謀，乃流涕極諫，密憚公强正，遂不告而發，軍敗牛關之側，命盡熊山之陽。公徇義莫從，獻忠斯阻，欲因機以立効，聊枉尺以直尋，言造王充，冀傾瀍洛，爲充所覺，奇計弗成，率充内營左右去逆歸順。高祖嘉其變通，尚其英烈，臨軒引見，特申優獎，授車騎將軍。

徐員朗竊據沂、兗，稱兵淮、泗，龜蒙積沴，蜂午（？）挻妖，公與史萬寶併力攻圍，應期便陷。方殄餘噍，奉命旋師，令從隱太子討平河北。又與曹公李勣窮追員朗，賊平，留鎮於洧州。〔武德〕七年，奉太宗令追入京，賜金刀子一枚，黄金卅挺，令於北門領健兒長上，仍以數十金刀子委公錫驍勇之夫，遂奉藩朝，參聞覇略，承解衣之厚遇，申繞帳之深誠。九年六月四日令揔北門之寄。

舊唐書陸玖薛萬徹傳略云：

薛萬徹，雍州咸陽人。自燉煌徙焉，隋左禦衛大將軍世雄子也。世雄，大業末卒於涿郡太守。萬徹少與兄萬均隨父在幽州，俱以武略爲羅藝所親待。尋與藝歸附高祖，授萬徹車騎將軍、武安縣公。及太宗平劉黑闥，引萬均爲右二護軍，恩顧甚至。隱太子建成又引萬徹置於左右。建成被誅，萬徹率宫兵戰於玄武門，鼓譟欲入，秦府將士大懼。及梟建成首示之，萬徹與數十騎亡於終南山。太宗累遣使諭意，萬徹釋仗而來，太宗以其忠於所事，不之罪也。

新唐書柒玖隱太子傳云：

又令左虞候率可達志募幽州突厥（當作突騎）兵三百内宫中。

舊唐書陸玖張亮傳略云：

張亮，鄭州滎陽人也。素寒賤，以農爲業。大業末，李密略地滎、汴，亮仗策從之，署驃騎將軍，隸於徐勣。後房玄齡、李勣薦之於太宗，引爲秦府車騎將軍，委以心膂。會建成、元吉將起難，太宗以洛州形勝之地，一朝有變，將出保之，遣亮之洛陽，統左右王保等千餘人，陰引山東豪傑以俟變，多出金帛，恣其所用。元吉告亮欲圖不軌，坐是屬吏，亮卒無所言，事釋，遣還洛陽。及建成死，授懷州總管，封長平郡公。

資治通鑑考異武德九年六月條云：

統紀云：「秦王懼，不知所爲。李靖、李勣數言大王以功高被疑，靖等請申犬馬之力。」劉餗小說：「太宗將誅蕭牆之惡以主社稷，謀於衛公靖，靖辭。謀於英公徐勣，勣亦辭。帝由是珍此二人。」二說未知誰得其實。然劉說近厚，有益風化，故從之。

舊唐書柒壹魏徵傳略云：

及〔李〕密敗，徵隨密來降，至京師，久不見知，自請安輯山東，乃授祕書丞，驅傳至黎陽。時徐世勣尚爲李密擁衆，徵與世勣書。世勣得書，遂定計遣使歸國。隱太子聞其名，引直洗馬，甚禮之。徵見太宗勳業日隆，每勸建成早爲之所。

新唐書玖柒魏徵傳云：

〔太宗〕即位，拜諫議大夫，封鉅鹿縣男。當是時，河北州縣素事隱、巢者不自安，往往曹伏思亂。徵白太宗曰：「不示至公，禍不可解。」帝曰：「爾行安喻河北。」道遇太子千牛李志安、齊王護軍李思行傳送京師，徵與其副謀曰：「屬有詔，官府舊人普原之。今復執送志安等，誰不自疑者？吾屬雖往，人不信。」即貸而後聞。使還，帝悅。

陸　魏徵與太宗之關係

北史伍陸魏長賢傳云：

魏長賢，收之族叔也。父彥，博學善屬文。思樹不朽之業，以晉書作者多家，體制繁雜，欲正其紕繆，删其遊辭，勒成一家之典。〔崇〕復請爲掾，書遂不成。〔長賢〕入齊，爲著作佐郎。更撰晉書，欲成先志。

元和郡縣圖志壹陸河北道澶州臨黄縣條云：

魏長賢墓在縣北十五里。貞觀七年，追贈定州刺史，即徵父也。

同書壹柒河北道恒州鼓城縣條云：

魏收墓在縣北七里。後魏、北齊貴族諸魏，皆此邑人也。所云「鉅鹿曲陽人」者是也。

新唐書柒貳中宰相世系表魏氏條云：

館陶魏氏。長賢，北齊屯留令。徵相太宗。

全唐詩第柒函高適三君詠并序云：

開元中，適遊於魏郡，郡北有故太師〔魏〕鄭公舊館。

舊唐書柒壹魏徵傳略云：

魏徵，鉅鹿曲城人也。父長賢，北齊屯留令。嘗密薦中書侍郎杜正倫及吏部尚書侯君集有宰相之材。徵卒後，正倫以罪黜，君集犯逆伏誅，太宗始疑徵阿黨。徵又自録前後諫諍言辭往復，以示史官起居郎褚遂良，太宗知之，愈不悦。先許以衡山公主降其長子叔玉，於是手詔停婚，顧其家漸衰矣。

全唐詩第二函魏徵述懷（一作出關）詩云：

中原初（一作還）逐鹿，投筆事戎軒。縱横計不就，慷慨志猶存。杖策謁天子，驅馬出關門。請纓繫南粤，憑軾下東藩。鬱紆陟高岫，出没望平原。古木鳴寒鳥，空山啼夜猿。既傷千里目，還驚九折魂。豈不憚艱險，深懷國士恩。季布無二諾，侯嬴重一言。人生感意氣，功名誰復論。

舊唐書柒拾杜正倫傳云：

杜正倫，相州洹水人也。隋仁壽中，與兄正玄、正藏俱以秀才擢第。隋代舉秀才止十餘人，正倫一家有三秀才，甚爲當時稱美。

新唐書柒貳中宰相世系表侯氏條云：

〔侯君集祖〕植字仁幹，周驃騎大將軍、肥城節公。

舊唐書陸玖侯君集傳（參周書貳玖、北史陸陸侯植傳及陸增祥八瓊石金石補正貳叁并李宗蓮懷珉精舍金石跋尾等侯植墓誌）略云：

侯君集，豳州三水人也。貞觀四年，遷兵部尚書。明年（貞觀十二年），拜吏部尚書。君集出自行伍，素無學術，及被任遇，方始讀書。典選舉，定考課，出爲將領，入參朝政，並有時譽。十七年，張亮以太子詹事出爲洛州都督，君集激怒亮曰：「何爲見排？」亮曰：「是公見排，更欲誰冤！」君集曰：「我平一國還，觸天子大嗔，何能仰排！」因攘袂曰：「鬱鬱不可活，公能反乎？當與公反耳。」亮密以聞。承乾在東宮，恐有廢立，又知君集怨望，遂與通謀。及承乾事發，君集被收，遂斬於四達之衢，籍没其家。

柒　太宗皇位繼承問題

新唐書捌拾常山愍王傳云：

又好突厥言及所服，選貌類胡者，被以羊裘，辮髮，五人建一落，張氈舍，造五狼頭纛，分戟爲陣，繫幡旗，設穹廬自居，使諸部斂羊以烹，抽佩刀割肉相啗。承乾身作可汗死，使衆號哭剺面，奔馬環臨之。忽復起曰：「使我有天下，將數萬騎到金城，然後解髮，委身思摩，當一設，顧不快邪。」

通典壹玖柒邊防拾叁突厥上略云：

其主初立，近侍重臣者舁之以氈，隨日轉九迴，每一迴，臣下皆拜，訖，乃扶令乘馬，以帛絞其頸，使纔不至絶，然後釋而急問之曰：「你能作幾年可汗？」其主既神情瞀亂，不能詳定多少。臣下等隨其所言，以驗修短之數。

頡利之敗也，其部落或走薛延陁，或走西域，而來降者甚衆。酋豪首領至者皆拜將軍，布列朝廷，五品以上百餘人，殆與朝士相半。

同書壹捌陸邊防貳東夷下高句麗傳略云：

〔貞觀〕二十二年司空房玄齡病亟，遂封表切諫曰：「詳觀古今爲中國患害，無過突厥，遂能坐運神册，不下殿堂，大小可汗，相次束手，分典禁衛，執戟行閒。」

舊唐書壹玖肆上突厥傳上云：

其酋首至者皆拜爲將軍、中郎將等官，布列朝廷，五品以上百餘人，因而入居長安者數千家。

同書壹玖肆下突厥傳下云：

俄而其國分爲十部，每部令一人統之，號爲十設。每設賜以一箭，故稱十箭焉。又分十箭爲左右廂，一廂各置五箭。其左廂號五咄六部落，置五大啜，一啜管一箭。其右廂號爲五弩失畢，置五大俟斤，一俟斤管一箭，都號爲十箭。其後或稱一箭爲一部落，大箭頭爲大首領。

同書柒陸庶人祐傳云：

太宗以子弟成長，慮乖法度，長史、司馬，必取正人，王有虧違，皆遣聞奏。

新唐書壹佰伍褚遂良傳云：

乃上表曰：「往者承乾廢，岑文本、劉洎奏東宮不可少曠，宜遣濮王居之，臣引義固争。……」

舊唐書柒肆崔仁師傳云：

後仁師密奏請立魏王爲太子，忤旨，轉爲鴻臚少卿。

同書柒陸濮王泰傳略云：

太宗因謂侍臣曰：「承乾言亦是。我若立泰，便是儲君之位可經求而得耳。泰立，承乾、晉王皆不存。晉王立，泰共承乾可無恙也。自今太子不道，藩王窺嗣者，兩棄之。傳之子孫，以爲永制。」

同書陸伍長孫無忌傳（新唐書壹佰伍長孫無忌傳同）云：

太子承乾得罪，太宗欲立晉王，而限以非次，迴惑不決。御兩儀殿，羣官盡出，獨留無忌及司空房玄齡、兵部尚書李勣，謂曰：「我三子一弟，所爲如此，我心無憀。」因自投於牀，抽佩刀欲自刺。無忌等驚懼，争前扶抱，取佩刀以授晉王。無忌等請太宗所欲，報曰：「我欲立晉王。」

無忌曰：「謹奉詔。有異議者，臣請斬之。」太宗謂晉王曰：「汝舅許汝，宜拜謝。」因下拜。太宗謂無忌等曰：「公等既符我意，未知物論何如？」無忌曰：「晉王仁孝，天下屬心久矣。伏乞召問百僚，必無異辭。若不蹈舞同音，臣負陛下萬死。」於是建立遂定，因加授無忌太子太師。尋而太宗又欲立吴王恪，無忌密争之，其事遂輟。

同書捌拾褚遂良傳云：

〔太宗〕即日召長孫無忌、房玄齡、李勣與遂良等定策，立晉王爲皇太子。

同書柒肆劉洎傳略云：

劉洎，荆州江陵人也。隋末，仕蕭銑爲黄門侍郎。銑令略地嶺表，得五十餘城，未還而銑敗，遂以所得城歸國。洎性疎峻敢言。太宗謂司徒長孫無忌曰：「自朕臨御天下，虚心正直，即有魏徵朝夕進諫。自徵云亡，劉洎、岑文本、馬周、褚遂良等繼之。」〔貞觀〕十八年，遷侍中。太宗征遼，令洎與高士廉、馬周留輔皇太子定州監國。太宗謂洎曰：「我今遠征，使卿輔翼太子，社稷安危之機，所寄尤重，卿宜深識我意。」洎進曰：「願陛下無憂，大臣有愆失者，臣謹即行誅。」太宗以其妄發，頗怪之。十九年，太宗遼東還，發定州，在道不康，洎與中書令馬周入謁。洎、周出，遂良傳問起居，洎泣曰：「聖體患癰，極可憂懼。」遂良誣奏之曰：「洎云：『國家之事不足慮，正當傅少主行伊、霍故事，大臣有異志者誅之，自然定矣。』」太宗疾愈，詔問其故，洎以實對，又引馬周以自明。太宗問周，周對與洎所陳不異，遂良又執證不已，乃賜洎自盡。

新唐書陸壹宰相表略云：

〔貞觀〕十三年十一月戊辰，尚書左丞劉洎爲黄門侍郎，參知政事。

十八年九月，黄門侍郎褚遂良參與朝政。

舊唐書陸柒李勣傳云：

〔貞觀〕二十三年，太宗寢疾，謂高宗曰：「汝於李勣無恩，我今將責出之。我死後汝當授以僕射，即荷汝恩，必致其死力。」乃出爲疊州都督。高宗即位，其月，召拜洛州刺史，尋加開府儀同三司，令同中書門下，參掌機密。是歲，册拜尚書左僕射。

捌　隋唐與高麗之關係

北史玖玖突厥傳略云：

俟斤又西破嚈噠，東走契丹，北并契骨，威服塞外諸國。其地，東自遼海以西，〔西〕至西海，萬里；南自沙漠以北，至北海，五六千里：皆屬焉。初，〔魏〕恭帝時，俟斤許進女於周文帝，契未定而周文〔帝〕崩。尋而俟斤又以他女許武帝，未及結納，齊人亦遣求婚，俟斤貪其幣厚，將悔之。至是，武帝詔遣涼州刺史楊荐、武伯王慶等往結之。慶等至，諭以信義，俟斤遂絶齊使而定婚焉。仍請舉國東伐，於是詔隨公楊忠率衆一萬與突厥伐齊。忠軍度陘嶺，俟斤率騎十萬來會。明年正月，攻齊主於晉陽，不剋，俟斤遂縱兵大掠而還。是歲，俟斤更請東伐。詔楊忠率兵出沃野，晉公護趣洛陽以應之。五年，詔陳公純、大司徒宇文貴等往逆女。天和二年，乃許純等以后歸。

自俟斤以來，其國富强，有凌轢中夏之志。朝廷既與之和親，歲給繒絮、錦綵十萬段。突厥在京師者，又待以優禮，衣錦食肉，常以千數。齊人懼其寇掠，亦傾府藏以給之。他鉢彌復驕傲，乃令其徒屬曰：「但使我在南兩箇兒孝順，何憂無物邪？」

及齊滅，齊定州刺史、范陽王高紹義自馬邑奔之。他鉢立紹義爲齊帝，召集所部，云爲之復讎。

大業三年，〔煬〕帝親巡雲中，泝金河而東，北幸啓人所居。先是，高麗私通使啓人所，啓人不敢隱境外之交，是日，持高麗使見。敕令牛弘宣旨謂曰：「朕明年當往涿郡。爾回日，語高麗主，宜早來朝。」使人甚懼。啓人乃扈從入塞至定襄。

北齊書壹貳范陽王紹義傳略云：

紹義至馬邑。還保北朔。〔後〕遂奔突厥。高寶寧在營州，表上尊號，紹義遂即皇帝位。盧昌期據范陽，亦表迎紹義。俄而，周將宇文神舉攻滅昌期，〔紹義〕迴軍入突厥。

隋書叁拾地理志遼西郡條云：

遼西郡（舊置營州，開皇初置總管府，大業初府廢）統縣一，户七百五十一。

柳城（後魏置營州於和龍城，領建德、冀陽、昌黎、遼東、樂浪、營丘等郡，龍城、大興、永樂、帶方、定荒、石城、廣都、陽武、襄平、新昌、平剛、柳城、富平等縣。後齊唯留建德、冀陽二郡，永樂、帶方、龍城、大興等縣，其餘並廢。開皇元年唯留建德一郡，龍城一縣，其餘並廢。尋又廢郡，改縣爲龍山，十八年改爲柳城。大業初，置遼西郡。）

舊唐書叁玖地理志河北道營州上都督府條云：

隋柳城郡。武德元年，改爲營州總管府，領遼、燕二州，領柳城一縣。

太平寰宇記柒壹營州條云：

領縣

柳城

東至遼河，南至海，三百四十里。

隋書叁玖陰壽傳略云：

時有高寶寧者，齊氏之疏屬也。爲人桀黠，有籌算，在齊久鎮黄龍。及齊滅，周武帝拜爲營州刺史，甚得華夷之心。高祖爲丞相，遂連結契丹、靺鞨舉兵反。高祖以中原多故，未遑進討。開皇初，又引突厥攻圍北平，至是（開皇三年）令壽率步騎數萬，出盧龍塞以討之。寶寧棄城奔於磧北，黃龍諸縣悉平。

同書伍壹長孫晟傳略云：

大業三年，煬帝幸榆林，欲出塞外，陳兵耀武，經突厥中，指于涿郡。仍恐染干驚懼，先遣晟往諭旨。乃發榆林北境，至于其牙，又東達于薊，長三千里，廣百步，舉國就役而開御道。

同書陸拾段文振傳略云：

及遼東之役，在道疾篤，上表曰：「如不時定，脱遇秋霖，深爲艱阻，兵糧又竭，强敵在前，靺鞨出後，非上策也。」

同書捌壹高麗傳云：

（隋）食盡師老，轉輸不繼，諸軍多敗績，於是班師。

資治通鑑壹玖柒唐太宗貞觀十八年十一月條略云：

鄭元璹對曰：「遼東道遠，糧運艱阻；東夷善守城，攻之不可猝下。」

隋書肆煬帝紀下略云：

〔大業〕八年正月，大軍集于涿郡。總一百一十三萬三千八百，號二百萬，其餽運者倍之。

三國志魏志壹壹國淵傳云：

破賊文書，舊以一爲十，及淵上首級，如其實數。太祖問其故，淵曰：「夫征討外寇，多其斬獲之數者，欲以大武功，且示民聽也。河間在封域之內，(田)銀等叛逆，雖克捷有功，淵竊恥之。」太祖大悅，遷魏郡太守。

夢溪筆談壹壹官政門云：

凡師行，因糧於敵，最爲急務。運糧不但多費，而勢難行遠。予嘗計之，人負米六斗，卒自攜五日乾糧，人餉一卒，一去可十八日；(米六斗，人食日二升。二人食之，十八日盡。)若計復回，只可進九日。二人餉一卒，一去可二十六日；(米一石二斗，三人食日六升，八日則一夫所負已盡，給六日糧遣回，後十八日，二人食日四升并糧。)若計復回，止可進十三日。(前八日日食六升，後五日并回程，日食四升并糧。)三人餉一卒，一去可三十一日。(米一石八斗，前六日半四人食日八升，減一夫，給四日糧，十七日三人食日六升，又減一夫，給九日糧；後十八日，二人食日四升并糧。)計復回，止可進十六日。(前六日半日食八升。中七日日食六升。後十一日并回程日食四升并糧。)三人餉一卒，極矣。若興師十萬，輜重三之一，止得駐戰之卒七萬人，已用三十萬人運糧，此外難復加矣。(放回運夫須有援卒，緣運行死亡疾病，人數稍減，且以所減之食，準援卒所費。)運糧之法，人負六斗，此以總數率之也。其間隊長不負，樵汲減半，所餘皆均在衆夫，更有死亡疾病者，所負之米，又以均之，則人所負，常不啻六斗矣。故軍中不容冗食，一夫冗食，二三人餉之，尚或不足。若以畜乘運之，則駞負三石，馬、騾一石五斗，驢一石，比之人運，雖負多而費寡，然芻牧不時，畜多瘦死，一畜死，則并所負棄之，較之人負，利害相半。

三國志魏志壹武帝紀建安十一年云：

遼西單于蹋頓，數入塞爲害。公將征之，鑿渠，自呼沲入泒水，名平虜渠。又從泃河口鑿入潞河，名泉州渠，以通海。

三國志魏志壹壹田疇傳略云：

軍次無終，時方夏水雨，而濱海洿下，濘滯不通，虜亦遮守蹊要，軍不得進。太祖患之，以問疇。疇曰：「此道秋夏每常有水，淺不通車馬，深不載舟船，爲難久矣。舊北平郡治在平岡，道出盧龍，達於柳城。自建武以來，陷壞斷絶，垂二百載，而尚有微徑可從。若嘿回軍，從盧龍口越白檀之險，出空虛之地，路近而便，掩其不備，蹋頓之首可不戰而禽也。」太祖曰：「善。」令疇將其衆爲鄉導，上徐無山，出盧龍，歷平岡，登白狼堆，去柳城二百餘里，虜乃驚覺。

同書魏志捌公孫度附淵傳略云：

〔景初〕二年春，遣太尉司馬宣王征淵。六月，軍至遼東。會霖雨三十餘日，遼水暴長，運船至遼口徑至城下。

資治通鑑壹玖陸唐太宗貞觀十五年八月、十六年十一月條云：

〔十五年〕上曰：「高麗本四郡地耳，吾發卒數萬攻遼東，彼必傾國救之，别遣舟師出東萊，自海道趨平壤，水陸合勢，取之不難。但山東州縣彫瘵未復，吾不欲勞之耳。」〔十六年〕亳州刺史裴行莊奏請伐高麗，上曰：「因喪亂而取之，雖得之不貴。且山東彫弊，吾未忍言用兵也。」

唐大詔令集壹叁拾太宗討高麗詔云：

隋室淪亡，其源可覩，良由志略乖於遠圖，兵士疲於屢戰，政令失度，上下離心，德澤不加於匹夫，刻薄彌窮於百姓。當此之時也，高麗之主，仁愛其民，故百姓仰之如父母；煬帝殘暴其下，故衆庶視之如仇讎。以思亂之軍，擊安樂之卒，務其功也，不亦難乎！

資治通鑑壹玖捌唐太宗貞觀十九年九月條云：

上以遼左早寒，草枯水凍，士馬難久留，且糧食將盡，癸未，敕班師。

新唐書貳貳拾東夷傳高麗傳云：

〔貞觀十九年太宗伐高麗，〕有詔班師，拔遼、蓋二州之人以歸。兵過城下，城中屏息偃旗，酋長登城再拜，帝嘉其守，賜絹百匹。遼州粟尚十萬斛，士取不能盡。帝至渤錯水，阻淖，八十里車騎不通。長孫無忌、楊師道等率萬人斬樵築道，聯車爲梁，帝負薪馬上助役。十月，兵畢度，雪甚，詔屬燎以待濟。始行，士十萬，馬萬匹；逮還，物故裁千餘，馬死十八。船師七萬，物故亦數百。詔集戰骸葬柳城，祭以太牢，帝臨哭，從臣皆流涕。帝總飛騎入臨渝關，皇太子迎道左。初，帝與太子別，御褐袍，曰：「俟見爾乃更。」袍歷二時弗易，至穿穴。羣臣請更服，帝曰：「士皆敝衣，吾可新服邪？」及是，太子進潔衣，乃御。

舊唐書壹玖玖上高麗傳云：

〔（泉）蓋蘇文〕自立爲莫離支，猶中國兵部尚書兼中書令職也。自是專國政。

新唐書玖叁李勣傳略云：

〔高宗乾封元年〕詔勣爲遼東道行軍大總管，率兵二萬討之（高麗）。

新唐書貳貳拾東夷傳高麗傳（參舊唐書壹玖玖上東夷傳高麗傳、唐會要玖伍高句麗條）略云：

〔泉〕蓋蘇文死，子男生代爲莫離支，與弟男建、男産相怨。男生據國内城，遣子獻誠入朝求救，蓋蘇文弟亦請割地降。〔乾封元年〕九月〔龐〕同善破高麗兵，男生率師來會。以李勣爲遼東道行軍大總管，轉燕、趙食廥遼東。明年勣次新城，城人縛戍酋出降，勣進拔城十有六。郭待封以舟師濟海趨平壤。三年（是歲改元總章）勣率〔薛〕仁貴拔扶餘城，它城三十皆納款。侍御史賈言忠計事還，帝（高宗）問：「軍中云何？」對曰：「必克。先帝（太宗）問罪所以不得志者，虜未有釁也。今男生兄弟鬩很，爲我鄉導，虜之情僞我盡知之，故曰必克。」男建以兵五萬襲扶餘，勣破之薩賀水上，進拔大行城，契苾何力會勣軍於鴨淥，拔辱夷城，悉師圍平壤。九月，勣縱兵譟而入〔城〕，執〔高麗王高〕藏、男建等，收凡五部百七十六城，户六十九萬。剖其地爲都督府者九，州四十二，縣百。後復置安東都護府，擢酋豪有功者，授都督、刺史、令，與華官參治，仁貴爲都護，總兵鎮之。總章二年，大長鉗（鉗，通鑑貳佰壹咸亨元年條作劍）牟岑率衆反，立藏外孫安舜爲王。詔高偘（等）討之，舜殺鉗牟岑，走新羅。偘徙都護府治遼東州。儀鳳二年，授藏遼東都督，封朝鮮郡王，還遼東，以安餘民。徙安東都護府於新城。藏以永淳初死，舊城往往入新羅，遺人散奔突厥、靺鞨。

舊唐書壹玖玖上東夷傳新羅傳（參新唐書貳貳拾東夷傳新羅傳、唐會要玖伍新羅條）略云：

太宗將親伐高麗，詔新羅纂集士馬，應接大軍。新羅遣五萬人入高麗南界，攻水口城，降之。〔貞觀〕二十一年，〔新羅王金〕善德卒，立其妹真德爲王。永徽元年，真德大破百濟之衆。三年，真德卒，以春秋嗣，立爲新羅王。六年，百濟與高麗、靺鞨率兵侵其北界，攻陷三十餘城，春秋遣使上表求救。顯慶五年，命左武衛大將軍蘇定方爲熊津道大總管，統水陸十萬。仍令春秋爲嵎夷道行軍總管，與定方討平百濟，俘其王扶餘義慈，獻于闕下。龍朔元年，法敏襲王。咸亨五年，納高麗叛衆，略百濟地，守之。帝（高宗）怒，以其弟仁問爲新羅王，自京師歸國，詔劉仁軌（等）發兵窮討，破其衆於七重城。詔李謹行爲安東鎮撫大使，屯買肖城，三戰，虜皆北，法敏遣使入朝謝罪，仁問乃還（自「龍朔元年」至「仁問乃還」一節爲新傳之文）。自是新羅漸有高麗、百濟之地，其界益大，西至於海。

寅恪案：唐會要云：「既盡有百濟之地及高句麗南境，東西約九百里，南北約一千八百里。」語較明悉。

唐會要玖伍百濟條（參舊唐書壹玖玖上、新唐書貳貳拾百濟傳）略云：

百濟者乃扶餘之别種，當馬韓之故地，大海之北，小海之南，東北至新羅，西至越州，南渡海至倭國，與新羅世爲仇讎。貞觀十六年，與高麗通和，以絶新羅入朝之道。太宗親征高麗，百濟懷二，數年之間，朝貢遂絶。顯慶五年八月十三日，左衛大將軍蘇定方討平之，虜其王義慈及太子崇、將校五十八人送於京師。其國分爲五部，統郡三十七，城二百，户七十六萬。至是，以其地置熊津、馬韓、東明、金漣、德安等五都督，各統州縣，立其酋長爲都督、刺史、縣令，命左衛郎將王文度爲都統，總兵以鎮之。〔舊將〕福信與浮屠道琛反，迎故王子扶餘豐於倭，立爲王。龍朔元年〔劉〕仁軌發新羅兵往救，二年，〔劉〕仁願遣劉仁軌破〔其衆〕，豐走，不知所在，諸城皆復。帝（高宗）以扶餘隆爲熊津都督，俾歸國，平新羅故憾，招還遺人。麟德二年，與新羅王會熊津，刑白馬以盟。仁願等還，隆畏衆攜散，亦歸京師。（自「福信與浮屠道琛反」

至「亦歸京師」一節爲新傳之文。）

册府元龜玖柒壹外臣部朝貢門云：

〔開元二十四年〕六月，新羅王金興光遣使賀獻表曰：「伏奉恩敕：浿江以南宜令新羅安置。臣生居海裔，沐化聖朝，雖丹素爲心，而功無可效，以忠正爲事，而勞不足賞。陛下降雨露之恩，發日月之詔，錫臣土境，廣臣邑居，遂使墾闢有期，農桑得所，臣奉絲綸之旨，荷榮寵之深，粉骨糜身，無繇上答。」

玖　蕃將與府兵

貞觀政要貳納諫篇略云：

右僕射封德彝等，并欲中男十八以上，簡點入軍。敕三四出，〔魏〕徵執奏，以爲不可。德彝重奏：「今見簡點者云，次男内大有壯者。」太宗怒，乃出敕：「中男以上，雖未十八，身形壯大，亦取。」徵又不從，不肯署敕。徵曰：「且比年國家衛士，不堪攻戰。豈爲其少？但爲禮遇失所，遂使人無鬬心。」

資治通鑑壹玖貳武德九年十二月上遣使點兵條胡注云：

唐制，民年十六爲中男，十八始成丁，二十一爲丁，充力役。

新唐書壹壹拾諸夷蕃將傳略云：

史大奈，本西突厥特勒（勤）也。與處羅可汗入隋，事煬帝，從伐遼。後分其部於樓煩。高祖興太原，大奈提其衆隸麾下。桑顯和戰飲馬泉，諸軍却，大奈以勁騎數百，背擊顯和，破之。軍遂振。從平長安，賜姓史。從秦王平薛舉、王世充、竇建德、劉黑闥。

阿史那社尒，突厥處羅可汗之次子。〔貞觀〕十四年，以交河道行軍總管平高昌，封畢國公。從征遼東，所部奮厲，皆有功。二十一年，以崑丘道行軍大總管與契苾何力、郭孝恪、楊弘禮、李海岸等五將軍發鐵勒十三部及突厥騎十萬討龜茲。

執失思力，突厥酋長也。及討遼東，詔思力屯金山道，領突厥扞薛延陀。復從江夏王道宗破延陀餘衆。與平吐谷渾。

契苾何力，鐵勒哥論易勿施莫賀可汗之孫。〔貞觀〕九年，與李大亮、薛萬徹、萬均討吐谷渾於赤水川。十四年，爲葱山道副大總管，與討高昌，平之。永徽中，西突厥阿史那賀魯叛。詔何力爲弓月道大總管，率左武衛大將軍梁建方，統秦、成、岐、雍及燕然都護回紇兵八萬討之。

黑齒常之，百濟西部人。儀鳳三年，從李敬玄、劉審禮擊吐蕃。調露中，吐蕃使贊婆等入寇，屯良非川。常之引精騎三千夜襲其軍，即拜河源道經略大使。凡涖軍七年，吐蕃憚畏，不敢盜邊。垂拱中，突厥復犯塞，常之率兵追擊，至兩井。賊夜遁。久之，爲燕然道大總管，與李多祚、王九言等擊突厥骨咄禄、元珍於黄花堆，破之。李謹行，靺鞨人。父突地稽，部酋長也。隋末，率其屬千餘内附，居營州。劉黑闥叛，突地稽身到定州，上書秦王，請節度。以戰功封耆國公，徙部居昌平。高開道以突厥兵攻幽州，突地稽邀擊，敗之。貞觀初，賜氏李。

舊唐書壹玖捌吐谷渾傳略云：

貞觀九年，詔特進李靖爲西海道行軍大總管，并突厥、契苾之衆以擊之。

同書同卷高昌傳略云：

〔貞觀十四年〕太宗乃命吏部尚書侯君集爲交河道大總管，率左屯衛大將軍薛萬均及突厥、契苾之衆，步騎數萬衆以擊之。

同書壹佰陸李林甫傳云：

國家武德、貞觀以來，蕃將如阿史那社尒、契苾何力，忠孝有才略，亦不專委大將之任，多以重臣領使以制之。開元中，張嘉貞、王晙、張説、蕭嵩、杜暹皆以節度使入知政事。林甫固位，志欲杜出將入相之源。嘗奏曰：「文士爲將，怯當矢石，不如用寒族、蕃人，蕃人善戰有勇。寒族即無黨援。」帝以爲然，乃用〔安〕思順代林甫領〔朔方節度〕使。自是，高仙芝、哥舒翰皆專任大將。林甫利其不識文字，無入相由。然而禄山竟爲亂階，由專得大將之任故也。

新唐書伍拾兵志略云：

唐之初起，得突厥馬二千匹，又得隋馬三千於赤岸澤，徙之隴右，監牧之制始於此。初，用太僕少卿張萬歲領羣牧。自貞觀至麟德四十年間，馬七十萬六千。方其時，天下以一縑易一馬。萬歲掌馬久，恩信行於隴右。自萬歲失職，馬政頗廢。永隆中，夏州牧馬之死失者十八萬四千九百九十。開元初，國馬益耗。太常少卿姜晦乃請以空名告身市馬於六胡州，率三十匹讎一游擊將軍。命王毛仲領内外閑廐。毛仲既領閑廐，馬稍稍復，始二十四萬。至十三年，乃四十三萬。其後突厥款塞，玄宗厚撫之。歲許朔方軍西受降城爲互市，以金帛市馬，於河東、朔方、隴右牧之。既雜胡種，馬乃益壯。議謂秦、漢以來，唐馬最盛。〔天寶〕十三載，隴右羣牧都使奏，馬三十二萬五千七百。安禄山以内外閑廐都使兼知樓煩監，陰選勝甲馬歸范陽，故其兵力傾天下。

玉海壹叁捌兵制門唐府兵條引唐會要云：

關内置府二百六十一，精兵士二十六萬，舉關中之衆以臨四方。又置折衝府二百八十（此是貞觀十年事），通計舊府六百三十三。河東道府額亞於關中。河北之地人多壯勇，故不置府。其諸道亦置。

同書同卷同門引鄴侯家傳云：

玄宗時，奚、契丹兩蕃强盛，數寇河北諸州，不置府兵番上，以備兩蕃。

二十五史補編谷霽光著唐折衝府考校補，論鄴侯家傳所紀文字有誤云：

上引一段事實，多不可通解。如「不置府兵番上，以備兩蕃」一句，語意不相屬，既謂之不置府兵，何云「番上」，更何云「備蕃」。此其一。兩蕃入寇，與不置府兵文義亦自相違。此其二。末又指出兵府總數，不記年代，易於混亂。此其三。綜觀全傳，不應致此。余疑「不」字乃「又」字之誤。如將「不置府兵」易爲「又置府兵」，則文義連屬，於史實亦不背謬。

新唐書叁玖地理志河北道幽州大都督府條云：

有府十四，曰呂平、涿城、德聞、潞城、樂上、清化、洪源、良鄉、開福、政和、停驂、柘河、良杜、咸寧。

陸增祥八瓊室金石補正肆陸本願寺僧慶善等造幢題名（第伍面下載長安三年乞留檢校令裴琳記在獲鹿本願寺）云：

應天神龍皇帝（中宗）順天翊聖皇后（韋后）幢主昭武校尉右屯衛前檀州密雲府左果毅都尉上柱國孫義元。

楊盈川集陸後周明威將軍梁公神道碑云：

天授元年九月十六日加威武將軍，守左玉鈐衛翊善府折衝都尉。

羅振玉唐折衝府考補云：

河北道懷州翊善（勞補）。

唐李經墓誌：「授懷州翊善府别將。」玉案，勞氏據楊炯撰梁待賓神道碑補此府，不知何屬？據誌，知屬懷州。

舊唐書陸則天皇后紀所云：

〔載初二年〕七月，徙關内雍、同等七州户數十萬以實洛陽。

唐會要捌肆移户門云：

貞觀元年，朝廷議户殷之處，聽徙寬鄉。陝州刺史崔善爲上表曰：「畿内之地是爲户殷。丁壯之民悉入軍府。若聽移轉，便出關外。此則虛近實遠，非經通之義。」其事遂止。

舊唐書壹佰叁郭知運傳略云：

郭知運，瓜州常樂人。初爲秦州三度府果毅。

同書同卷張守珪傳略云：

張守珪，陝州河北人也。初以戰功授平樂府别將，再轉幽州良社府果毅。

金石萃編玖貳郭氏家廟碑云：

敬之府君（郭子儀父）始自涪州録事參軍，轉瓜州司倉，雍北府右果毅，加游擊將軍，申王府典軍，金谷府折衝。

碑陰：男。昭武校尉守絳州萬泉府折衝都尉上柱國子琇，子儀武舉及第，左衛長上，改河南府城皋府別將，又改同州興德府右果毅，又改汝州魯陽府折衝。

舊唐書玖叁張仁愿傳云：

時，突厥默啜盡衆西擊突騎施娑葛，仁愿請乘虛奪取漢（應作漠）南之地，於河北築三受降城，首尾相應，以絶其南寇之路。仁愿表留年滿鎮兵以助其功。時，咸陽兵二百餘人逃歸，仁愿盡擒之。

唐大詔令集柒叁開元二十六年正月敕親祀東郊德音略云：

朕每念黎甿，弊於征戍。所以别遣召募，以實邊軍。錫其厚賞，使令長住。今諸軍所召，人數尚足。在於中夏，自能罷兵。自今已後，諸軍兵健并宜停遣。其見鎮兵，并一切放還。

新唐書伍拾兵志所云：

〔天寶〕八載，折衝諸府至無兵可交，李林甫遂請停上下魚書。其後徒有兵額、官吏，而戎器、馱馬、鍋幕、糗糧并廢矣。

拾　睿宗玄宗父子間之關係

新唐書壹壹陸陸元方附象先傳略云：

初，〔太平公主〕難作，睿宗御承天樓，羣臣稍集，帝麾曰：「助朕者留，不者去。」於是有投名自驗者。事平，玄宗得所投名，詔象先收按，象先悉焚之。帝大怒，欲并加罪，頓首謝曰：「赴君之難，忠也。故臣違命，安反側者。」帝寤，善之。

舊唐書玖柒郭元振傳略云：

景雲二年，同中書門下三品。無幾，轉兵部尚書。太平公主潛謀不順，睿宗登承天門，元振躬率兵侍衛之。玄宗於驪山講武，坐軍容不整，坐於纛下，將斬以徇，劉幽求、張説於馬前諫，乃赦之，流於新州。

新唐書壹貳貳郭震傳略云：

郭震字元振，以字顯。爲通泉尉，百姓厭苦。武后知所爲，召欲詰，既與語，奇之，索所爲文章，上寶劍篇，后覽嘉歎。（參同文石印本全唐詩第一函第三册郭震古劍篇。）

全唐詩貳拾函李商隱壹風雨云：

淒涼寶劍篇，羈泊欲窮年。黄葉仍風雨，青樓自管絃。新知遭薄俗，舊好隔良緣。心斷新豐酒，銷愁又幾千。

拾壹　科舉制度及政治黨派

王定保唐摭言壹述進士上篇云：

進士之科甲於貞觀。

同書同卷散序進士條云：

進士科盛於貞觀、永徽之際。

通典壹伍選舉典叁載沈既濟之言略云：

初，國家自顯慶以來，高宗聖躬多不康，而武太后任事，參決大政，與天子並。太后頗涉文史，好雕蟲之藝。永隆中，始以文章選士，及永淳之後太后君臨天下二十餘年，當時公卿百辟無不以文章達，因循日久，寖以成風。至於開元、天寶之中，太平君子唯門調户選，徵文射策，以取禄位，此行已立身之美者也。父教其子，兄教其弟，無所易業，大者登臺閣，小者仕郡縣，資身奉家，各得其足。五尺童子，恥不言文墨焉。其以進士爲士林華選，四方觀聽，希其風采，每歲得第之人，不浹辰而周聞天下。故忠賢雋彦韞才毓行者，咸出於是，而桀姦無良者或有焉。故是非相陵，毀稱相騰，或扇結鉤黨，私爲盟歃，以取科第，而聲名動天下，或鉤摭隱匿，嘲爲篇詠，以列於道路，迭爲談訾，無所不至焉。

舊唐書壹壹玖常袞傳云：

尤排擯非辭賦登科者。

同書同卷崔祐甫傳云：

常袞當國，非以辭賦登科者，莫得進用。

同書肆叁職官志翰林院條略云：

玄宗即位，張説、張九齡等召入禁中，謂之翰林待詔。四方進奏、中外表疏批答，或詔從中出。宸翰所揮，亦資其檢討，謂之視草，故嘗簡當代士人，以備顧問。至德已後，天下用兵，軍國多務，深謀密詔，皆從中出。尤擇名士，翰林學士得充選者，文士爲榮。亦如中書舍人例置學士六人，内擇年深德重者一人爲承旨，所以獨承密命故也。德宗好文，尤難其選。貞元已後爲學士承旨者，多至宰相焉。

元氏長慶集伍壹翰林承旨學士記略云：

憲宗章武孝皇帝以永貞元年即大位，始命鄭公（鄭絪）爲承旨學士，位在諸學士上。十七年間由鄭至杜（杜元穎）十一人，而九參大政。

白氏長慶集伍玖李留守相公（李絳）見過，池上泛舟舉酒，話及翰林舊事，因成四韻以獻之詩（參考容齋續筆貳元和六學士條）云：

同時六學士，五相一漁翁。

唐語林叁識鑒類（參考南部新書丁）云：

陳夷行、鄭覃請經術孤立者進用，〔李〕珏與〔楊〕嗣復論地胄詞采者居先，每延英議政多異同，卒無成效，但寄之頰舌而已。

白氏文集陸壹唐故虢州刺史贈禮部尚書崔公墓誌銘并序略云：

公諱玄亮，字晦叔。漢初始分爲清河、博陵二祖，故其後稱博陵人。公濟源有田，洛下有宅，勸誨子弟，招邀賓朋，以山水琴酒自娱，有終焉之志。無何，又除虢州刺史。大和七年七月十一日，遇疾薨於虢州廨舍。公之將終也，遺誡諸子，其書大略云：「自天寶已還，山東士人，皆改葬兩京，利於便近。唯吾一族，至今不遷。我殁，宜歸全於滏陽先塋，正首丘之義也。」夫人范陽盧氏先公而殁，以九年四月二十八日用大葬之禮，歸窆於磁州昭義縣磁邑鄉北原。遷盧夫人而合祔焉。遵理命也。銘曰：

滏水之陽，鼓山之下。吉日吉土，載封載樹。烏虖！博陵崔君之墓。

國史補中所載李德裕祖宗事蹟云：

李載者，燕代豪傑。常臂鷹攜妓以獵，旁若無人。方伯爲之前席，終不肯任。（寅恪案，「任」

疑當作「仕」。）載生栖筠，爲御史大夫，磊落可觀，然其器不及父。栖筠生吉甫，任相國八年，柔而多智。公慚卿，卿慚長，近之矣。吉甫生德裕，爲相十年，正拜太尉，清直無黨。

新唐書壹肆陸李栖筠傳略云：

李栖筠世爲趙人。始居汲共城山下。〔族子〕華固請舉進士，俄擢高第。〔代宗〕引拜栖筠爲〔御史〕大夫。比比欲召相，憚〔元〕載輒止。栖筠見帝猗違不斷，亦内憂憤卒，年五十八。

李德裕自撰其妾徐氏墓誌（洛陽出土）云：

余自宦達，常憂不永，樹櫝舊國，爲終焉之計。

舊唐書壹捌上武宗紀會昌四年十二月條云：

〔李〕德裕曰：「臣無名第，不合言進士之非。然臣祖（指李栖筠）天寶末（寅恪案，徐松登科記考柒李栖筠爲天寶七載進士。又權德輿言其父皐與栖筠『天寶中修詞射策爲同門生』。故『天寶末』疑當作『天寶中』。）以仕進無他伎，（寅恪案，『伎』新唐書肆肆選舉志上作『岐』。『岐』『歧』通用字。）勉强隨計，一舉登第。自後不於私家置文選，蓋惡其祖尚浮華，不根藝實。」

唐摭言叄慈恩寺題名遊賞賦詠雜記條略云：

進士題名，自神龍之後。過關宴後，皆集會於慈恩塔下題名。會昌三年，贊皇公（李德裕）爲上相，其年十二月中書覆奏：「奉宣旨，不欲令及第進士呼有司爲座主，趨附其門，兼題名局席等條，疏進來者。伏以國家設文學之科，求貞正之士，所宜行敦風俗，義本君親，然後申於朝廷，必爲國器。豈可懷賞拔之私惠，忘教化之根源，自謂門生，遂成膠固，所以時風寖薄，臣節何施，樹黨背公，靡不由此。臣等商量今日以後，進士及第，任一度參見有司，向後不得聚集參謁，及於有司宅置宴。其曲江大會，朝官及題名局席並望勒停。」奉勑：「宜依！」於是向之題名各盡削去。蓋贊皇公不由科第，故設法以排之。洎公失意，悉復舊態。

玉泉子云：

李相德裕抑退浮薄，奬拔孤寒。於時朝貴朋黨，德裕破之，由是結怨，而絶於附會，門無賓客。

舊唐書壹捌下宣宗紀大中三年九月貶李德裕爲崖州司户參軍制云：

誣貞良造朋黨之名。

通鑑貳叁捌元和七年春正月辛未條（新唐書壹陸貳許孟容傳附季同傳同）載京兆少尹元義方爲鄜坊觀察使事略云：

義方入謝，因言「李絳私其同年許季同，除京兆少尹，出臣鄜坊」。明日，上（憲宗）以詰絳曰：「人於同年固有情乎？」對曰：「同年乃九州四海之人，偶同科第，或登科然後相識，情於何有？」

舊唐書壹柒柒韋保衡傳（新唐書壹捌肆路巖傳附韋保衡傳同）云：

保衡恃恩權，素所不悦者，必加排斥。王鐸貢舉之師，蕭遘同門生，以素薄其爲人，皆擯斥之。

白氏長慶集壹陸重題（草堂東壁）七律四首之四云：

宦途自此心長别，世事從今口不言。豈止形骸同土木，兼將壽夭任乾坤。胸中壯氣猶須遣，身外浮榮何足論。還有一條遺恨事，高家門館未酬恩。

獨異志下（參唐語林肆賢媛類、南部新書己）云：

崔羣爲相，清名甚重，元和中，自中書舍人知貢舉。既罷，夫人李氏嘗勸其樹莊田，以爲子孫之計，笑答曰：「余有三十所美莊良田，遍在天下，夫人何憂？」夫人曰：「不聞君有此業。」羣曰：「吾前年放春榜三十人，豈非美田耶？」夫人曰：「若然者，君非陸（贄）相門生乎？然往年君掌文柄，使人約其子簡禮，不令就春闈之試，如以爲良田，則陸氏一莊荒矣！」羣慚而退，累日不食。

舊唐書壹柒陸楊嗣復傳（新唐書壹柒肆楊嗣復傳不載同門結黨之由，不及舊傳之得其實，又舊唐書壹柒陸李宗閔傳可與參證。）云：

嗣復與牛僧孺、李宗閔皆權德輿貢舉門生，情誼相得，取捨進退多與之同。

舊唐書壹柒柒楊收傳云：

楊收自言隋越公素之後。

論曰：門非世胄，位以藝升。

新唐書肆肆選舉志上云：

其外，又有武舉，蓋其起於武后之時。長安二年，始置武舉。其制，有長垜、馬射、步射、平射、筒射，又有馬槍、翹關、負重、身材之選。翹關，長丈七尺，徑三寸半，凡十舉後，手持關距，出處無過一尺，負重者，負米五斛，行二十步，皆爲中第，亦以鄉飲酒禮送兵部。

拾貳　李武韋楊集團

新唐書壹玖玖儒學中柳沖傳附柳芳論氏族略云：

〔晉〕過江則爲僑姓，王、謝、袁、蕭爲大。東南則爲吴姓，朱、張、顧、陸爲大。山東則爲郡姓，王、崔、盧、李、鄭爲大。關中亦號郡姓，韋、裴、柳、薛、楊、杜首之。代北則爲虜姓，元、長孫、宇文、于、陸、源、竇首之。山東之人質，故尚婚婭。江左之人文，故尚人物。關中之人雄，故尚冠冕。代北之人武，故尚貴戚。及其弊，則尚婚婭者，先外族，後本宗。尚人物者，進庶孽，退嫡長。尚冠冕者，略伉儷，慕榮華。尚貴戚者，徇勢利，亡禮教。

唐會要叁陸氏族門顯慶四年九月五日詔改〔貞觀〕氏族志爲姓〔氏〕録條云：

初，貞觀氏族志稱爲詳練，至是，許敬宗以其書不叙明皇后武氏本望，李義府又恥其家無名，乃奏改之。

新唐書玖伍高儉傳略云：

〔太宗〕又詔後魏隴西李寶，太原王瓊，滎陽鄭温，范陽盧子遷、（今本唐會要捌叁嫁娶門作盧子選，據魏書肆叁北史叁拾盧玄傳，玄子度世字子遷，然則今本會要選字誤也。通鑑貳佰唐高宗顯慶四年十月條亦作盧子遷。）盧澤（唐會要捌叁嫁娶門顯慶四年十月條均作盧渾）、盧輔，清河崔宗伯、崔元孫，前燕博陵崔懿，晉趙郡李楷，凡七姓十家，不得自爲昏，納幣悉爲歸裝，夫氏禁受陪門財。先是，後魏太和中，定四海望族，以寶等爲冠。其後矜尚門地，故氏族志一切降之。王妃、主壻皆取當世勳貴名臣家，未嘗尚山東舊族。後房玄齡、魏徵、李勣復與昏，故望不減。然每姓第其房望，雖一姓中，高下縣隔。李義府爲子求昏不得，始奏禁焉。其後天下衰宗落譜，昭穆所不齒者，皆稱「禁昏家」，益自貴，凡男女皆潛相聘娶，天子不能禁，世以爲敝云。

舊唐書柒捌張行成傳云：

太宗嘗言及山東、關中人，意有同異。行成正侍宴，跪而奏曰：「臣聞天子以四海爲家，不當以東西爲限；若如是，則示人以隘陋。」太宗善其言。

新唐書捌拾太宗諸子傳云：

曹王明母本巢王（即元吉）妃，帝寵之，欲立爲后，魏徵諫曰：「陛下不可以辰嬴自累。」乃止。

册府元龜捌陸陸總録部貴盛門略云：

楊恭仁爲雒州都督，從姪女爲巢剌王妃。

新唐書捌拾鬱林王恪傳云：

其母隋煬帝女，地親望高，中外所向。帝（太宗）初以晉王（高宗）爲太子，又欲立恪，長孫無忌固爭，帝曰：「公豈以非己甥邪？且兒英果類我，若保護舅氏，未可知。」無忌曰：「晉王仁厚，守文之良主，且舉棋不定則敗，况儲位乎？」帝乃止。故無忌常惡之。永徽中，房遺愛謀反，因遂誅恪，以絶天下望。

唐會要陸公主門略云：

高宗女鎮國太平降薛紹，後降武攸暨。中宗女新都降武延暉。定安降王同皎，後降韋濯，三降崔銑。長寧降楊慎交，後降蘇彦伯。永壽降韋鐬。永泰降武延基。安樂降武崇訓，後降武延秀。成安降韋捷。

舊唐書伍捌武士彠傳論云：

武士彠首參起義，例封功臣，無戡難之勞，有因人之跡，載窺他傳，過爲褒詞。慮當武后之朝，佞出敬宗之筆，凡涉虚美，削而不書。

太平廣記壹叁柒徵應類武士彠條云：

唐武士彠，太原文水縣人。微時，與邑人許文寶以鬻材爲事，常聚材木數萬莖，一旦化爲叢林，森茂，因致大富。士彠與文寶讀書林下，自稱爲厚材，文寶自稱枯木，私言必當大貴。及高祖起義兵，以鎧冑從入關，故鄉人云：士彠以鬻材之故，果逢構夏之秋。及士彠貴達，文寶依之，位終刺史（出太原事跡）。

新唐書貳佰陸外戚傳武士彠傳（參舊唐書伍捌武士彠傳及同書壹捌叁外戚傳武承嗣傳）略云：

武士彠字信，世殖貲，喜交結。高祖嘗領屯汾、晉，休其家，因被顧接。後留守太原，引爲行軍司鎧參軍。兵起，士彠不與謀也。以大將軍府鎧曹參軍從平京師。自言嘗夢帝騎而上天，帝笑曰：「爾故王威黨也，以能罷繫劉弘基等，其意可録，且嘗禮我，故酬汝以官。今胡迂妄媚我邪？」

始，士彠娶相里氏，生子元慶、元爽。又娶楊氏，生三女，元女妻賀蘭氏，早寡。季女妻郭氏，不顯。士彠卒後，諸子事楊不盡禮，銜之。〔武〕后立，封楊代國夫人，進爲榮國，后姊韓國夫人。韓國有女在宫中，帝（高宗）尤愛幸。后欲并殺之，即導帝幸其母所，〔后兄子〕惟良等上食，后寘堇焉，賀蘭食之，暴死。后歸罪惟良等，誅之，諷有司改姓「蝮氏」，絶屬籍。元爽緣坐死，家屬投嶺外。后取賀蘭敏之爲士彠後，賜氏武，襲封。敏之韶秀自喜，烝於榮國，挾所愛，佻橫多過失。榮國卒，后出珍幣，建佛廬徼福，敏之乾匿自用。司衛少卿楊思儉女選爲太子妃，告婚期矣，敏之聞其美，彊私焉。楊喪未畢，褫衰粗，奏音樂。太平公主往來外家，宫人從者，敏之悉逼亂之。后疊數怒，至此暴其惡，流雷州，表復故姓，道中自經死。乃還元爽之子承嗣，奉士彠後，宗屬悉原。

新唐書壹佰楊執柔傳略云：

武后母，即恭仁叔父達之女。及臨朝，武承嗣、攸寧相繼用事。后曰：「要欲我家及外氏常一人爲宰相。」乃以執柔同中書門下三品。又以武后外家尊寵，凡尚主者三人，女爲王妃五人。

册府元龜捌伍叁總録部姻好門云：

武士彠，武德中簡較右廂宿衛，既喪妻，高祖謂士彠曰：「朕自爲卿更擇嘉偶。」隨曰：「有納言楊達英才冠絶，奕葉親賢，今有女，志行賢明，可以輔德。」遂令桂楊公主與楊家作婚，主降勑結親，庶事官給。

舊唐書伍壹后妃上高宗廢皇后王氏傳略云：

高宗廢后王氏，并州祁人也。父仁祐，貞觀中羅山令。同安長公主即后之從祖母也。公主以后有美色，言於太宗，遂納爲晉王妃。永徽初，立爲皇后。母柳氏求巫祝厭勝，事發，帝大怒，斷柳氏不許入宮中，后舅中書令柳奭罷知政事，并將廢后，長孫無忌、褚遂良等固諫，乃止。俄又納李義府之策，永徽六年十月，廢后及蕭良娣皆爲庶人。武后令人杖庶人及蕭氏各一百，截去手足，投於酒甕中，數日而卒。後則天頻見王、蕭二庶人披髮瀝血，如死時狀，武后惡之，禱以巫祝，又移居蓬萊宮，復見，故多在東都。

新唐書捌壹燕王忠傳略云：

帝（高宗）始爲太子而忠生。永徽初，拜雍州牧。王皇后無子，后舅柳奭説后，以忠母（後宮劉氏）微，立之必親己，后然之，請於帝；又奭與褚遂良、韓瑗、長孫無忌、于志寧等繼請，遂立爲皇太子。后廢，武后子弘甫三歲，許敬宗希后旨，建言：「國有正嫡，太子宜同漢劉彊故事。」帝召敬宗曰：「立嫡若何？」對曰：「東宮所出微，今知有正嫡，不自安；竊位而不自安，非社稷計。」於是，降封梁王，（後）廢爲庶人，囚黔州承乾故宅。麟德初，宦者王伏勝得罪於武后，敬宗乃誣忠及上官儀與伏勝謀反，賜死。

册府元龜叁貳柒宰輔部諫諍門（參舊唐書捌拾、新唐書壹佰伍褚遂良傳）略云：

（唐高宗永徽）六年，高宗將廢王皇后，帝退朝後，於別殿召太尉長孫無忌、司空李勣、左僕射于志寧及（褚）遂良，勣稱疾不至。無忌等將入，遂良曰：「今者多議中宮事，遂良欲諫何如？」無忌曰：「公但極言，無忌請繼焉。」及入，高宗難發於言，再三顧謂無忌曰：「莫大之罪無過絶嗣，皇后無子，今當廢，立武士彠女如何？」遂良進曰：「皇后是先帝爲陛下所娶，伏奉先帝，無愆婦德。先帝不豫，親執陛下手，以語臣曰：『我好兒好新婦今以付卿。』陛下親承德音，言猶在耳，皇后自此未聞有愆失，恐不可廢。」帝不悦而罷。翌日，又言之，遂良曰：「陛下必欲易皇后，伏請妙擇天下令族，何必要在武氏？且武昭儀經事先帝，衆所共知，陛下豈可蔽天下耳目，伏願再三思審。」帝大怒，命引出之。昭儀在簾中大言曰：「何不撲殺之。」

舊唐書捌拾韓瑗傳略云：

韓瑗，雍州三原人也。〔永徽〕四年，與來濟皆同中書門下三品。六年，遷侍中。時高宗欲廢王皇后，瑗涕泣諫，帝不納。尚書左僕射褚遂良以忤旨左授潭州都督，瑗復上疏理之，帝竟不納。顯慶二年，許敬宗、李義府希皇后之旨，誣奏瑗與褚遂良潛謀不軌，左授瑗振州刺史，四年，卒官。

同書同卷來濟傳略云：

來濟，揚州江都人。永徽二年，拜中書侍郎。四年，同中書門下三品。六年，遷中書令、檢校吏部尚書。時高宗欲立昭儀武氏爲宸妃，濟密表諫。武皇后既立，濟等懼不自安，后乃抗表稱濟忠公，請加賞慰，而心實惡之。〔顯慶〕二年，許敬宗等奏濟與褚遂良朋黨構扇，左授台州刺史。五年，徙庭州刺史。龍朔二年，突厥入寇，濟總兵拒之，謂其衆曰：「吾嘗挂刑網，蒙赦性命，當以身塞責。」遂不釋甲冑赴賊，没於陣。

同書同卷上官儀傳略云：

上官儀，本陝州陜人也。父弘，隋江都宫副監，因家於江都。龍朔二年，爲西臺侍郎、同東西臺三品。麟德元年，宦者王伏勝與梁王忠抵罪，許敬宗乃構儀與忠通謀，遂下獄而死。

册府元龜叁叁陸宰輔部依違門云：

唐李勣爲太尉，高宗欲廢王皇后，立武昭儀，韓瑗、來濟諫，皆不納。勣密奏曰：「此是陛下家事，何須問外人。」意乃定。

舊唐書柒柒崔義玄傳略云：

崔義玄，貝州武城人也。高宗之立皇后武氏，義玄協贊其謀。

同書捌貳許敬宗傳略云：

許敬宗，杭州新城人，隋禮部侍郎善心子也。高宗將廢皇后王氏而立武昭儀，敬宗特贊成其計。

同書同卷李義府傳略云：

李義府，瀛州饒陽人也。其祖爲梓州射洪縣丞，因家於永泰。高宗將立武昭儀爲皇后，義府嘗密申協贊。

同書陸則天皇后紀云：

則天皇后武氏諱曌，并州文水人也。父士彠，隋大業末爲鷹揚府隊正。高祖行軍於汾、晉，每休止其家。義旗初起，從平京城。貞觀中，累遷工部尚書、荆州都督，封應國公。初，則天年十四，時太宗聞其美容止，召入宫，立爲才人。及太宗崩，遂爲尼，居感業寺。大帝於寺見之，復召入宫，拜昭儀。時皇后王氏、良娣蕭氏頻與武昭儀争寵，互讒毁之，帝皆不納，進號宸妃。永徽六年，廢王皇后而立武宸妃爲皇后。高宗稱天皇，武后亦稱天后。后素多智計，兼涉文史。帝自顯慶已後，多苦風疾，百司表奏皆委天后詳决，自此内輔國政數十年，威勢與帝無異，當時稱爲二聖。

資治通鑑貳佰唐高宗永徽六年冬十月乙卯條云：

百官上表請立中宫，乃下詔曰：「武氏門著勳庸，地華纓黻，往以才行選入後庭。朕昔在儲貳，特荷先慈，常得侍從，弗離朝夕，宫壼之内，恒自飭躬，嬪嬙之間，未曾迕目，聖情鑒悉，每垂賞嘆，遂以武氏賜朕，事同政君。可立爲皇后。」

李義山文集肆紀宜都内人事云：

武后篡既久，頗放縱，躭内習，不敬宗廟，四方日有叛逆，防豫不暇。宜都内人以唾壺進，思有以諫。后坐帷下，倚檀机，與語。問四方事，宜都内人曰：「大家知古女卑於男耶？」后曰：

「知。」内人曰：「古有女媧，亦不正是天子，佐伏羲理九州耳。後世孃姥有越出房閤斷天下事者，皆不得其正，多是輔昏主，不然，抱小兒。獨大家革天姓，改去釵釧，襲服冠冕，符瑞日至，大臣不敢動，真天子也。（中略）大家始今日能屏去男妾，獨立天下，則陽之剛亢明烈可有矣。如是過萬萬世，男子益削，女子益專，妾之願在此。」后雖不能盡用，然即日下令誅作明堂者（寅恪案，此指薛懷義）。

舊唐書柒捌張行成傳附易之傳云：

天后令選美少年爲左右奉宸供奉。右補闕朱敬則諫曰：「臣聞志不可滿，樂不可極。嗜慾之情，愚智皆同，賢者能節之不使過度，則前聖格言也。陛下内寵，已有薛懷義、張易之、昌宗，固應足矣。近聞尚舍奉御柳模自言子良賓潔白美鬚眉，左監門衛長史侯祥云陽道壯偉，過於薛懷義，專欲自進，堪奉宸内供奉。無禮無儀，溢於朝聽。臣愚職在諫諍，不敢不奏。」則天勞之曰：「非卿直言，朕不知此。」賜綵百段。

舊唐書陸則天皇后紀云：

聖曆二年七月，上以春秋高，慮皇太子、相王與梁王武三思、定王武攸寧等不協，令立誓文於明堂。

大唐新語壹匡贊篇略云：

〔吉〕項曰：「水土各一盆，有競乎？」則天曰：「無。」項曰：「和之爲泥，有競乎？」則天曰：「無。」項曰：「分泥爲佛，爲天尊，有競乎？」則天曰：「有。」項曰：「臣亦以爲有。竊以皇族、外戚各有區分，豈不兩安全耶？今陛下貴賤是非於其間，則居必競之地。今皇太子萬福，而三思等久已封建，陛下何以和之？臣知兩不安矣。」項與張昌宗同供奉控鶴府，昌宗以貴寵懼不全，計於項。項曰：「天下思唐德久矣，主上春秋高，武氏諸王殊非所屬意，公何不從容請復相王、廬陵，以慰生人之望？」昌宗乃乘間屢言之。幾一歲，則天意乃易，既知項之謀，乃召項問。項對曰：「廬陵、相王皆陛下子，高宗初顧託於陛下，當有所注意。」乃迎中宗。其興復唐室，項有力焉。睿宗登極，下詔曰：「曩時王命中圮，人謀未輯，首陳反正之議，克創祈天之業，永懷忠烈，寧忘厥勳，可贈御史大夫。」

新唐書壹壹伍狄仁傑傳(參舊唐書捌玖狄仁傑傳、新唐書壹貳拾張柬之傳)略云：

張易之嘗從容問自安計，仁傑曰：「惟勸迎廬陵王可以免禍。」會后欲以武三思爲太子，以問宰相，衆莫敢對。仁傑曰：「臣觀天人，未厭唐德。今欲繼統，非廬陵王莫可。」后怒，罷議。久之，召謂曰：「朕數夢雙陸不勝，何也？」於是，仁傑與王方慶俱在，二人同辭對曰：「雙陸不勝，無子也。天其意者以儆陛下乎？且太子，天下本，本一搖，天下危矣。文皇帝身蹈鋒鏑，勤勞而有天下，傳之子孫。先帝寢疾，詔陛下監國。陛下掩神器而取之，十有餘年，又欲以三思爲後。且姑姪與母子孰親？陛下立廬陵王，則千秋萬歲後常享宗廟，三思立，廟不祔姑。」后感悟，即日遣徐彦伯迎廬陵王於房州。王至，后匿王帳中，召見仁傑，語廬陵事。仁傑敷請切至，涕下不能止。后乃使王出曰：「還爾太子。」仁傑降拜頓首曰：「太子歸，未有知者，人言紛紛，何所信？」后然之，更令太子舍龍門，具禮迎還，中外大悦。初，吉頊、李昭德數請還太子，而后意不回，唯仁傑每以母子天性爲言，后雖忮忍，不能無感，故卒復唐嗣。仁傑所薦進，若張柬之、桓彦範、敬暉、姚崇等，皆爲中興名臣。

舊唐書玖壹桓彦範傳（新唐書壹貳拾桓彦範傳同，並參舊唐書壹捌柒上，新唐書壹玖壹忠義傳王同皎傳）略云：

〔張〕柬之遽引彦範及〔敬〕暉並爲左右羽林將軍，委以禁兵，共圖其事。時皇太子每於北門起居，彦範與暉因得謁見，密陳其計，太子從之。神龍元年正月，彦範與敬暉及左羽林將軍李湛、李多祚、右羽林將軍楊元琰、左威衛將軍薛思行等，率左右羽林兵及千騎五百餘人，討〔張〕易之、昌宗於宫中，令李湛、李多祚就東宫迎皇太子。兵至玄武門，彦範等奉太子斬關而入。時則天在迎仙宫之集仙殿。斬易之、昌宗於廊下。明日，太子即位。

舊唐書壹佰玖李多祚傳（新唐書壹壹拾李多祚傳同）略云：

李多祚，代爲靺鞨酋長。少以軍功歷位右羽林軍大將軍，前後掌禁兵，北門宿衛二十餘年。

神龍初，張柬之將誅張易之兄弟，引多祚將籌其事，謂曰：「將軍在北門幾年？」曰：「三十年矣。」柬之曰：「將軍位極武臣，豈非大帝之恩乎？」曰：「然。」又曰：「既感大帝殊澤，能有報乎？大帝之子見在東宫，逆豎張易之兄弟擅權，朝夕危逼。誠能報恩，正屬今日。」多祚曰：「苟緣王室，唯相公所使。」遂與柬之等定謀誅易之兄弟。

舊唐書壹捌陸上酷吏傳吉頊傳略云：

初，中宗未立爲皇太子時，〔張〕易之、昌宗嘗密問頊自安之策，頊云：「公兄弟承恩既深，非有大功於天下，則不全矣。今天下士庶咸思李家，廬陵既在房州，相王又在幽閉，主上春秋既高，須有付託。武氏諸王，殊非屬意。明公若能從容請建立廬陵及相王，以副生人之望，豈止轉禍爲福，必長享茅土之重矣。」易之然其言，遂承間奏請。則天知頊首謀，召而問之。頊曰：「廬陵王及相王，皆陛下之子，先帝顧託於陛下，當有主意，唯陛下裁之。」則天意乃定。頊既得罪，時無知者。睿宗即位，左右發明其事，乃下制贈左御史臺大夫。

資治通鑑貳壹陸玄宗天寶九載十月條（參新唐書壹佰肆張行成傳附易之傳）云：

楊釗，張易之之甥也，奏乞昭雪易之兄弟。庚辰，制引易之兄弟迎中宗於房陵之功，復其官爵，仍賜一子官。釗以圖讖有金刀，請更名。上賜名國忠。

同書貳佰捌唐中宗神龍元年五月以侍中敬暉爲平陽王條考異云：

統紀曰：「太后善自粉飾，雖子孫在側，不覺其衰老。及在上陽宮，不復櫛頮，形容羸悴。上入見，大驚。太后泣曰：『我自房陵迎汝來，固以天下授汝矣，而五賊貪功，驚我至此。』上悲泣不自勝，伏地拜謝死罪。由是三思等得入其謀。」按，中宗頑鄙不仁，太后雖毁容涕泣，未必能感動移其志，其所以疏忌五王，自用韋后、三思之言耳。今不取。

李相國論事集陸上言須惜官條（參新唐書壹伍貳李絳傳）云：

天后朝命官猥多，當時有車載斗量之語，及開元中，致朝廷赫赫有名望事績者，多是天后所進之人。

舊唐書壹叁玖陸贄傳（參陸宣公奏議）略云：

贄論奏曰：「往者則天太后踐祚臨朝，欲收人心，尤務拔擢，弘委任之意，開汲引之門，進用不疑，求訪無倦，非但人得薦士，亦許自舉其才。所薦必行，所舉輒試，其於選士之道，豈不傷於容易哉！而課責既嚴，進退皆速，不肖者旋黜，才能者驟升，是以當代謂知人之明，累朝賴多士之用。此乃近於求才貴廣，考課貴精之効也。

新唐書壹貳肆姚崇傳（參舊唐書玖陸姚崇傳）略云：

張易之私有請於崇，崇不納，易之譖於〔武〕后，降司僕卿，猶同鳳閣鸞臺三品。出爲靈武道大總管。張柬之等謀誅二張（易之、昌宗），崇適自屯所還，遂參計議。以功封梁縣侯。后遷上陽宫，中宗率百官起居，王公更相慶，崇獨流涕。柬之等曰：「今豈涕泣時邪？恐公禍由此始。」崇曰：「比與討逆，不足以語功。然事天后久，違舊主而泣，人臣終節也，由此獲罪，甘心焉。」俄爲亳州刺史。後五王被害，而崇獨免。張説以素憾，諷趙彦昭劾崇。及當國，説懼，潛詣岐王（範）申款。崇它日朝，衆趨出，崇曳踵爲有疾狀。帝（玄宗）召問之，對曰：「臣損足。」曰：「無甚痛乎？」曰：「臣心有憂，痛不在足。」問以故，曰：「岐王陛下愛弟，張説輔臣，而密乘車出入王家，恐爲所誤，故憂之。」於是出説相州。

舊唐書伍壹后妃傳上中宗韋庶人傳（新唐書柒陸后妃傳上韋皇后傳同，並參考舊唐書壹捌叁、新唐書貳佰陸外戚傳韋温傳）略云：

時侍中敬暉謀去諸武，武三思患之，乃結上官氏以爲援，因得幸於后，潛入宫中謀議。於是三思驕横用事，敬暉、王同皎相次夷滅，天下咸歸咎於后。帝（中宗）遇毒暴崩，后懼，秘不發喪，定策立温王重茂爲皇太子，召諸府兵五萬人屯京城，分爲左右營，然後發喪。少帝即位，尊后爲皇太后，臨朝攝政。韋温總知内外兵馬，守援宫掖；駙馬韋捷、韋濯分掌左右屯營；武延秀及温從子播、族弟璿、外甥高崇共典左右羽林軍及飛騎、萬騎。播、璿欲先樹威嚴，拜官日先鞭萬騎數人，衆皆怨，不爲之用。臨淄王（玄宗）率薛崇簡、鍾紹京、劉幽求領萬騎入自玄武門，至左羽林軍，斬將軍韋璿、韋播及中郎將高崇於寢帳。遂斬關而入，至太極殿。后惶駭遁入殿前飛騎營，爲亂兵所殺。

同書捌陸節愍太子重俊傳（新唐書捌壹節愍太子重俊傳同）略云：

時武三思得幸中宫，深忌重俊。三思子崇訓尚安樂公主，常教公主凌忽重俊，以其非韋氏所生，常呼之爲奴。或勸公主請廢重俊爲王，自立爲皇太女，重俊不勝忿恨。〔神龍〕三年七月，〔重俊〕率左羽林大將軍李多祚等矯制發左右羽林兵及千騎三百餘人，殺〔武〕三思及〔武〕崇訓於其第。又令左金吾大將軍成王千里分兵守宫城諸門，自率兵趨肅章門，斬關而入，求韋庶人及安樂公主所在。韋庶人及安樂公主遽擁帝（中宗）馳赴玄武門樓，召左羽林將軍劉仁景等，令率留軍飛騎及百餘人於樓下列守。俄而多祚等兵至，欲突玄武門樓，宿衛者拒之，不得進。帝據檻呼多祚等所將千騎，謂曰：「汝等並是我爪牙，何故作逆？若能歸順，斬多祚等，與汝富貴。」於是千騎王歡喜等倒戈，斬多祚等於樓下，餘黨遂潰散。

新唐書捌叁諸公主傳略云：

安樂公主，〔中宗〕最幼女。〔韋后所生，〕后尤愛之。下嫁武崇訓。帝（中宗）復位，光艷動天下，侯王柄臣多出其門。請爲皇太女，左僕射魏元忠諫不可。主曰：「元忠，山東木强，烏足論國事？『阿武子』尚爲天子，天子女有不可乎？」崇訓死。主素與武延秀亂，即嫁之。臨淄王（玄宗）誅〔韋〕庶人，主方覽鏡作眉，聞亂，走至右延明門，兵及，斬其首。

又略云：

太平公主，則天皇后所生。帝（高宗）擇薛紹尚之。紹死，更嫁武承嗣，會承嗣小疾，罷婚。后殺武攸曁妻，以配主。韋后、上官昭容用事，自以謀出主下遠甚，憚之。玄宗將誅韋氏，主與秘計，遣子崇簡從。事定，將立相王，未有以發其端者。主乃入見〔溫〕王曰：「天下事歸相王（睿宗），此非兒所坐。」乃掖王下，取乘輿服進睿宗。睿宗即位，主權由此震天下。玄宗以太子監國，使宋王（憲）、岐王（範）總禁兵。主恚權分，乘輦至光範門，召宰相白廢太子。時宰相七人，五出主門下。又左羽林大將軍常元楷、知羽林軍李慈皆私謁主。主内忌太子明，又宰相皆其黨，乃有逆謀。太子得其姦，前一日，率高力士叩虔化門，梟元楷、慈於北闕下，執〔宰相岑〕羲、〔蕭〕至忠至朝堂，斬之。主聞變，亡入南山，三日乃出，賜死於第。

舊唐書捌玄宗紀上（新唐書伍玄宗紀及通鑑貳佰玖景雲元年六月條同）略云：

〔唐隆元年六月〕庚子夜，〔上〕率〔劉〕幽求等數十人自苑南入，總監鍾紹京又率丁匠百餘以從。分遣萬騎往玄武門，殺羽林將軍韋播、高嵩，持首而至，衆歡叫大集。攻白獸、玄德等門，斬關而進，左萬騎自左入，右萬騎自右入，合於凌煙閣前。時太極殿前有宿衛梓宮萬騎，聞譟聲，皆披甲應之。韋庶人惶惑走入飛騎營，爲亂兵所害。

同書壹佰陸王毛仲傳（新唐書壹貳壹王毛仲傳同）云：

初太宗貞觀中擇官户蕃口中少年驍勇者百人，每出遊獵，令持弓矢於御馬前射生。令騎豹文韉，著畫獸文衫，謂之百騎。至則天時漸加其人，謂之千騎，分隸左右羽林營。孝和謂之萬騎，亦置使以領之。玄宗在藩邸時，常接其豪俊者，或賜飲食財帛，以此盡歸心焉。毛仲亦悟玄宗之旨，待之甚謹，玄宗益憐其敏慧。及〔景龍〕四年六月，中宗遇弒，韋后稱制，令韋播、高嵩爲羽林將軍，令押千騎營（寅恪案，通鑑「千」作「萬」，是，蓋中宗已改千騎爲萬騎矣，温公之精密有如是者），榜箠以取威。其營長葛福順、陳玄禮等相與見玄宗訴冤，會玄宗已與劉幽求、麻嗣宗、薛崇簡等謀舉大計，相顧益歡，令幽求諷之，皆願決死從命。及二十日夜，玄宗入苑中。乙夜，福順等至，玄宗曰：「與公等除大逆，安社稷，各取富貴，在於俄頃，何以取信？」福順等請號而行，斯須斬韋播、韋璿、高嵩等頭來，玄宗舉火視之。又召鍾紹京領總監丁匠刀鋸百人至，因斬關而入，后及安樂公主等皆爲亂兵所殺。

同書壹捌肆宦官傳高力士傳略云：

内官高延福收爲假子，延福出自武三思家，力士遂往來三思第。則天召入禁中。

同書壹佰陸李林甫傳略云：

武惠妃愛傾後宫，二子壽王、盛王以母愛特見寵異，太子瑛益疏薄。林甫多與中貴人善，乃因中官干惠妃云：「願保護壽王。」惠妃德之。初，侍中裴光庭妻武三思女，詭譎有材略，與林甫私。中官高力士本出三思家，及光庭卒，武氏銜哀，祈於力士，請林甫代其夫位，力士未敢言。玄宗使中書令蕭嵩擇相，嵩久之以右丞韓休對，玄宗然之，乃令草詔。力士遽漏於武氏，乃令林甫白休。休既入相，甚德林甫，與嵩不和，乃薦林甫堪爲宰相，惠妃陰助之，因拜黄門侍郎。〔開元二十三年〕爲禮部尚書、同中書門下三品。

唐會要叁皇后門（參通鑑貳壹叁開元十四年上欲以武惠妃爲皇后條考異）略云：

〔玄宗貞順〕皇后武氏，恒安王攸止女。攸止卒後，后尚幼，隨例入宫。及王皇后廢，賜號惠妃，宫中禮秩一同皇后。初，〔開元〕十四年四月，侍御史潘好禮聞上欲以惠妃爲皇后，進疏諫曰：「臣聞禮記曰：『父母之讎，不共戴天。』公羊傳曰：『子不復父讎，不子也。』陛下豈得欲以武氏爲國母，當何以見天下之人乎？不亦取笑於天下乎？又，惠妃再從叔三思、從父延秀等，並干亂朝綱，遞窺神器，豺狼同穴，梟獍同林。至如恶木垂陰，志士不息，盗泉飛液，正夫莫飲，良有旨哉。伏願陛下慎擇華族之女，必在禮義之家。且惠妃本是左右執巾櫛者也，不當參立之。又見人間盛言，尚書左丞相張説自被停知政事之後，每諂附惠妃，誘盪上心，欲取立后之功，更圖入相之計。且太子本非惠妃所生，惠妃復自有子，若惠妃一登宸極，則儲位實恐不安。臣職參憲府，感激懷憤，陛下留神省察。（蘇冕駁曰：此表非潘好禮所作。且好禮先天元年爲侍御史，開元十二年爲温州刺史致仕。表是十四年獻，而云「職參憲府」，若題年恐錯,即武惠妃先天元年始年十四,王皇后有寵未衰,張説又未爲右丞相,竟未知此表是誰獻之。)

舊唐書伍貳后妃傳下玄宗元獻皇后傳(參次柳氏舊聞中第一事)略云:

玄宗元獻皇后楊氏,弘農華陰人。曾祖士達,天授中,以則天母族,追封士達爲鄭王。后景雲元年八月,選入太子宫。時太平公主用事,尤忌東宫。宫中左右持兩端,而潛附太平者,必陰伺察,事雖纖芥,皆聞於上,太子心不自安。后時方娠,太子密謂張説曰:「用事者不欲吾多息胤,恐禍及此婦人,其如之何?」密令説懷去胎藥而入。太子於曲室躬自煮藥,醺然似寐,夢神人覆鼎。既寤如夢,如是者三。太子異之,告説。説曰:「天命也,無宜他慮。」既而太平誅,后果生肅宗。開元中,肅宗爲忠王,后爲妃,又生寧親公主。張説以舊恩特承寵異,説亦奇忠王儀表,必知運曆所鍾,故寧親公主降説子垍。開元十七年后薨。

新唐書柒陸后妃傳上楊貴妃傳(參舊唐書伍壹后妃傳上玄宗楊貴妃傳)略云:

玄宗貴妃楊氏,隋梁郡通守汪四世孫。徙籍蒲州,遂爲永樂人。始爲壽王妃。開元二十四(寅恪案,四應作五,詳見拙著元白詩箋證稿長恨歌章。)年,武惠妃薨,後廷無當帝意者。或言妃資質天挺,宜充掖廷,遂召内禁中,異之,即爲自出妃意者,丐籍女官,號「太真」,更爲壽王聘韋昭訓女,而太真得幸,遂專房宴,宫中號「娘子」,儀體與皇后等。天寶初,進册貴妃。

白氏長慶集壹貳長恨歌傳略云：

玄宗在位歲久，倦于旰食宵衣，政無小大始委於右丞相（李林甫），深居遊宴，以聲色自娛。先是，元獻皇后、武淑妃（即武惠妃）皆有寵，相次即世，宮中雖良家子千數，無可悦目者，上心忽忽不樂。（中略）詔高力士潛搜外宮，得弘農楊玄琰女於壽邸。

楊太真外傳上（參拙著元白詩箋證稿長恨歌章）云：

開元二十二年十一月（楊妃）歸於壽邸。二十八年十月玄宗幸温泉宮，使高力士取楊氏女於壽邸，度爲女道士，號「太真」，住內太真宮。天寶四載七月，册左衛中郎將韋昭訓女配壽邸。是月於鳳凰園册太真宮女道士楊氏爲貴妃。

新唐書柒壹下宰相世系表楊氏條云：

太尉震子奉，八世孫結，二子：珍、繼。至順，徙居河中永樂。

拾叁　安史之亂

姚汝能安禄山事迹上略云：

安禄山，營州雜種胡也，小名軋犖山，母阿史德氏，爲突厥巫，無子，禱軋犖山，神應而生焉。其母以爲神，遂命名軋犖山。（突厥呼鬭戰神爲軋犖山。）少孤，隨母在突厥中，母後嫁胡將軍安波注兄延偃。開元初，延偃族落破，胡將軍安道買男孝節并波注男思順文貞俱逃出突厥中，道買次男貞節爲嵐州别駕收之，禄山年十餘歲，貞節與其兄孝節相攜而至，遂與禄山及思順並爲兄弟，乃冒姓安氏，（郭汾陽請雪安思順表云，本姓康亦不具本末。）名禄山焉。解九蕃語，爲諸蕃互市牙郎。

巴黎國民圖書館藏敦煌寫本伯希和叁伍伍玖號背面天寶十載丁籍：

康氏	羯師范	者羯	羯師忿	羯槎
安氏	胡數芬	沙厇		
米氏	褐厇			
石氏	阿禄山	羯槎		
羅氏	阿了黑山	特懃		
何氏	莫賀咄			

史通邑里篇自注云：

今西域胡人多有姓明及卑者，如加五等爵，或稱平原公，或號東平子，爲明氏出於平原，卑氏出於東平故也。

寅恪案：唐霍山祈雨碑文，稱安禄山爲長樂公，蓋長樂乃敦煌舊名（見魏書地形志）而以安氏出於敦煌，如劉知幾所言，明氏稱平原公之例也。

唐會要陸壹御史臺中彈劾條有：

永徽元年十月二十四日，中書令褚遂良抑買中書譯語人史訶擔宅。

舊唐書拾肅宗紀云：

是日（天寶十五載七月甲子），御靈武南門，下制曰：乃者羯胡亂常，京闕失守。（參同書壹貳拾郭子儀傳建中二年詔。）

舊唐書壹佰肆封常清傳略云：

〔臨終時表曰〕昨者與羯胡接戰。（參考顏魯公集陸康金吾碑。）

玄奘西域記壹颯秣建國（即康國）條云：

兵馬强盛，多諸赭羯，赭羯之人，其性勇烈，視死如歸。

新唐書貳貳壹下西域傳康國傳云：

本月氏人，始居祁連山昭武城，爲突厥（寅恪案，突厥應作匈奴，唐會要玖玖康國條云：「其人土著役屬於突厥，先居祁連之北昭武城，爲匈奴所破。」宋子京蓋涉上文突厥之語致誤也。）所破，稍南依葱嶺，即有其地。枝庶分王：曰安，曰曹，曰石，曰米，曰何，曰火尋，曰戊地，曰史，世謂九姓，皆氏昭武。

新唐書貳貳壹下安國傳云：

募勇健者爲柘羯。柘羯，猶中國言戰士也。（寅恪案，上引西域記之文有「赭羯之人」一語，然則赭羯乃種族之名，此云「猶中國言戰士」，若非宋景文誤會，即後來由專名引申爲公名耳。）

新唐書貳貳壹下石國傳云：

石，或曰柘支，曰柘折，曰赭時。

安禄山事迹上略云：

〔禄山〕養同羅及降奚契丹曳落河（原注：蕃人健兒爲曳落河。）八千餘人爲假子，又畜單于、護真大馬習戰鬭者數萬疋，牛羊五萬餘頭，總〔平盧、范陽、河東〕三道以節制。潛於諸道，商胡興販，每歲輸異方珍貨計百萬數，將爲叛逆之資，已八九年矣。〔天寶〕十一載三月禄山引蕃奚步騎二十萬直入契丹以報去秋之役。朔方節度副使奉信王阿布思率同羅數萬以會之，布思與禄山不協遂擁衆歸漠北。（寅恪案：同書同卷「同羅阿布思等」句下原注云：阿布思，九姓首領也。開元初爲默啜所破，請降附。天寶元年朝京師，玄宗甚禮焉。布思美容貌，多才略，代爲蕃首，禄山恃寵，布思不爲之下，禄山因請爲將，共討契丹，慮其見害，乃率其部以叛。後爲回鶻所破，禄山誘其部落降之，自是禄山精兵無敵於天下。）

十四載五月，禄山遣副將何千年請以蕃將三十二人以代漢將，宰相楊國忠、韋見素相謂曰：

「流言禄山蓄不臣之心，今又請蕃將以代漢將，其反明矣。」

同書下略云：

〔高〕鞫仁令范陽城中殺胡者重賞，於是羯胡盡殪，高鼻類胡而濫死者甚衆。

新唐書貳貳伍上逆臣傳史思明傳云：

史思明寧夷州突厥種，與安禄山共鄉里，通六蕃譯，亦爲互市郎。

舊唐書貳佰史思明傳云：

史思明，寧夷州突厥雜種胡人也。

同書壹捌伍下良吏傳宋慶禮傳（新唐書壹叁拾宋慶禮傳同）略云：

初，營州都督府置在柳城，控帶奚、契丹。則天時，都督趙文翽政理乖方，兩蕃反叛，攻陷州城，其後移於幽州東二百里漁陽城安置。開元五年，奚、契丹各款塞歸附，玄宗欲復營州於舊城，乃詔慶禮等更於柳州築營州城，俄拜慶禮御史中丞兼檢校營州都督，開屯田八十餘所，追拔幽州及漁陽、淄青等户，并招輯商胡，爲立店肆。

新唐書貳貳伍上安禄山傳略云：

凡降蕃夷皆接以恩，禄山通夷語，躬自尉撫，皆釋俘囚爲戰士，故其下樂輸死，所戰無前。

又云：

廣平王東討，回紇葉護以兵從。〔張〕通儒等裒兵十萬陣長安中，賊皆奚，素畏回紇，既合，驚且囂。大敗，王師入長安。

舊唐書壹貳拾郭子儀傳略云：

〔天寶十五載〕七月，肅宗即位，以賊據兩京，方謀收復，詔子儀班師。八月，子儀與李光弼率步騎五萬至自河北，時朝廷初立，兵衆寡弱，雖得牧馬，軍容缺然，及子儀、光弼全師赴行在，軍聲遂振，興復之勢，民有望焉。詔以子儀爲兵部尚書、同中書門下平章事，依前靈州大都督府長史、朔方軍節度使，〔房琯敗於陳濤，〕方事討除，而軍半殪，唯倚朔方軍爲根本。

新唐書貳壹柒下回鶻傳同羅傳略云：

請内屬，置龜林都督府，安禄山反，劫其兵用之，號曳落河者也。曳落河，猶言健兒云。

同書肆叄下地理志關内道安北都護府龜林都督府條注云：

貞觀二年，以同羅部落置。

舊唐書壹貳壹僕固懷恩傳略云：

僕固懷恩，鐵勒部落僕骨歌濫拔延之曾孫，語訛謂之僕固。貞觀二十年，鐵勒九姓大首領率其部落來降，分置瀚海、燕然、金微、幽陵等九都督府於夏州，别爲蕃州以禦邊，授歌濫拔延爲金微都督。懷恩世襲都督，歷事〔朔方〕節度王忠嗣、安思順，皆委之心腹。肅宗即位於靈武，懷恩從郭子儀赴行在所。時同羅部落自西京叛賊，北寇朔方，子儀與懷恩擊之，遂破同羅千餘騎於河上（參通鑑貳壹捌至德元載九月條）。肅宗雖仗朔方之衆，將假蕃兵以張形勢，乃遣懷恩與燉煌王承寀使于回紇，請兵結好，迴紇可汗遂以女妻承寀，兼請公主，遣首領隨懷恩入朝。肅宗乃遣廣平爲元帥，以子儀爲副，而懷恩領回紇兵從之。

姚汝能安禄山事跡上云：

禄山恩寵寖深，上前應對，雜以諧謔，而貴妃常在座，詔楊氏三夫人約爲兄弟。由是禄山心動。（及動兵，聞馬嵬之事，不覺歎歎。雖〔李〕林甫養育之，〔楊〕國忠激怒之，然其他腸亦可知也。）

舊唐書壹佰肆哥舒翰傳略云：

哥舒翰，突騎施首領哥舒部落之裔也。翰素與〔安〕禄山、〔安〕思順不協，上每和解之，爲兄弟。其（天寶十一載）冬，禄山、思順、翰並來朝，上使内侍高力士及中貴人於京城東駙馬崔惠童池亭宴會。翰母尉遲氏，于闐族也。禄山以思順惡翰，嘗銜之。至是，忽謂翰曰：「我父是胡，母是突厥；公父是突厥，母是胡，與公族類同，何不相親乎？」翰應之曰：「古人云，野狐向窟嗥，不祥，以其忘本也。敢不盡心焉。」禄山以爲譏其胡也，大怒，罵翰曰：「突厥敢如此耶？」翰欲應之，高力士目翰，翰遂止。

新唐書壹叁伍哥舒翰傳略云：

翰素與安禄山、安思順不平，帝每欲和解之。會三人俱來朝，帝使高力士宴城東，翰等皆集。詔尚食生擊鹿，取血瀹腸爲熱洛何以賜之。翰母于闐王女也。禄山謂翰曰：「我父胡，母突厥，公父突厥，母胡。族類本同，安得不親愛。」翰曰：「諺言：狐向窟嘷，不祥，以忘本也。兄既見愛，敢不盡心。」禄山以翰譏其胡，怒罵曰：「突厥敢爾。」翰欲應之，力士目翰，翰託醉去。

舊唐書壹佰拾李光弼傳略云：

李光弼，營州柳城人。其先契丹之酋長。父楷洛，朔方節度副使。〔光弼〕天寶初累遷朔方都虞候。八載充〔朔方〕節度副使。十三載，朔方節度安思順奏爲副使、知留後事。禄山之亂，以朔方兵五千會郭子儀軍。史朝義寇申光等十三州，自領精騎圍李岑於宋州，將士皆懼，請南保揚州。光弼徑赴徐州以鎮之，遣田神功擊敗之，浙東賊首袁晁攻剽郡縣，浙東大亂，光弼分兵除討，克定江左，人心乃安。

新唐書壹玖貳張巡傳略云：

〔安〕慶緒遣尹子琦將同羅、突厥、奚勁兵凡十餘萬攻睢陽。

贊曰：張巡、許遠可謂烈丈夫矣。以疲卒數萬，嬰孤墉，抗方張不制之虜，鯁其喉牙，使不得搏食東南，牽制首尾，歷潰梁、宋間。大小數百戰，雖力盡乃死，而唐全得江淮財用，以濟中興。

同書貳壹陸上吐蕃傳略云：

是歲（長壽元年），又詔王孝傑〔等〕擊吐蕃，大破其衆，更置安西都護府於龜茲，以兵鎮守。議者請廢四鎮勿有也。崔融獻議曰：「太宗文皇帝踐漢舊跡，並南山，抵葱嶺，剖裂府鎮，煙火相望，吐蕃不敢内侮。高宗時有司無狀，棄四鎮不能有，而吐蕃遂張，入焉耆之西，長鼓右驅，踰高昌，歷車師，鈔常樂，絶莫賀延磧，以臨敦煌。今孝傑一舉而取四鎮，還先帝舊封，若又棄之，是自毁成功而破完策也。夫四鎮無守，胡兵必臨西域，西域震則威讋南羌，南羌連衡，河西必危。且莫賀延磧袤二千里，無水草，若北接虜，唐兵不可度而北，則伊西、北庭、安西諸蕃悉亡。」議乃格。〔開元〕十年攻小勃律國，其王没謹忙詒書北庭節度使張孝嵩曰：「勃律，唐西門。失之，則西方諸國皆墮吐蕃。」始，勃律來朝，父事帝（玄宗）。還國，置綏遠軍以扞吐蕃，故歲常戰。吐蕃每曰：「我非利若國，我假道攻四鎮爾。」

同書壹叁伍高仙芝傳略云：

其（小勃律）王爲吐蕃所誘，妻以女，故西北二十餘國皆羈屬吐蕃。天寶六載，詔仙芝以步騎一萬出討。八月，仙芝以小勃律王及妻自赤佛道還連雲堡，與〔監軍邊〕令誠俱班師。於是，拂林、大食諸胡七十二國皆震攝降附。

同書貳貳貳上南蠻傳南詔傳略云：

〔貞元〕十七年康、黑衣大食等兵及吐蕃大酋皆降，〔於韋皋〕獲甲二萬首。

唐會要壹佰大食條（參舊唐書壹玖捌西戎傳大食傳、新唐書貳貳壹下西域傳大食傳）略云：

又案賈躭四夷述云：貞元二年（寅恪案，舊傳作「貞元中」，新傳作「貞元時」，此「二年」兩字當有衍誤。）與吐蕃爲勁敵，蕃兵大半西禦大食，故鮮爲邊患，其力不足也。

舊唐書壹肆拾韋皋傳略云：

皋以雲南蠻衆數十萬，與吐蕃和好，蕃人入寇，必以蠻爲前鋒。〔貞元〕四年，皋遣判官崔佐時入南詔蠻，說令向化，以離吐蕃之助。

新唐書貳貳貳上南蠻傳南詔傳略云：

〔貞元〕五年，〔異牟尋〕遺〔韋〕皋帛書曰：「願竭誠日新，歸款天子，請加戍劍南西山、涇原等州，安西鎮守揚兵四臨，委回鶻諸國所在侵掠，使吐蕃勢分力散，不能爲彊，此西南隅不煩天兵可以立功云。」

舊唐書壹貳玖韓滉傳略云：

滉上言：「吐蕃盜有河湟，爲日已久。大曆已前，中國多難，所以肆其侵軼。臣聞近歲已來，兵衆寖弱，西迫大食之强，北病迴紇之衆，東有南詔之防，計其分鎮之外，戰兵在河隴五六萬而已。」

資治通鑑貳叁貳貞元三年七月條略云：

〔李〕泌曰：「臣能不用中國之兵，使吐蕃自困。」上（德宗）曰：「計將安出？」對曰：「臣未敢言之。」上固問，不對。泌意欲結迴紇、大食、雲南，與共圖吐蕃，令吐蕃所備者多。知上素恨迴紇，故不肯言。

同書貳叁叁貞元三年九月條略云：

〔李泌〕對曰：「願陛下北和迴紇，南通雲南，西結大食、天竺，如此，則吐蕃自困。」上（德宗）曰：「三國當如卿言，至於迴紇則不可。」泌曰：「臣固知此，所以不敢早言。爲今之計，當以迴紇爲先，三國差緩耳。」上曰：「所以招雲南、大食、天竺奈何？」對曰：「迴紇和，則吐蕃已不敢輕犯塞矣。次招雲南，則是斷吐蕃之右臂也。大食在西域爲最强，自葱嶺盡西海，地幾半天下，與天竺皆慕中國，代與吐蕃爲仇，臣故知其可招也。」

拾肆　唐前期財政

册府元龜伍佰拾邦計部希旨門云：

楊國忠天寶中爲户部侍郎、判度支，諂諛以利陰中，爲己之功。玄宗幸左藏庫，賜文武百官縑帛有差。時，國忠徵夫丁租地税，皆變爲布帛，用實京庫，屢奏帑藏充牣，有踰漢制，帝是觀焉。又賤貿天下義倉，易以布帛，於左藏庫列造數百間屋，以示羨餘，請與公卿就觀之。又詐言鳳凰集於庫。

新唐書貳佰陸外戚傳楊國忠傳略云：

天寶七載擢給事中、兼御史中丞，專判度支。時，海内豐熾，州縣粟帛舉巨萬，國忠因言：古者二十七年耕，餘九年食。今天置太平，請在所出滯積，變輕齎，内富京師。又悉天下義倉及丁租、地課易布帛，以充天子禁藏。明年，帝詔百官觀庫物，積如丘山，賜羣臣各有差，錫國忠紫衣、金魚，知太府卿事。

舊唐書壹佰伍韋堅傳略云：

堅預於東京、汴、宋，取小斛底船三二百隻置於〔廣運〕潭側，其船皆署牌表之。若廣陵郡船，即於栿背上堆積廣陵所出錦、鏡、銅器、海味；丹陽郡船，即京口綾衫段；晉陵郡船，即折造官端綾繡；會稽郡船，即銅器、羅、吴綾、絳紗；南海郡船，即瑇瑁、真珠、象牙、沉香；豫章郡船，即名瓷、酒器、茶釜、茶鐺、茶椀；宣城郡船，即空青石、紙筆、黄連；始安郡船，即蕉葛、蚺虵膽、翡翠。船中皆有米，吴郡即三破糯米、方丈綾。凡數十郡。駕船人皆大笠子、寬袖衫、芒屩，如吳楚之制。

同書同卷楊慎矜傳略云：

拜監察御史，知太府出納。慎矜於諸州納物者有水漬傷破及色下者，皆令本州徵折估錢，轉市輕貨，州縣徵調，不絕於歲月矣。

魏書陸捌甄琛傳（北史肆拾甄琛傳同）云：

〔於世宗時〕上表曰：今僞弊相承，仍崇關鄽之税；大魏恢博，唯受穀帛之輸。

隋書貳高祖紀下（北史壹壹隋本紀上略同）云：

開皇十四年八月辛未，關中大旱，人饑，上率户口就食於洛陽。十五年三月己未，至自東巡狩。

資治通鑑貳佰玖唐紀貳伍景龍三年末云：

是年關中饑，米斗百錢，運山東、江、淮穀輸京師，牛死什八九。羣臣多請車駕幸東都，韋后家本杜陵，不樂東遷，乃使巫覡彭君卿等説上（中宗）云：「今歲不利東行。」後復有言者，上怒曰：「豈有逐糧天子耶？」乃止。

舊唐書玖捌裴耀卿傳（通典拾食貨典漕運門同）略云：

明年（開元二十一年）秋，霖雨害稼，京城穀貴。上將幸東都，獨召耀卿，問救人之術，耀卿對曰：「今既大駕東巡，百司扈從，太倉及三輔先所積貯，且隨見在重臣分道賑給，計可支一二年。從東都更廣漕運，以實關輔。待稍充實，車駕西還，即事無不濟。臣以國家帝業，本在京師，萬國朝宗，百代不易之所。但爲秦中地狹，收粟不多，倘遇水旱，即使匱乏。往者貞觀永徽之際，禄廪數少，每年轉運不過一二十萬石，所用便足，以此車駕久得安居。今國用漸廣，漕運數倍於前，支猶不給。陛下數幸東都，以就貯積，爲國家大計，不憚劬勞，祇爲憂人而行，豈是故欲來往。若能更廣陝運，支粟入京，倉廪常有三二年糧，即無憂水旱。今天下輸丁約有四百萬人，每丁支出錢百文，五十文充營窖等用，貯納司農及河南府、陝州，以充其費。租米則各隨遠近，任自出脚，送納東都。從東至陝，河路艱險，既用陸脚，無由廣致。若能開通河漕，變陸爲水，則所支有餘，動盈萬計。且河南租船候水始進，吴人不便河漕，由是所在停留，日月既淹，遂生隱盗。臣望沿流相次置倉。」上深然其言，尋拜黄門侍郎、同中書門下平章事，充轉運使，語在食貨志。凡三年運七百萬石，省脚錢三十萬貫。

同書肆玖食貨志下（參考通典拾食貨典漕運門等）略云：

〔開元〕十八年，宣州刺史裴耀卿上便宜事條曰：「江南户口稍廣，倉庫所資，惟出租庸，更無征防。緣水陸遥遠，轉運艱辛，功力雖勞，倉儲不益。今若且置武牢、洛口等倉，江南船至河口，即却還本州，更得其船充運。并取所減脚錢，更運江淮變造義倉，每年剩得一二百萬石。

即望數年之外，倉廩轉加。其江淮義倉，下濕不堪久貯，若無船可運，三兩年色變，即給貸費散，公私無益。」疏奏不省（至二十一年始施用其言）。

新唐書伍叁食貨志（參通鑑貳壹肆唐紀開元二十五年條）云：

貞觀、開元後，西舉高昌、龜茲、焉耆、小勃律，北抵薛延陀故地，緣邊數十州戍重兵，營田及地租不足以供軍，於是初有和糴。牛仙客爲相，有彭果者獻策廣關輔之糴，京師糧稟益羨，自是玄宗不復幸東都。天寶中，歲以錢六十萬緡賦諸道和糴，斗增三錢，每歲短遞輸京倉者百餘萬斛。米賤則少府加估而糴，貴則賤價而糶。

舊唐書壹佰叁牛仙客傳（新唐書壹叁叁牛仙客傳略同）略云：

牛仙客，涇州鶉觚人也。初爲縣小吏，縣令傅文静甚重之。文静後爲隴右營田使，引仙客參預其事，遂以軍功累轉洮州司馬。開元初，王君㚟爲河西節度使，以仙客爲判官，甚委信之。蕭嵩代君㚟爲河西節度，又以軍政委於仙客。及嵩入知政事，數稱薦之。稍遷太僕少卿，判涼州別駕事，仍知節度留後事。竟代嵩爲河西節度使，判涼州事。開元二十四年秋，代信安王禕爲朔方行軍大總管，右散騎常侍崔希逸代仙客知河西節度事。初，仙客在河西節度時，省用所積鉅萬，希逸以其事奏聞，上令刑部員外郎張利貞馳傳往覆視之，仙客所積倉庫盈滿，器械精勁，皆如希逸之狀。上大悦，以仙客爲尚書。中書令張九齡執奏不可，乃加實封二百户。其年十一月，九齡等罷知政事，遂以仙客爲工部尚書、同中書門下三品，仍知門下事。仙客既居相位，獨善其身，唯諾而已。百司有所諮決，仙客曰：「但依令式可也」，不敢措手裁決。

隋書貳肆食貨志(參通典壹貳食貨典輕重門義倉條)略云：

〔開皇〕五年五月，工部尚書、襄陽縣公長孫平奏令諸州百姓及軍人，勸課當社，共立義倉。收獲之日隨其所得，勸課出粟及麥，於當社造倉窖貯之。即委社司，執帳檢校，每年收積，勿使損敗。若時或不熟，當社有饑饉者，即以此穀賑給。十四年，關中大旱，人飢，上幸洛陽，因令百姓就食。從官並准見口賑給，不以官位爲限。是時義倉貯在人間，多有費損。十五年二月，詔曰：「本置義倉，止防水旱，百姓之徒，不思久計，輕爾費損，於後乏絶。又北境諸州，異於餘處，雲、夏、長、靈、鹽、蘭、豐、鄯、涼、甘、瓜等州，所有義倉雜種，並納本州。若人有旱儉少糧，先給雜種及遠年粟。」十六年正月，又詔秦、疊、成、康、武、文、芳、宕、旭、洮、岷、渭、紀、河、廓、豳、隴、涇、寧、原、敷、丹、延、綏、銀、扶等州社倉，並於當縣安置。二月，又詔社倉，准上、中、下三等税，上户不過一石，中户不過七斗，下户不過四斗。

唐會要捌捌倉及常平倉(參通典壹貳食貨典及兩唐書食貨志等)略云：

貞觀二年四月，尚書左丞戴胄上言，請立義倉。上曰：「既爲百姓先作儲貯，官爲舉掌，以備凶年。深是可嘉，宜下有司，議立條制。」戶部尚書韓仲良奏：「王公以下，墾田畝納二升。貯之州縣，以備凶年。」制可之。永徽二年閏九月六日敕：「義倉據地收稅，實是勞煩，宜令率戶出粟，上下戶五石，餘各有差。」

同書玖拾和糴門云：

〔貞元〕四年八月，詔京兆府於時價外，加估和糴。先是京畿和糴，多被抑配，百姓苦之。

白氏長慶集肆壹論和糴狀略云：

凡曰和糴，則官出錢，人出穀，兩和商量，然後交易也。比來和糴，事則不然，但令府縣散配戶人，促立程限，嚴加徵催。苟有稽遲，則被追捉，甚於稅賦，號爲和糴。其實害人，若有司出錢，開場自糴，比於時價，稍有優饒，利之誘人，人必情願。臣久處村閭，曾爲和糴之戶，親被迫蹙，實不堪命。臣近爲畿尉，曾領和糴之司，親自鞭撻，所不忍覩。

通典壹貳食貨典輕重門義倉條（參舊唐書玖叁及新唐書壹壹壹薛訥傳）云：

高宗武太后數十年間，義倉不許雜用，其後公私窘迫，貸義倉支用。自中宗神龍之後，義倉費用向盡。

通鑑貳壹肆唐紀叁拾開元二十五年九月條（參前引新唐書食貨志）云：

先是，西北數十州多宿重兵，地租營田皆不能贍，始用和糴之法。有彭果者，因牛仙客獻策，請行糴法於關中。〔九月〕戊子，敕以歲稔穀賤傷農，命增時價什二三，和糴東西畿粟各數百萬斛。自是，關中蓄積羨溢，車駕不復幸東都矣。癸巳，敕河南、北租應輸含嘉、太原倉者皆留輸本州。

通鑑貳壹陸唐紀叁貳天寶十二載以哥舒翰兼河西節度使條述當日河西之盛況（寅恪案，此採自明皇雜録，又元氏長慶集貳肆和李校書新題樂府西涼伎一詩亦可參考）云：

是時中國盛强，自安遠門西盡唐境萬二千里，閭閻相望，桑麻翳野，天下稱富庶者無如隴右。

舊唐書玖玄宗本紀下（參考前引通鑑開元二十五年條及唐會要捌叁租税下所載開元二十五年三月三日敕文）云：

〔開元二十五年二月〕戊午，罷江淮運，停河北運。

通典陸食貨典賦税下略云：

〔開元二十五年定令，〕其江南諸州租，並迴造納布。

Sir M. A. Stein 著 Innermost Asia, Vol. Ⅲ, Plate CXXVII 載其在 Astana Cemetery 所發見之布二端，其一端之文爲：

婺州信安縣顯德鄉梅山里祝伯亮租布一端。

光宅元年十一月　日。

顔魯公文集附載殷亮所撰行狀(參全唐文伍壹肆)略云:

時清河郡寄客李華(寅恪案,通鑑考異依舊傳作蕚。)爲郡人來乞師於公曰:「國家舊制江淮郡租布貯於清河,以備北軍費用,爲日久矣。相傳〔謂〕天下北庫,今所貯者有江東布三百餘萬疋,河北租調絹七十餘萬,當郡綵綾十餘萬,累年稅錢三十餘萬,倉糧三十萬,討默啜甲仗藏於庫内,五十餘萬。」

南齊書叁武帝紀云:

永明四年五月癸巳,詔:「揚、南徐二州今年户租,三分二取見布,一分取錢。來歲以後遠近諸州輸錢處,并減布直,匹准四百,依舊折半,以爲永制。」

同書肆拾竟陵王子良傳云:

詔折租布二分取錢。

通典陸食貨典陸賦稅下略云:

〔武德〕二年制,每一丁租二石。若嶺南諸州則稅米,上户一石二斗,次户八斗,下户六斗。若夷獠之户,皆從半輸。蕃人内附者,上户丁稅錢十文,次户五文,下户免之,附經二年者,上户丁輸羊二口,次户一口,下户三户共一口。(舊唐書卷肆捌食貨志上同。)

又云:

〔開元〕二十五年定令，諸課户一丁租調，准武德二年之制。其調絹、絁、布並隨鄉土所出，絹、絁各二丈，布則二丈五尺，輸絹、絁者綿三兩，輸布者麻三斤。

新唐書卷伍壹食貨志略云：

凡民始生爲黄，四歲爲小，十六爲中，二十一爲丁，六十爲老。授田之制，丁及男年十八以上者，人一頃，其八十畝爲口分，二十畝爲永業；老及篤疾、廢疾者，人四十畝，寡妻妾三十畝，當户者增二十畝，皆以二十畝爲永業，其餘爲口分。永業之田，樹以榆、棗、桑及所宜之木，皆有數。田多可以足其人者爲寬鄉，少者爲狹鄉。狹鄉授田減寬鄉之半。其地有薄厚，歲一易者倍授之。寬鄉三易者不倍授。工商者寬鄉減半，狹鄉不給。凡庶人徙鄉及貧無以葬者，得賣世業田。自狹鄉而徙寬鄉者，得并賣口分田。已賣者不復授。死者收之，以授無田者。凡收授皆以歲十月。授田先貧及有課役者。凡田，鄉有餘以給比鄉，縣有餘以給比縣，州有餘以給近州。凡授田者，丁歲輸粟二斛，稻三斛，謂之租。丁隨鄉所出，歲輸絹二匹，綾絁二丈，布加五之一，綿三兩，麻三斤，非蠶鄉則輸銀十四兩，謂之調。用人之力，歲二十日，閏加二日，不役者日爲絹三尺，謂之庸。有事而加役二十五日者免調，三十日者租、調皆免。通正役不過五十日。

杜甫自京赴奉先縣詠懷五百字略云（原注天寶十四載十一月初作）：

歲暮百草零，疾風高岡裂。天衢陰崢嶸，客子中夜發。霜嚴衣帶斷，指直不得結。凌晨過驪山，御榻在嵽嵲。蚩尤塞寒空，蹴蹋崖谷滑。瑶池氣鬱律，羽林相摩戛。君臣留歡娱，樂動殷樛嶱。賜浴皆長纓，與宴非短褐。彤庭所分帛，本自寒女出。鞭撻其夫家，聚斂貢城闕。聖人筐篚恩，實欲邦國活。臣如忽至理，君豈棄此物。多士盈朝廷，仁者宜戰慄。況聞内金盤，盡在衛霍室。中堂舞神仙，煙霧散玉質。煖客貂鼠裘，悲管逐清瑟。勸客駝蹄羹，霜橙壓香橘。朱門酒肉臭，路有凍死骨。榮枯咫尺異，惆悵難再述。老妻寄異縣，十口隔風雪。誰能久不顧？庶往共飢渴。入門聞號咷，幼子飢已卒。吾寧捨一哀，里巷亦嗚咽。所愧爲人父，無食致夭折。豈知秋禾登，貧窶有倉卒。生常免租税，名不隸征伐。撫迹猶酸辛，平人固騷屑。默思失業徒，因念遠戍卒。憂端齊終南，澒洞不可掇。

杜甫兵車行略云：

道傍過者問行人，行人但云點行頻。或從十五北防河，便至四十西營田。去時里正與裹頭，歸來頭白還戍邊。邊亭流血成海水，武皇開邊意未已。君不聞，漢家山東二百州，千村萬落生荆杞。縱有健婦把鋤犂，禾生隴畝無東西。況復秦兵耐苦戰，被驅不異犬與雞。長者雖有問，役夫敢申恨？且如今年冬，未休關西卒。縣官急索租，租税從何出？信知生男惡，反是生女好。生女猶得嫁比鄰，生男埋没隨百草。

杜甫憶昔詩之二略云：

憶昔開元全盛日，小邑猶藏萬家室。稻米流脂粟米白，公私倉廩俱豐實。九州道路無豺虎，遠行不勞吉日出。齊紈魯縞車班班，男耕女桑不相失。豈聞一絹直萬錢，有田種穀今流血。

通典柒食貨典柒歷代盛衰户口條略云：

〔隋〕煬帝大業二年，户八百九十萬七千五百三十六，口四千六百一萬九千九百五十六，此隋之極盛也。

〔唐開元〕二十年，户七百八十六萬一千二百三十六，口四千五百四十三萬一千二百六十五。天寶元年，户八百三十四萬八千三百九十五，口四千五百三十一萬一千二百七十二。十四載，管户總八百九十一萬四千七百九，管口總五千二百九十一萬九千三百九，此國家之極盛也。

通典陸食貨典陸賦税下云：

按天寶中天下計帳，户約有八百九十餘萬，其税錢約得二百餘萬貫。（原注，大約高等少，下等多，今一例爲八等以下户計之，其八等户所税四百五十二，九等户則二百二十二，今通以二百五十爲率，自七載至十四載六七年間，與此大數，或多少加減不同，所以言約，他皆類此。）其地税約得千二百四十餘萬石。（西漢每户所墾田不過七十畝，今亦准此約計數。）課丁八百二十餘萬。其庸調租等約出絲綿郡縣計三百七十餘萬丁。庸調輸絹約七百四十餘萬疋(每丁計兩疋),綿則百八十五萬餘屯(每丁三兩,六兩爲屯,則兩丁合成一屯)。租粟則七百四十餘萬石(每丁兩石),約出布郡縣計四百五十餘萬丁,庸調輸布約千三十五萬餘端。(每丁兩端一丈五尺,十丁則二十三端也。)其租約百九十餘萬丁,江南郡縣折納布約五百七十餘萬端。(大約八等以下户計之,八等折租,每丁三端一丈,九等則二端二丈,今通以三端爲率。)二百六十餘萬丁,江北郡縣納粟約五百二十餘萬石。

大凡都計租稅庸調,每歲錢粟絹綿布約得五千二百二十餘萬端疋屯貫石,諸色資課及句剥所獲不在其中。(據天寶中度支每歲所入端屯疋貫石都五千七百餘萬,計稅錢地稅庸調折租得五千三百四十餘萬端疋屯,其資課及句剥等當合得四百七十餘萬。)

其度支歲計,粟則二千五百餘萬石,(三百萬折充絹布添入兩京庫。三百萬迴充米豆,供尚食及諸司官廚等料,並入京倉。四百萬江淮迴造米,轉入京,充官禄及諸司糧料。五百萬留當州官禄及遞糧。一千萬諸道節度軍糧及貯備當州倉。)布絹綿則二千七百餘萬端屯疋,(千三百萬入西京,一百萬入東京。千三百萬諸道兵賜及和糴,并遠小州便,充官料郵驛等費。)錢則二百餘萬貫。(百四十萬諸道州官課料及市驛馬,六十餘萬添充諸軍州和糴軍糧。)

自開元中及於天寶,開拓邊境,多立功勳,每歲軍用日增,其費糴米粟則三百六十萬疋段,(朔方、河西各八十萬，隴右百萬，伊西北庭八萬，安西十二萬，河東節度及羣牧使各四十萬。）給衣則五百三十萬，（朔方百二十萬，隴右百五十萬，河西百萬，伊西北庭四十萬，安西三十萬，河東節度四十萬，羣牧五十萬。）別支計則二百一十萬，（河東五十萬，幽州、劍南各七十萬。）餽軍食則百九十萬石，（河東五十萬，幽州、劍南各七十萬。）大凡一千二百六十萬（開元以前每歲邊夷戎所用不過二百萬貫，自後經費日廣，以至於此。）而賜賚之費，此不與焉。

拾伍　藩鎮

資治通鑑貳貳肆唐紀肆拾代宗大曆八年條云：

魏博節度使田承嗣爲安史父子立祠堂，謂之四聖，且求爲相；上令內侍孫知古因奉使諷令毀之。冬，十月，甲辰，加承嗣同平章事以褒之。

新唐書壹貳柒張嘉貞傳附弘靖傳略云：

充盧龍節度使。始入幽州，俗謂禄山、思明爲「二聖」，弘靖懲始亂，欲變其俗，乃發墓毀棺，衆滋不悦。幽薊初效順，不能因俗制變，故范陽復亂。

資治通鑑貳貳貳上元二年三月條略云：

〔史〕朝義泣曰：「諸君善爲之，勿驚聖人！」（寅恪案，此聖人指思明言。）

胡注云：

當時臣子謂其君父爲聖人。

新唐書貳貳肆上叛臣傳僕固懷恩傳略云：

〔史〕朝義自經死，河北平。懷恩與諸將皆罷兵。以功遷河北副元帥、朔方節度使。初，帝有詔，但取朝義，其他一切赦之。故薛嵩、張忠志、李懷仙、田承嗣見懷恩皆叩頭，願效力行伍。懷恩自見功高，且賊平則勢輕，不能固寵，乃悉請裂河北分大鎮以授之，潛結其心以爲助，嵩等卒據以爲患云。

同書貳壹拾藩鎮傳序略云：

遂使其人由羌狄然，訖唐亡百餘年，卒不爲王土。

舊唐書壹玖肆上北突厥傳（新唐書貳壹伍上突厥傳同）略云：

骨咄禄，頡利之疏屬，自立爲可汗，以其弟默啜爲殺，骨咄禄天授中病卒。

骨咄禄死時其子尚幼，默啜遂篡其位，自立爲可汗。

默啜立其弟咄悉匐爲左廂察，骨咄禄子默矩爲右廂察，各主兵馬二萬餘人。又立其子匐俱爲小可汗，仍主處木昆等十姓（寅恪案，舊唐書壹玖肆下西突厥傳云：「其國分爲十部，每部仍令一人統之，號爲十設，每設賜以一箭，故稱十箭焉。又分十箭爲左右廂，其左廂號爲五咄陸，其右厢號爲五弩失畢。五咄陸部落居於碎葉已東，五弩失畢部落居於碎葉已西，自是都號爲十姓部落。其咄陸有五啜，一曰處木昆啜云云。」)兵馬四萬餘人，又號拓西可汗。

初，默啜景雲中率兵西擊娑葛，破滅之。契丹及奚自神功之後，常受其徵役，其地東西萬餘里，控弦四十萬，自頡利之後最爲强盛，自恃兵威，虐用其衆。默啜既老，部落漸多逃散。〔開元〕四年，默啜又北討九姓拔曳固，戰於獨樂河，拔曳固大敗。默啜負勝輕歸，而不設備，遇拔曳固迸卒頡質略於柳林中，突出擊默啜，斬之。

杜牧樊川集陸唐故范陽盧秀才墓誌略云：

秀才盧生名霈，字子中，自天寶後三代或仕燕，或仕趙，兩地皆多良田畜馬，生年二十，未知古有人曰周公、孔夫子者，擊毬飲酒，馬射走兔，語言習尚無非攻守戰鬬之事。

通典肆拾職官典末載杜佑建中時所上省用議(參新唐書壹陸陸杜佑傳)略云：

今田悦之徒，並是庸瑣，繁刑暴賦，唯恤軍戎，衣冠仕(士)人，遇如奴虜。

韓愈昌黎集貳拾送董召南遊河北序略云：

燕趙古稱多感慨悲歌之士，董生舉進士，連不得志於有司，懷抱利器，鬱鬱適兹土，吾知其必有合也，董生勉乎哉！

夫以子之不遇時，苟慕義强仁者皆愛惜焉，矧燕趙之士出乎其性者哉？然吾嘗聞風俗與化移易，吾惡知其今不異於古所云邪？聊以吾子之行卜之也，董生勉乎哉！吾因子有所感矣，爲我弔望諸君之墓，而觀於其市，復有昔時屠狗者乎？爲我謝曰：明天子在上，可以出而仕矣！

全唐詩第伍函李益小傳略云：

李益字君虞，姑臧人，大曆四年登進士第，授鄭縣尉。久不調，益不得意，北遊河朔，幽州劉濟辟爲從事，嘗與濟詩，有怨望語。憲宗時召爲祕書少監、集賢殿學士，自負才地，多所凌忽，爲衆不容。諫官舉幽州詩句，降居散秩。

同書同函李益獻劉濟詩云：

草綠古燕州。鶯聲引獨遊。雁歸天北畔，春盡海西頭。向日花偏落。馳年水自流。感恩知有地，不上望京樓。

舊唐書壹肆壹田承嗣傳略云：

承嗣不習教義，沉猜好勇，雖外受朝旨，而陰圖自固，重加稅率，修繕兵甲，計户口之衆寡，而老弱事耕稼，丁壯從征役，故數年之間，其衆十萬。仍選其魁偉强力者萬人以自衛，謂之衙兵。

新唐書貳佰拾藩鎮魏博羅弘信附紹威傳略云：

魏牙軍，起田承嗣募軍中子弟爲之，父子世襲，姻黨盤互，悍驕不顧法令，〔史〕憲誠等皆所立，有不慊，輒害之無噍類，厚給稟，姑息不能制。時語曰：「長安天子，魏府牙軍。」謂其勢彊也。

袁郊甘澤謠紅線傳略云：

田承嗣募軍中武勇十倍者，得三千人，號外宅男，而厚卹養之，常令三百人夜直州宅。

拾陸　宦　官

新唐書壹叁玖房琯傳附啓傳云：

啓自陳獻使者南口十五，帝怒，殺宦人，貶啓虔州長史，死。始詔五管、福建、黔中道不得以口饋遺、博易，罷臘口等使。（參唐會要捌陸奴婢門元和八年九月詔。）

舊唐書壹伍憲宗紀下云：

〔元和八年夏四月〕乙酉，以邕管經略使房啓爲桂管觀察使。

樊川集叁張保皋鄭年傳（參新唐書貳貳拾新羅傳）云：

〔新羅人張〕保皋歸新羅，謁其王曰：「遍中國以新羅人爲奴婢，願得鎮清海，（新羅海路之要。）使賊不得掠人西去。」其王與萬人，如其請。自大和後海上無鬻新羅人者。

唐會要捌陸奴婢門略云：

大足元年五月三日勑：「西北緣邊州縣，不得畜突厥奴婢。」天寶八載六月十八日勑：「京畿及諸郡百姓，有先是給使在私家驅使者，限勑到五日内，一切送付内侍省。其中有是南口及契券分明者，各作限約，定數驅使。其南口請禁蜀蠻及五溪、嶺南夷獠之類。」

舊唐書玖柒郭元振傳云：

郭元振魏州貴鄉人。舉進士，授通泉尉。任俠使氣，不以細務介意，前後掠賣所部千餘人，以遺賓客，百姓苦之。

柳宗元河東集壹柒童區寄傳云：

柳先生曰，越人少恩，生男女必貨視之。自毁齒以上，父兄鬻賣以覬其利，不足，則盜取他室，束縛鉗梏之，至有鬚鬣者，力不勝，皆屈爲僮，當道相賊殺以爲俗，幸得壯大，則縛取么弱者。漢官，因爲己利，苟得僮恣所爲，不問。以是越中户口滋耗，少得自脱，惟童區寄以十一歲勝，斯亦奇矣。

資治通鑑貳叁柒唐紀元和四年三月上（憲宗）以久旱欲降德音，翰林學士李絳、白居易上言條云：

「嶺南、黔中、福建風俗，多掠良人賣爲奴婢，乞嚴禁止。」（參李相國論事集肆及唐會要捌陸奴婢門元和四年閏三月勑。）

舊唐書貳拾下哀帝紀云：

〔天祐二年六月〕丙申，敕：「福建每年進橄欖子，比因閹豎出自閩中，牽於嗜好之間，遂成貢奉之典。雖嘉忠藎，伏恐煩勞。今後只供蠟面茶，其進橄欖子宜停。」

新唐書貳佰柒宦者傳吐突承璀傳云：

是時，諸道歲進閹兒，號「私白」，閩、嶺最多，後皆任事，當時謂閩爲中官區藪。咸通中，杜宣猷爲觀察使，每歲時遣吏致祭其先，時號「敕使墓户」。宣猷卒用羣宦力，徙宣歙觀察使。

杜牧樊川集壹柒吐突士煜妻封邑號制略云：

勑，詩美夫人，禮稱内子，允膺腹心之任，宜崇家室之榮。弓箭軍器等使、特進、行右領軍衛大將軍、知内侍省事、上柱國、陰山縣開國公、食邑一千五百户吐突士煜妻田氏可封雁門郡夫人。

全唐詩第拾函顧況古詩云：

囝一章。

囝哀閩也。（原注：囝音蹇。閩俗呼子爲囝，父爲郎罷。）

囝生閩方。閩吏得之，乃絶其陽。爲臧爲獲，致金滿屋。爲髠爲鉗，視如草木。天道無知，我罹其毒，神道無知，彼受其福。郎罷別囝，吾悔生汝。及汝既生，人勸不舉。不從人言，果獲是苦。囝別郎罷，心摧血下。隔地及天，及至黄泉，不得在郎罷前。

舊唐書壹捌肆宦官傳云：

楊思勗本姓蘇，羅州石城人。爲内官楊氏所養，以閹從事内侍省。

高力士潘州人，本姓馮。少閹，與同類金剛二人，聖曆元年嶺南討擊使李千里進入宫。則天嘉其黠慧，令給事左右。後因小過，撻而逐之。内官高延福收爲假子，延福出自武三思家，力士遂往來三思第。歲餘，則天復召入禁中。

新唐書貳佰柒宦者傳上云：

魚朝恩，瀘州瀘川人。天寶末，以品官給事黄門。

劉貞亮，本倶氏，名文珍，冒所養宦父，故改焉。

吐突承璀，閩人也。以黄門值東宫。

仇士良，循州興寧人。順宗時得侍東宫。

楊復光，閩人也，本喬氏。少養於内常侍楊玄价家。

同書貳佰捌宦者傳下云：

田令孜，蜀人也，本陳氏。咸通時，歷小馬坊使。

同書貳佰柒宦者傳上劉貞亮即倶文珍傳（舊唐書壹捌肆宦官傳倶文珍傳略同）略云：

貞元末，宦人領兵，附順者益衆。會順宗立，淹痼弗能朝，惟（宦者）李忠言、牛美人侍。美人以帝旨付忠言，忠言授之王叔文，叔文與柳宗元等裁定，然後下中書。然未得縱欲遂奪神策兵以自彊，即用范希朝爲京西北禁軍都將，收宦者權。而忠言素懦謹，每見叔文與論事，無敢異同，唯貞亮乃與之爭。又惡朋黨熾結，因與中人劉光琦、薛文珍、尚衍、解玉、吕如全等同勸帝立廣陵王爲太子監國，帝納其奏。元和八年卒。憲宗思其翊戴之功，贈開府儀同三司（此十五字舊傳之文）。

舊唐書壹伍玖路隨傳（新唐書壹肆貳路隨傳同）略云：

初，韓愈撰順宗實録，説禁中事頗切直，内官惡之，往往於上前言其不實，累朝有詔改修。及隨進憲宗實録後，文宗復令改正永貞時事，隨奏曰：「伏望條示舊記最錯誤者，宣付史官，委之修定。」詔曰：「其實録中所書德宗、順宗朝禁中事，宜令史官詳正刊去，其他不要更修。」

劉禹錫夢得外集玖子劉子自傳述永貞内禪事云：

時太上（順宗）久寢疾，宰臣用事者都不得召對。宫掖事祕，而建桓立順，功歸貴臣。

舊唐書壹伍玖崔羣傳略云：

羣臣議上尊號，皇甫鎛欲加「孝德」兩字，羣曰：「有睿聖則孝德在其中矣。」竟爲鎛所構，憲宗不樂，出爲湖南觀察都團練使。

同書壹陸肆李絳傳略云：

吐突承璀恩寵莫二，是歲（元和六年），將用絳爲宰相，前一日，出承璀爲淮南監軍。翌日，降制，以絳爲中書侍郎、同中書門下平章事。同列李吉甫便僻，善逢迎上意，絳梗直，多所規諫，故與吉甫不協。時議以吉甫通於承璀，故絳尤惡之。

同書壹肆捌李吉甫傳略云：

劉闢反，帝（憲宗）命誅討之，計未決，吉甫密贊其謀，兼請廣徵江淮之師，由三峽路入，以分蜀寇之力。事皆允從，由是甚見親信。淮西節度使吳少陽卒，其子元濟請襲父位。吉甫以淮西內地，不同河朔，且四境無黨援，國家常宿數十萬兵以爲守禦，宜因時而取之。頗叶上旨，始爲經度淮西之謀。

新唐書貳佰壹文藝傳上元萬頃傳附義方傳（通鑑貳叁捌元和七年正月辛未條同）云：

歷虢商二州刺史、福建觀察使。中官吐突承璀，閩人也，義方用其親屬爲右職。李吉甫再當國，陰欲承璀奧助，即召義方爲京兆尹。（寅恪案，新唐書及通鑑俱采自李相國論事集。）

舊唐書壹捌肆宦官傳吐突承璀傳略云：

惠昭太子薨，承璀建議請立澧王寬爲太子，憲宗不納，立遂王宥。穆宗即位，銜承璀不佑己，誅之。

新唐書捌宣宗紀云：

大中十二年二月廢穆宗忌日，停（穆宗）光陵朝拜及守陵宫人。

裴廷裕東觀奏記上云：

憲宗皇帝晏駕之夕，上（宣宗）雖幼，頗記其事，追恨光陵商臣之酷，即位後，誅鉏惡黨無漏網者，郭太后以上英察孝果，且懷慚懼，時居興慶宫，與一二侍兒同升勤政樓，倚衡而望，便欲殞於樓下，欲成上過，左右急持之，即聞於上，上大怒，其夕太后暴崩，上志也。

新唐書壹柒玖李訓傳略云：

宦人陳弘志時監襄陽軍，訓啓帝（文宗）召還，至青泥驛，遣使者杖殺之。復以計白罷〔王〕守澄觀軍容使，賜鴆死。又逐西川監軍楊承和、淮南韋元素、河東王踐言於嶺外，已行，皆賜死。而崔潭峻前物故，詔剖棺鞭尸。元和逆黨幾盡。

舊唐書壹柒上敬宗紀略云：

〔寶曆二年十二月〕辛丑，帝夜獵還宫，與中官劉克明、田務成（成，通鑑作澄）、許文端打毬，軍將蘇佐明、王嘉憲、石定寬等二十八人飲酒。帝方酣，入室更衣，殿上燭忽滅，劉克明等同謀害帝，即時殂於室内。

新唐書捌文宗紀略云：

文宗諱昂（初名涵），穆宗第二子也，始封江王。寶曆二年十二月敬宗崩，劉克明等矯詔，以絳王悟句當軍國事。壬寅，內樞密使王守澄、楊承和、神策護軍中尉魏從簡、梁守謙奉江王而立之，率神策六軍、飛龍兵誅克明，殺絳王。

舊唐書壹陸玖李訓傳略云：

文宗以宦者權寵太過，繼爲禍胎，元和末弒逆之徒尚在左右，雖外示優假，心不堪之。思欲芟落本根，以雪讎恥，九重深處，難與將相明言。前與侍講宋申錫謀，謀之不臧，幾成反噬。（寅恪案，事見舊唐書壹陸柒、新唐書壹伍貳宋申錫傳。）自是巷伯尤横。因鄭注得幸〔王〕守澄，俾之援訓，冀黄門不疑也。訓既秉權衡，即謀誅內豎。中官陳弘慶者，自元和末負弒逆之名，忠義之士無不扼腕，時爲襄陽監軍，乃召自漢南，至青泥驛，遣人封杖決殺。王守澄自長慶已來知樞密，典禁軍，作威作福。訓既作相，以守澄爲六軍十二衛觀軍容使，罷其禁旅之權，尋賜酖殺之。訓愈承恩顧，黄門禁軍迎拜戢斂。

同書同卷鄭注傳略云：

是時，〔李〕訓、〔鄭〕注之權，赫於天下。既得行其志，生平恩讎，絲毫必報。因楊虞卿之獄，挾忌李宗閔、李德裕，心所惡者，目爲二人之黨。朝士相繼斥逐，班列爲之一空。（寅恪案，此事可參考舊唐書壹柒下文宗紀下大和九年八月九月有關諸條，及同書壹柒肆李德裕傳、壹柒陸李宗閔傳，新唐書壹柒肆李宗閔傳、壹捌拾李德裕傳等。）注自言有金丹之術，可去痿弱重膇之疾。始李愬自云得効，乃移之〔王〕守澄，亦神其事。由是中官視注皆憐之，卒以是售其狂謀。而守澄自貽其患。

舊唐書壹捌肆宦官傳王守澄傳略云：

時仇士良有翊上之功，爲守澄所抑，位未通顯。〔李〕訓奏用士良分守澄之權，乃以士良爲左軍中尉，守澄不悦，兩相矛盾。訓因其惡。大和九年，帝（文宗）令内養李好古齎酖賜守澄，祕而不發，守澄死，仍贈揚州大都督。其弟守涓爲徐州監軍，召還，至中牟，誅之。守澄豢養訓、〔鄭〕注，反罹其禍，人皆快其受佞而惡訓、注之陰狡。

資治通鑑貳肆伍大和九年六月條略云：

左神策中尉韋元素、樞密使楊承和、王踐言居中用事，與王守澄争權不叶，李訓、鄭注因之出承和於西川，元素於淮南，踐言於河東，皆爲監軍。

新唐書壹柒玖李訓傳略云：

〔訓〕出〔鄭〕注使鎮鳳翔，外爲助援，擢所厚善分總兵柄，於是王璠爲太原節度使，郭行餘爲邠寧節度使，羅立言權京兆尹，韓約金吾將軍，李孝本權御史中丞。陰許璠、行餘多募士及金吾臺府卒，劫以爲用。〔太和九年〕十一月壬戌（二十一日），帝（文宗）御紫宸殿，約奏甘露降金吾左仗樹，〔帝〕輦如含元殿，詔宰相羣臣往視，還，訓奏言：「非甘露。」帝顧中尉仇士良、魚志弘等驗之，訓因欲閉止諸宦人，使無逸者。時璠、行餘皆辭赴鎮，兵列丹鳳門外，訓傳呼曰：「兩鎮軍入受詔旨！」聞者趨入，邠寧軍不至。宦人至仗所，會風動廡幕，見執兵者，士良等驚，走出，閽者將闔扉，爲宦侍叱爭，不及閉。訓急，連呼金吾兵曰：「衛乘輿者，人賜錢百千！」於是有隨訓入者。宦人曰：「急矣！」即扶輦，決罘罳下殿趨，訓攀輦曰：「陛下不可去！」士良曰：「李訓反。」帝曰：「訓不反。」士良手搏訓而躓，訓壓之，將引刀鞾中，救至，士良免。立言、孝本領衆四百東西來，上殿與金吾士縱擊，宦官死者數十人。訓持輦愈急，至宣政門，宦人郗志榮揕訓仆之，輦入東上閤，即閉，宮中呼萬歲。會士良遣神策副使劉泰倫、陳君奕等率衛士五百挺兵出，所值輒殺。殺諸司史六七百人，復分兵屯諸宮門，捕訓黨千餘人，斬四方館，流血成渠。

贊曰：李德裕嘗言天下有常勢，北軍是也。訓因王守澄以進，此時出入北軍，若以上意説諸將，易如靡風，而反以臺、府抱關游徼抗中人，以搏精兵，其死宜哉！文宗嘗稱：「訓天下奇才。」德裕曰：「訓曾不得齒徒隸，尚何才之云！」世以德裕言爲然。（寅恪案，李德裕語見其著窮愁志奇才論。）

資治通鑑唐紀貳肆伍太和九年十一月壬戌（即二十一日）甘露事變，其結論有云：

自是天下事皆決於北司，宰相行文書而已。

唐語林柒補遺云：

宣宗崩，內官定策立懿宗，入中書商議，命宰臣署狀，宰相將有不同者。夏侯孜曰：「三十年前外大臣得與禁中事，三十年以來外大臣固不得知，但是李氏子孫，內大臣定，外大臣即北面事之，安有是非之說？」

張固幽閒鼓吹云：

朱崖（李德裕）在維揚，監軍楊欽義追入，必爲樞近，而朱崖（德裕）致禮皆不越尋常，欽義心銜之。一日邀中堂飲，更無餘賓，而陳設寶器、圖書數牀，皆殊絶，一席祇奉亦竭情禮。宴罷，皆以贈之，欽義大喜過望。行至汴州，有詔令監淮南軍，欽義至，即具前時所獲歸之，朱崖曰：「此無所直，奈何相拒？」悉却與之，欽義感悦數倍，後竟作樞密使，武皇一朝之柄用皆欽義所致也。

資治通鑑貳肆柒會昌三年五月壬寅以翰林學士承旨崔鉉爲中書侍郎同平章事條云：

上（武宗）夜召學士韋琮，以鉉名授之，令草制，宰相、樞密皆不之知。時樞密使劉行深、楊欽義皆愿慤，不敢預事，老宦者尤之曰：「此由劉、楊懦怯，墮敗舊風故也。」

同書貳肆捌會昌六年三月條云：

上（武宗）疾篤，旬日不能言。諸宦者密於禁中定策，辛酉，下詔稱：「皇子沖幼，須選賢德，光王怡可立爲皇太叔，更名忱，一應軍國政事令權句當。」甲子，上崩。丁卯，宣宗即位。

胡注：

以武宗之英達，李德裕之得君，而不能定後嗣，卒制命於宦豎，北司掌兵，且專宫禁之權也。

唐語林貳政事類下（參新唐書壹陸玖韋貫之傳附澳傳）云：

宣宗暇日召翰林學士韋澳入。上曰：「要與卿款曲，少間出外，但言論詩！」上乃出詩一篇。有小黄門置茶牀訖，亟屏之。乃問：「朕於敕使如何？」澳曰：「威制前朝無比。」上閉目摇手曰：「總未。依前怕他。在卿如何？計將安出？」澳既不爲之備，率意對曰：「謀之於外廷，即恐有大和事，（寅恪案，大和事指甘露事變。）不若就其中揀拔有才者，委以計事。」上曰：「此乃末策，朕行之，初擢其少者，至黄，至緑，至緋，皆感恩，若紫衣掛身，即合爲一片矣。」澳慚汗而退。

北夢瑣言伍令狐公密狀條云：

唐大和中，閹官恣横，因甘露事，王涯等皆罹其禍，竟未昭雪。宣宗即位，深抑其權，末年嘗授旨於宰相令狐公（綯），欲盡誅之，（綯）慮其寃，乃密奏牓子曰：「但有罪莫舍，有闕莫填，自然無遺類矣。」後爲宦者所見，於是南（衙）北（司）益相水火，洎昭宗末崔侍中（胤）得行其志，然而玉石俱焚也。

通鑑貳伍拾咸通二年二月條云：

是時士大夫深疾宦官，事有小相涉，則衆共棄之。建州進士葉京嘗預宣武軍宴，識監軍之面。既而及第，在長安與同年出遊，遇之於塗，馬上相揖。因之，謗議諠然，遂沈廢終身。其不相悦如此。

寅恪案：昌黎外集叁有送汴州監軍俱文珍序並詩，備極諂諛之詞。夫文珍亦宣武軍監軍也，而退之與葉京之遭遇乃迥不相似，據是可知貞元及咸通時，士大夫與閹寺關係之異同矣。

舊唐書壹捌肆宦官傳楊復恭傳略云：

李茂貞收興元，進復恭前後與〔楊〕守亮私書六十紙，訴致仕之由云：「吾於荆榛中援立壽王，有如此負心門生天子，既得尊位，乃廢定策國老。」

同書同卷同傳末略云：

是月（光化三年正月），〔朱〕全忠迎駕長安，詔以崔胤爲宰相，兼判六軍諸衛。胤奏曰：「高祖、太宗時，無内官典軍旅。自天寶已後，宦官寖盛。貞元、元和，分羽林衛爲左右神策軍，使衛從，令宦官主之，自是參掌樞密。由是内務百司，皆歸宦者，不翦其本根，終爲國之蟊賊。内諸司使務宦官主者，望一切罷之，諸道監軍使，並追赴闕廷。」詔曰：「其第五可範已下並宜賜死。其在畿甸同華、河中，並盡底處置訖，諸道監軍使已下，及管内經過并居停内使，敕到並仰隨處誅夷訖聞奏。其左右神策軍，並令停廢。」

新唐書伍拾兵志略云：

其後京畿之西，多以神策軍鎮之，皆有屯營。軍司之人，散處甸内，皆恃勢凌暴，民間苦之。自德宗幸梁還，以神策兵有勞，皆號「興元元從奉天定難功臣」，恕死罪。中書、御史府、兵部乃不能歲比其籍，京兆又不敢總舉名實。三輔人假比於軍，一牒至十數。長安姦人多寓占兩軍，身不宿衛，以錢代行，謂之納課户。益肆爲暴，吏稍禁之，輒先得罪，故當時京尹、赤令皆爲之斂屈。〔貞元〕十年，京兆尹楊於陵請置挾名敕，五丁許二丁居軍，餘差以條限，繇是豪彊少畏。十二年，以監句當左神策軍、左監門衛大將軍、知内侍省事竇文場爲左神策軍護軍中尉，監句當右神策軍、右監門衛將軍、知内侍省事霍仙鳴爲右神策軍護軍中尉，監右神威軍使、内侍兼内謁者監張尚進爲右神威軍中護軍，監左神威軍使、内侍兼内謁者監焦希望爲左神威軍中護軍。護軍中尉、中護軍皆古官，帝既以禁衛假宦官，又以此寵之。十四年，又詔左右神策置統軍，以崇親衛，如六軍。時邊兵衣饟多不贍，而戍卒屯防，藥茗蔬醬之給最厚。諸將務爲詭辭，請遥隸神策軍，稟賜遂贏舊三倍，繇是塞上往往稱神策行營，皆内統於中人矣，其軍乃至十五萬。故事，京城諸司、諸使、府、縣，皆季以御史巡囚。後以北軍地密，未嘗至。十九年，監察御史崔薳不知近事，遂入右神策，中尉奏之，帝怒，杖薳四十，流崖州。順宗即位，王叔文用事，欲取神策兵柄，乃用故將范希朝爲左右神策、京西諸城鎮行營兵馬節度使，以奪宦者權而不克。昭宗召朱全忠兵入誅宦官，宦官覺，劫天子幸鳳翔。全忠圍之歲餘，天子乃誅中尉韓全誨、張弘彦等二十餘人，以解梁兵，乃還長安。於是悉誅宦官，而神策左右軍繇此廢矣。

白氏長慶集壹宿紫閣山北村詩云：

晨遊紫閣峰，暮宿山下村。村老見予喜，爲予開一尊。舉杯未及飲，暴卒來入門。紫衣挾刀斧，草草十餘人。奪我席上酒，掣我盤中餐。主人退後立，斂手反如賓。中庭有奇樹，種來三十春。主人惜不得，持斧斷其根。口稱采造家，身屬神策軍。主人慎勿語，中尉正承恩。

拾柒　唐後期財政

唐會要捌叁租稅上云：

建中元年正月五日赦文：「宜委黜陟使與觀察使及刺史、轉運所由，計百姓及客户，約丁產、定等第，均率作年支兩稅。如當處土風不便，更立一限。其比來徵科色目，一切停罷。」至二月二十一日起請條請，令黜陟觀察使及州縣長官，據舊徵稅數，及人户土客定等第錢數多少，爲夏秋兩稅。其鰥寡惸獨不支濟者，准制放免。其丁租庸調並入兩稅，州縣常存丁額，准式申報。其應科斛斗，請據大曆十四年見佃青苗地額均税。夏税六月内納畢，秋税十一月内納畢。其黜陟使每道定税訖，具當州府應税都數，及徵納期限，并支留合送等錢物斛斗，分析聞奏，并報度支、金部、倉部、比部。其月，大赦天下，遣黜陟使觀風俗，仍與觀察使、刺史計人産等級，爲兩税法。此外斂者，以枉法論。

其年八月，宰相楊炎上疏奏曰：「國家初定令式，有租賦庸調之法。至開元中，玄宗修道德，以寛仁爲治本，故不爲版籍之書。人户寖溢，隄防不禁。丁口轉死，非舊名矣；田畝移换，非舊額矣；貧富升降，非舊第矣。户部徒以空文，總其故書，蓋非得當時之實。舊制，人丁戍邊者，蠲其租庸，六歲免歸。玄宗方事夷狄，戍者多死不返，邊將怙寵而諱敗，不以死申，故其貫籍之名不除。至天寶中，王鉷爲户口使，方務聚斂以丁籍且存，則丁身焉往，是隱課而不出耳。遂按舊籍計除六年之外，積徵其家三十年租庸。天下之人，苦而無告，則租庸之法弊久矣。迨至德之後，天下兵起，始以兵役，因之飢癘，徵求運輸，百役並作，人户凋耗，版圖空虚。軍國之用，仰給於度支、轉運二使；四方大鎮，又自給於節度、團練使；賦斂之司，增數而莫相統攝。於是綱目大壞，朝廷不能覆諸使，諸使不能覆諸州，四方貢獻悉入内庫。權臣猾吏緣以爲奸，或公託進獻，私爲贓盗者，動以萬計。有重兵處，皆厚自奉養，正賦所入無幾。吏之職名，隨人署置；俸給厚薄由其增損。故科斂之名凡數百，廢者不削，重者不去，新舊仍積，不知其涯。百姓受命而供之，旬輸月送，無有休息。吏因其苛，蠶食於人。凡富人多丁，率爲官爲僧，以色役免；貧人無所入，則丁存，故課免於上，而賦增於下。是以天下殘瘁，蕩爲浮人，鄉居地著者，百不四五，如是者迨三十年。」炎遂請作兩税法，以一其名，曰：「凡百役之費，一錢之斂，先度其數。而賦於人，量出以制入，户無土客，以見居爲簿；人無丁中，以貧富爲差。不居處而行商者，在所州縣税三十之一。度所取與居者均，使無僥倖。居人之税，秋夏兩徵之。俗有不便者，正之。其租庸雜徭悉省，而丁額不廢，申報出入如舊式。其田畝之税，率以大曆十四年墾田之數爲准，而均徵之。夏税無過六月，秋税無過十一月。逾歲之後，有户增而税減輕，及人散而失均者，進退長吏，而以度支總統之。」德宗善而行之。

同書捌捌倉及常平倉門略云：

貞觀二年四月三日，尚書左丞戴胄上言曰：「今請自王公已下，爰及衆庶，計所墾田，稼穡頃畝，每至秋熟，準其見苗，以理勸課，盡令出粟。麥稻之鄉，亦同此税。各納所在，立爲義倉。」上（太宗）曰：「宜下有司，議立條制。」户部尚書韓仲良奏：「王公已下，墾田畝納二升。其粟麥粳稻之屬，各依土地，貯之州縣，以備凶年。」制可之。

永徽二年閏九月六日勅：「義倉據地收税，實是勞煩，宜令率户出粟。上下户五石，餘各有差。」

通典壹貳輕重門云：

開元二十五年定式：「王公以下，每年户別據所種田，畝別税粟二升，以爲義倉。其商賈户若無田及不足者，上上户税五石，上中以下遞減各有差。諸出給雜種準粟者，稻穀一斗五升當粟一斗。其折納糙米者，稻三石折納糙米一石四斗。

舊唐書壹肆捌裴垍傳（參通鑑貳叁柒憲宗元和三年九月條）云：

先是，天下百姓輸賦於州府：一曰上供，二曰送使，三曰留州。建中初定兩税時，貨重錢輕；是後貨輕錢重，齊人所出，固已倍其初征。而其留州、送使，所在長吏又降省估，使就實估，以自封殖而重賦於人。及垍爲相，奏請：「天下留州、送使物，一切令依省估。其所在觀察使仍以其所莅之郡，租賦自給，若不足，然後徵於支郡。」其諸州送使額，悉變爲上供。故江淮稍息肩。

唐會要捌柒轉運鹽鐵總叙云：

〔憲宗〕元和二年三月，以李巽代之。（杜佑判度支鹽鐵轉運使。）先是，李錡判使，天下榷酤漕運，由其操割，專事貢獻，牢其寵渥。中朝秉事者悉以利交，鹽鐵之利，積於私室，而國用日耗。巽既爲鹽鐵使，大正其事，其堰埭先隸浙西觀察使者，悉歸之，因循權置者，盡罷之。增置河陰敖倉，置桂陽監，鑄平陽銅山爲錢。又奏：「江淮、河南、峽内、兖鄆、嶺南鹽法監院，去年收鹽價緡錢七百二十七萬，比舊法張其估二千七百八十餘萬，非實數也。今請以其數除爲糶鹽之外，付度支收其數。」鹽鐵使糶鹽，利繫度支，自此始也。又以程异爲揚子留後，四年四月五日，巽卒。自榷筦之興，唯劉晏得其術，而巽次之。然初年之利，類晏之季年，季年之利，則三倍於晏矣。舊制，每歲運江淮米五十萬斛，至河陰留十萬，四十萬送渭倉。晏殁，久不登其數，惟巽掌使三載，無升斗之缺焉。六月，以河東節度使李鄘代之。五年，鄘爲淮南節度使，以宣州觀察使盧坦代之。六年，坦奏：「每年江淮運糙米四十萬石到渭橋，近日欠闕大半，詳旋收糴，遞年貯備。」從之。坦改户部侍郎，以京兆尹王播代之。播遂奏：「元和五年，江淮、河南、嶺南、峽中、兖鄆等鹽利錢六百九十八萬貫。比量改法已前舊鹽利時價，四倍虚估，即此錢當爲千七百四十餘萬貫矣。請付度支收管。」從之。其年詔曰：「兩税法悉委郡國，初極便人，但緣約法之時，不定物估，今度支鹽鐵，泉貨是司，各有分巡，置於都會。爰命帖職，周視四方，簡而易從，庶叶權便。政有所弊，事有所宜，皆得舉聞，副我憂寄。」以揚子鹽鐵留後爲江淮已南兩税使，江陵留後爲荆衡漢沔東界、彭蠡南及日南兩税使，度支山南西道分巡院官充三川兩税使。峽内煎鹽五監先屬鹽鐵使，今宜割屬度支，便委山南西道兩税使兼知糶賣。」峽内鹽屬度支，自此始也。

〔元和〕七年，王播奏：「去年鹽利，除割峽内井鹽，收錢六百八十五萬。」從實估也。又奏：

「商人於户部、度支、鹽鐵三司飛錢，謂之便换。」

顔魯公文集附殷亮撰行狀云：

〔李〕華於是復詣平原，與公相見，公因問以足用之計，華遂與公數日參議，以定錢收景城鹽，沿河置場，令諸郡略定一價，節級相輸，而軍用遂贍。時北海郡録事參軍第五琦隨刺史賀蘭進明招討於河北，覩其事，遂竊其法，乃奏肅宗於鳳翔，至今用之不絶，然猶未得公本策之妙旨焉。

新唐書壹肆玖劉晏傳云：

領東都、河南、江淮轉運、租庸、鹽鐵、常平使。時大兵後，京師米斗千錢，禁膳不兼時，甸農挼穗以輸。晏乃自按行，浮淮、泗，達於汴，入于河。右循底柱、硤石，觀三門遺迹；至河陰、鞏、洛，見宇文愷梁公堰，厮河爲通濟渠，視李傑新堤，盡得其病利。然畏爲人牽制，乃移書於宰相元載，以爲：「大抵運之利與害各有四：京師三輔，苦税入之重，淮、湖粟至，可减傜賦半，爲一利。東都彫破，百户無一存，若漕路流通，則聚落邑廛漸可還定，爲二利。諸將有不廷，戎虜有侵盗，聞我貢輸錯入，軍食豐衍，可以震耀夷夏，爲三利。若舟車既通，百貨雜集，航海梯嶠，可追貞觀、永徽之盛，爲四利。起宜陽、熊耳、虎牢、成皋五百里，見户纔千餘，居無尺椽，爨無盛煙，獸游鬼哭，而使轉車輓漕，功且難就，爲一病。河、汴自寇難以來，不復穿治，崩岸滅木(水)，所在厥淤，涉泗(洄)千里，如罔水行舟，爲二病。東垣、底柱、澠池、北河之間六百里，戍邏久絶，奪攘姦宄，夾河爲藪，爲三病。淮陰去蒲坂，亘三千里，屯壁相望，中軍皆鼎司元侯，每言衣無纊，食半菽，輓漕所至，輙留以饋軍，非單車使者折簡書所能制，爲四病。」載方内擅朝權，既得書，即盡以漕事委晏，故晏得盡其才。歲輸始至，天子大悦，遣衛士以鼓吹迓東渭橋，馳使勞曰：「卿，朕酇侯也。」凡歲致四十萬斛，自是關中雖水旱，物不翔貴矣。

同書伍肆食貨志云：

自兵起，流庸未復，税賦不足供費，鹽鐵使劉晏以爲因民所急而税之，則國足用。於是上鹽法輕重之宜，以鹽吏多則州縣擾，出鹽鄉因舊監置吏，亭户糶商人，縱其所之。江、嶺去鹽遠者，有常平鹽，每商人不至，則減價以糶民，官收厚利而人不知貴。晏又以鹽生霖潦則鹵薄，暵旱則土溜墳，乃隨時爲令，遣吏曉導，倍於勸農。吴、越、揚、楚鹽廩至數千，積鹽二萬餘石。有漣水、湖州、越州、杭州四場，嘉興、海陵、鹽城、新亭、臨平、蘭亭、永嘉、太昌、候官、富都十監，歲得錢百餘萬緡，以當百餘州之賦。自淮北置巡院十三，曰揚州、陳許、汴州、廬壽、白沙、淮西、甬橋、浙西、宋州、泗州、嶺南、兗鄆、鄭滑，捕私鹽者，姦盜爲之衰息。然諸道加榷鹽錢，商人舟所過有税。晏奏罷州縣率税，禁堰埭邀以利者。晏之始至也，鹽利歲纔四十萬緡，至大曆末，六百餘萬緡。天下之賦，鹽利居半，宫闈服御、軍饟、百官禄俸皆仰給焉。

舊唐書壹肆憲宗紀上（參通鑑貳叁柒元和二年此條胡注及唐會要陸叁修撰條）云：

（元和二年十二月）己卯，史官李吉甫撰元和國計簿，總計天下方鎮凡四十八，管州府二百九十五，縣一千四百五十三，户二百四十四萬二百五十四，其鳳翔、鄜坊、邠寧、振武、涇原、銀夏、靈鹽、河東、易定、魏博、鎮冀、范陽、滄景、淮西、淄青十五道，凡七十一州，不申户口。每歲賦入倚辦，止於浙江東西、宣歙、淮南、江西、鄂岳、福建、湖南等八道，合四十九州，一百四十四萬户。比量天寶供稅之户，則四分有一。天下兵戎仰給縣官者八十三萬餘人，比量天寶士馬，則三分加一，率以兩户資一兵。其他水旱所損，徵科發斂，又在常役之外。吉甫都纂其事，成書十卷。

同書壹玖下僖宗紀云：

（光啓元年三月）丁卯，車駕（自蜀）至京師。時李昌符據鳳翔，王重榮據蒲、陝，諸葛爽據河陽、洛陽，孟方立據邢、洺，李克用據太原、上黨，朱全忠據汴、滑，秦宗權據許、蔡，時溥據徐、泗，朱瑄據鄆、齊、曹、濮，王敬武據淄、青，高駢據淮南八州，秦彦據宣、歙，劉漢宏據浙東，皆自擅兵賦，迭相吞噬，朝廷不能制。江淮轉運路絶，兩河、江淮賦不上供，但歲時獻奉而已。國命所能制者，河西、山南、劍南、嶺南西道數十州，大約郡將自擅，常賦殆絶，藩侯廢置，不自朝廷，王業於是蕩然。

拾捌 黃巢 沙陀

舊唐書壹玖下僖宗紀廣明元年六月條云：

〔吐渾赫連〕鐸遣人説高文集令歸國，文集與沙陀首領李友金、薩葛都督米海萬、安慶都督史敬存以前蔚州歸款於李琢。時〔李〕克用率衆禦燕軍於雄武軍。七月，沙陀三部落李友金等開門迎大軍。

新唐書貳壹捌沙陀傳云：

〔黃〕巢攻潼關，入京師，詔河東監軍陳景思發代北軍。時沙陀都督李友金屯興唐軍，薩葛首領米海萬、安慶都督史敬存屯感義軍。

資治通鑑貳伍叁唐僖宗廣明元年六月條略云：

李克用遣大將高文集守朔州，自將其衆拒〔李〕可舉於雄武軍。〔赫連〕鐸遣人説文集歸國，文集執克用將傅文達，與沙陀酋長李友金、薩葛都督米海萬、安慶都督史敬存皆降於〔李〕琢，開門迎官軍。

新唐書壹肆捌康日知傳附承訓傳（參舊唐書壹玖上懿宗紀咸通四年五年九年十年諸條，及新唐書壹壹肆崔融傳附彥曾傳等）略云：

咸通中，南詔復盜邊。武寧兵七百戍桂州。（寅恪案，新唐書陸伍方鎮表武寧軍節度使治徐州。）六歲不得代，列校許佶、趙可立因衆怒殺都將，詣監軍使丐糧鎧北還，不許，即擅斧庫，劫戰械，推糧料判官龐勛爲長，勒衆上道。懿宗遣中人張敬思部送，詔本道觀察使崔彦曾慰安之。次潭州，監軍詭奪其兵，勛畏必誅，篡舟循江下。益裒兵，招亡命，遂入徐州，據之。帝遣中人康道隱宣慰徐州，道隱還，固求節度，帝乃拜承訓徐泗行營都招討使，率魏博、鄜延、義武、鳳翔、沙陀、吐渾兵二十萬討之，勛以其父舉直守徐州，（承訓使降將張玄稔破徐州。）勛聞徐已拔，自石山而西，所在焚掠。承訓悉兵八萬逐北，沙陀將朱邪赤衷急追至宋州，勛焚南城，爲刺史鄭沖所破，將南趨亳，承訓兵循涣而東，賊走蘄縣，官兵斷橋，不及濟，承訓乃縱擊之，斬首萬級，餘皆溺死，閲三日，得勛尸。

同書貳貳貳中南蠻傳南詔傳云：

會西川節度使陳敬瑄申和親議，時盧攜復輔政，與豆盧瑑皆厚（主和之高）駢，乃譎説帝（僖宗）曰：「宣宗皇帝收三州七關，平江、嶺以南，至大中十四年，内庫貲積如山，户部延資充滿，故宰相〔白〕敏中領西川，庫錢至三百萬緡，諸道亦然。咸通以來，蠻始叛命，再入安南、邕管，一破黔州，四盗西川，遂圍盧耽，召兵東方，戍海門，天下騷動，十有五年，賦輸不内京師者過半，中藏空虚，士死瘴癘，燎骨傳灰，人不念家，亡命爲盗，可爲痛心。」

贊曰：唐亡於黃巢，而禍基於桂林。

同書貳貳伍下黃巢傳略云：

黃巢，曹州冤句人。世鬻鹽，富于貲。善擊劍騎射，稍通書記，辯給，喜養亡命。咸通末，仍歲饑，盜興河南。乾符二年，濮名賊王仙芝亂長垣，有衆三千，殘曹、濮二州，俘萬人，勢遂張。所在肆掠，而巢喜亂，即與羣從八人，募衆得數千人，以應仙芝。

資治通鑑貳伍貳僖宗紀乾符二年六月條云：

〔黃〕巢少與〔王〕仙芝皆以販私鹽爲事。

同書貳伍肆僖宗紀中和元年八月條略云：

武寧節度使支詳遣牙將時溥、陳璠將兵五千入關討黃巢。溥至東都，矯稱詳命，召師還與璠合兵，屠河陰，掠鄭州而東。

舊唐書貳佰下黃巢傳云：

時京畿百姓皆砦於山谷，累年廢耕耘，賊坐空城，賦輸無入，穀食騰踊，米斗三十千。官軍皆執山砦百姓，鬻於賊爲食，人獲數十萬。朝士皆往來同、華，或以賣餠爲業。

同書壹玖下僖宗紀（參舊唐書壹陸壹李光顏傳、新唐書壹陸伍鄭餘慶傳附從讜傳、壹陸柒王播傳附式傳、壹柒壹李光顏傳、壹捌捌楊行密傳、壹捌玖高仁厚傳、貳佰捌宦者傳下田令孜傳、貳壹肆藩鎮澤潞劉悟傳，又同書肆叁下地理志羈縻州迴紇州鷄田州條、陸肆方鎮表興鳳隴欄大中五年條等）略云：

〔乾符四年〕十二月，（黃巢）賊陷江陵之郛，〔荆南節度使楊〕知温求援於襄陽，山南東道節度使李福悉其師援之。時沙陀軍五百騎在襄陽，軍次荆門，騎軍擊賊，敗之。賊盡焚荆南郛郭而去。

〔中和三年〕四月庚辰，收復京城。天下行營兵馬都監楊復光上章告捷，曰：「雁門節度使李克用殺賊無非手刃，入陣率以身先。忠武黃頭軍使龐從等三十二都，隨李克用自光泰門先入京師，力摧凶逆。伏自收平京國，三面皆立大功，若破敵摧鋒，雁門實居其首。」五月，王鐸罷行營都統。時中尉田令孜用事，自負帷幄之功，以鐸用兵無功，而由楊復光建策召沙陀，成破賊之効，欲權歸北司，乃黜王鐸而悦復光也。

拾玖　唐代文學

今開六門，略論韓愈之思想學術及當時政治社會之情況如下：

一曰：建立道統，證明傳授之淵源。

二曰：直指人倫，掃除章句之繁瑣。

三曰：排斥佛老，匡救政俗之弊害。
四曰：呵詆釋迦，申明夷夏之大防。
五曰：改進文體，廣收宣傳之效用。
六曰：奬掖後進，期望學説之流傳。

韓昌黎集壹壹原道略云：

古之爲民者四，今之爲民者六。古之教者處其一，今之教者處其三。農之家一，而食粟之家六。工之家一，而用器之家六。賈之家一，而資焉之家六。奈之何民不窮且盜也。是故君者，出令者也。臣者，行君之令而致之民者也。民者，出粟米麻絲，作器皿，通貨財，以事其上者也。君不出令，則失其所以爲君。臣不行君之令而致之民，則失其所以爲臣。民不出粟米麻絲，作器皿，通貨財，以事其上，則誅。

傳曰，古之欲明明德於天下者，先治其國；欲治其國者，先齊其家；欲齊其家者，先修其身；欲修其身者，先正其心；欲正其心者，先誠其意。然則古之所謂正心而誠意者，將以有爲也。今也欲治其心，而外天下國家，滅其天常，子焉而不父其父，臣焉而不君其君，民焉而不事其事。

曰：斯道也，何道也？曰：斯吾所謂道也，非向所謂老與佛之道也。堯以是傳之舜，舜以是傳之禹，禹以是傳之湯，湯以是傳之文武周公，文武周公傳之孔子，孔子傳之孟軻，軻之死，不得其傳焉。

人其人，火其書，廬其居，明先王之道以道之，鰥寡孤獨廢疾者有養也，其亦庶乎其可也。

同書貳送靈師詩略云：

佛法入中國，爾來六百年。齊民逃賦役，高士著幽禪。官吏不之制，紛紛聽其然。耕桑日失隸，朝署時遺賢。

同書叁玖論佛骨表略云：

臣某言，伏以佛者，夷狄之一法耳。自後漢時流入中國，上古未嘗有也。假如其身至今尚在，奉其國命，來朝京師，陛下容而接之，不過宣政一見，禮賓一設，賜衣一襲，衛而出之於境，不令惑衆也。

同書貳叁祭十二郎文略云：

嗚呼！吾少孤，及長，不省所怙，惟兄嫂是依。中年，兄殁南方，吾與汝俱幼，從嫂歸葬河陽。既又與汝就食江南。零丁孤苦，未嘗一日相離也。

全唐詩壹貳函韓愈拾贈譯經僧詩云：

萬里休言道路賒，有誰教汝度流沙。只今中國方多事，不用無端更亂華。

新唐書壹佰玖王璵傳（參舊唐書壹叁拾王璵傳）略云：

玄宗在位久，推崇老子道，好神仙事，廣修祠祭，靡神不祈。璵上言，請築壇東郊祀青帝，天子入其言，擢太常博士、侍御史，爲祠祭使。璵專以祠解中帝意，有所禳祓，大抵類巫覡。漢以來葬喪皆有瘞錢，後世里俗稍以紙寓錢爲鬼事，至是璵乃用之。肅宗立，累遷太常卿，又以祠禱見寵。乾元三年，拜蒲、同、絳等州節度使，俄以中書侍郎同中書門下平章事。時大兵後，天下願治，璵望輕，無它才，不爲士議諧可，既驟得政，中外悵駭。乃奏置太一壇，勸帝身見九宫祠。帝由是專意，它議不能奪。帝嘗不豫，太卜建言，祟在山川。璵遣女巫乘傳分禱天下名山大川，巫皆盛服，中人護領，所至干託州縣，賂遺狼藉。時有一巫美而蠱，以惡少年數十自隨，尤憸狡不法。馳入黄州，刺史左震晨至館請事，門鐍不啓。震怒，破鐍入，取巫斬廷下，悉誅所從少年，籍其贓得十餘萬，因遣還中人。既以聞，璵不能詰，帝亦不加罪。明年，罷璵爲刑部尚書，又出爲淮南節度使，猶兼祠祭使。始，璵託鬼神致位將相，當時以左道進者紛紛出焉。

舊唐書壹叁拾李泌傳云：

泌頗有讜直之風，而談神仙詭道，或云嘗與赤松子、王喬、安期、羨門遊處，故爲代所輕，雖詭道求容，不爲時君所重。德宗初即位，尤惡巫祝怪誕之士。初，肅宗重陰陽祠祝之説，用妖人王璵爲宰相，或命巫媼乘驛行郡縣以爲厭勝。凡有所興造功役，動牽禁忌。而黎幹用左道位至尹京，嘗内集衆工，編刺珠繡爲御衣，既成而焚之，以爲禳禬，且無虚月。德宗在東宫，頗知其事，即位之後，罷集僧於内道場，除巫祝之祀。有司言宣政内廊壞，請修繕，而太卜云：「孟冬爲魁岡，不利穿築，請卜他月。」帝曰：「春秋之義，啓塞從時，何魁岡之有？」卒命修之。又代宗山陵靈駕發引，上號送于承天門，見轀輬不當道，稍指午未間。問其故，有司對曰：「陛下本命在午，故不敢當道。」上號泣曰：「安有枉靈駕而謀身利？」卒命直午而行。及建中末，寇戎内梗，桑道茂有城奉天之説，上稍以時日禁忌爲意，而雅聞泌長於鬼道，故自外徵還，以至大用，時論不以爲愜。

國史補上李泌任虚誕條（參太平廣記貳捌玖妖妄類李泌條）云：

李相泌以虚誕自任。嘗對客曰：「令家人速灑掃，今夜洪崖先生來宿。」有人遺美酒一榼，會有客至，乃曰：「麻姑送酒來，與君同傾。」傾之未畢，閽者云：「某侍郎取榼子。」泌命倒還之，略無怍色。

唐會要肆柒議釋教上（參舊唐書壹貳柒彭偃傳）略云：

大曆十三年四月，劍南東川觀察使李叔明奏請澄汰佛、道二教，下尚書省集議。都官員外郎彭偃獻議曰：「王者之政，變人心爲上，因人心次之，不變不因，循常守故者爲下，故非有獨見之明，不能行非常之事。今陛下以維新之政，爲萬代法，若不革舊風，令歸正道者，非也。當今道士，有名無實，時俗鮮重，亂政猶輕，惟有僧尼，頗爲穢雜。自西方之教，被於中國，去聖日遠，空門不行五濁，比邱但行麄法，爰自後漢，至于陳隋，僧之教滅，其亦數四，或至坑殺，殆無遺餘，前代帝王，豈惡僧道之善如此之深耶？蓋其亂人亦已甚矣。且佛之立教，清淨無爲，若以色見，即是邪法，開示悟入，惟有一門，所以三乘之人，比之外道。況今出家者，皆是無識下劣之流，縱其戒行高潔，在於王者，已無用矣。今叔明之心甚善，然臣恐其奸吏詆欺，而去者未必非，留者不必是，無益於國，不能息奸，既不變人心，亦不因人心，強制力持，難致遠耳。臣聞天生蒸民，必將有職，遊行浮食，王制所禁。故有才者受爵祿，不肖者出租稅，此古之常道也。今天下僧道不耕而食，不織而衣，廣作危言險語，以惑愚者。一僧衣食，歲計約三萬有餘，五丁所出，不能致此。舉一僧以計天下，其費可知。陛下日旰憂勤，將去人害，此而不救，奚其爲政？臣伏請僧道未滿五十者，每年輸絹四疋，尼及女道士未滿五十者，輸絹二疋。其雜色役，與百姓同。有才智者，令入仕。請還俗爲平人者聽，但令就役輸課，爲僧何傷？臣竊料其所出，不下今之租賦三分之一，然則陛下之國富矣，蒼生之害除矣。其年過五十者，請皆免之。夫子曰：五十而知天命。列子曰：不斑白，不知道。人年五十歲，嗜慾已衰，縱不出家，心已近道，况戒律檢其性情哉？臣以爲此令既行，僧尼規避還俗者固已大半，其年老精修者，必盡爲人師，則道釋二教益重明矣。」上深嘉之。

新唐書壹柒陸韓愈傳略云：

愈成就後進士，往往知名。經愈指授，皆稱「韓門弟子」。

舊唐書壹陸拾韓愈傳略云：

大曆、貞元之間，文字多尚古學，效楊雄、董仲舒之述作，而獨孤及、梁肅最稱淵奥，儒林推重。愈從其徒遊，鋭意鑽仰，欲自振於一代。

新唐書壹柒陸韓愈傳略云：

愈生三歲而孤，隨伯兄會貶官嶺表。

韓昌黎集壹復志賦略云：

當歲行之未復兮，從伯氏以南遷。凌大江之驚波兮，過洞庭之漫漫。至曲江而乃息兮，逾南紀之連山。嗟日月其幾何兮，攜孤嫠而北旋。值中原之有事兮，將就食於江之南。

李漢昌黎先生集序略云：

先生生於大曆戊申，幼孤，隨兄播遷韶嶺。

元白詩證史講義　附：長恨歌傳詳略兩本對照

才調集伍

夢遊春七十韻

昔歲夢遊春，夢遊何所遇。夢入深洞中，果遂平生趣。清冷淺漫流，畫舫蘭篙渡。過盡萬株桃，盤旋竹林路。長廊抱小樓，門牖相迴互。樓下雜花叢，叢邊繞鵷鷺。池光漾霞影，曉日初嗚煦。未敢上堦行，頻移曲池步。烏龍不作聲，碧玉曾相慕。漸到簾幕間，徘徊意猶懼。閑窺東西閤，奇玩參差布。隔子碧油糊，駞鉤紫金鍍。逡巡日漸高，影響人將寤。鸚鵡飢亂鳴，嬌娃（寅恪案，「娃」疑當作「狌」。）睡猶怒。簾開侍兒起，見我遥相諭。鋪設繡紅茵，施張鈿裝具。潛褰翡翠帳，瞥見珊瑚樹。不辨花貌人，空驚香若霧。身迴夜合偏，態斂晨霞聚。睡臉桃破風，汗粧蓮委露。叢梳百葉髻（時勢頭），金蹙重臺履（踏殿樣）。紕軟鈿頭裙（瑟瑟色），玲瓏合歡袴（夾纈名）。鮮妍脂粉薄，暗澹衣裳故。最似紅牡丹，雨來春欲暮。夢魂良易驚，靈境難久寓。夜夜望天河，無由重沿泝。結念心所期，返如禪頓悟。覺來八九年，不向花迴顧。雜合兩京春，喧闐衆禽護。我到看花時，但作懷仙句。浮生轉經歷，道性尤堅固。近作夢仙詩，亦知勞肺腑。一夢何足云，良時事婚娶。當年二紀初，嘉節三星度。朝蕣玉佩迎，高松女蘿附。韋門正全盛，出入多歡裕。甲第漲清池，鳴騶引朱輅。廣榭舞萎蕤，長筵賓雜厝。青春詎幾日，華實潛幽蠹。秋月照潘郎，空山懷謝傅。紅樓嗟壞壁，金谷迷荒戍。石壓破闌干，門摧舊梐枑。雖云覺夢殊，同是終難駐。悰緒竟何如，棼絲不成絇。卓女白頭吟，阿嬌金屋賦。重璧盛姬臺，青塚明妃墓。盡委窮塵骨，皆隨流波注。幸有古如今，何勞縑比素。況余當盛時，早歲諧如(「如」一作「時」。)務。詔册冠賢良，諫垣陳好惡。三十再登朝，一登還一仆。寵榮非不早，邅迴亦云屢。直氣在膏肓，氛氳日沉痼。不言意不快，快意言多忤。忤誠人所賊，性亦天之付。乍可沉爲香，不能浮作瓠。誠爲堅所守，未爲明所措。事事身已經，營營計何誤。美玉琢文珪，良金填武庫。徒謂自堅貞，安知受礱鑄。長絲羈野馬，密網羅陰兔。物外各迢迢，誰能遠相錮。時來既若飛，禍速當如騖。曩意自未精，此行何所訴。(「訴」一作「愬」。)努力去江陵，笑言誰與晤。江花縱可憐，奈非心所慕。石竹逞姦黠，蔓菁誇畝數。一種薄地生，淺深何足妬。荷葉水上生，團團水中住。瀉水置葉中，君看不相污。

汪立名本白香山詩集壹貳

和夢遊春詩一百韻 并序

微之既到江陵，又以夢遊春詩七十韻寄予，且題其序曰：「斯言也，不可使不知吾者知，知吾者亦不可使不知，樂天知吾也，吾不敢不使吾子知。」予辱斯言，三復其旨，大抵悔既往而悟將來也。然予以爲苟不悔不寤則已，若悔於此，則宜悟於彼也。反於彼，而悟於妄，則宜歸於真也。況與足下外服儒風，内宗梵行者，有日矣。而今而後，非覺路之返也，非空門之歸也，將安反乎？將安歸乎？今所和者，其章旨卒歸於此。夫感不甚，則悔不熟，感不至，則悟不深。故廣足下七十韻爲一百韻，重爲足下陳夢遊之中所以甚感者，叙婚仕之際、所以至感者，欲使曲盡其妄，周知其非，然後返乎真，歸于實，亦猶法華經序火宅，偈化城，維摩經入婬舍，過酒肆之義也。微之！微之！予斯文也，尤不可使不知吾者知，幸藏之云耳。

昔君夢遊春，夢遊仙山曲。怳若有所遇，似愜平生欲。因尋菖蒲水，漸入桃花谷。到一紅樓家，愛之看不足。池流渡清泚，草嫩蹋緑蓐。門柳闇全低，簷櫻紅半熟。轉行深深院，過盡重重屋。烏龍卧不驚，青鳥飛相逐。漸聞玉佩響，始辨朱履躅。遥見窗下人，娉婷十五六。霞光抱明月，連豔開初旭。縹渺雲雨仙，氛氲蘭麝馥。風流薄梳洗，時世寬妝束。袖軟異文綾，裾輕單絲縠。裙腰銀線壓，梳掌金筐蹙。帶纈紫蒲萄，袴花紅石竹。凝情都未語，付意微相矚。眉斂遠山青，鬟低片雲緑。帳牽翡翠帶，被解鴛鴦襆。秀色似堪飡，穠華如可掬。半卷錦頭席，斜鋪繡腰褥。朱脣素指勻，粉汗紅綿撲。心驚睡易覺，夢斷魂難續。籠委獨棲禽，劍分連理木。存誠期有感，誓志貞無黷。京洛八九春，未曾花裏宿。壯年徒自棄，佳會應無復。鸞歌不重聞，鳳兆從茲卜。韋門女清貴，裴氏甥賢淑。羅扇夾花燈，金鞍攢繡轂。既傾南國貌，遂坦東牀腹。劉阮心漸忘，潘楊意方睦。新修履信第，初食尚書禄。九醞備聖賢，八珍窮水陸。秦家重蕭史，彦輔憐衛叔。朝饌饋獨盤，夜醪傾百斛。親賓盛輝赫，妓樂紛曄煜。宿醉纔解酲，朝歡俄枕麴。飲過君子爭，令甚將軍酷。酩酊歌鷓鴣，顛狂舞鴝鵒。月流春夜短，日下秋天速。謝傅隙過駒，蕭娘風過(一作送)燭。全凋蕣花折，半死梧桐秃。闇鏡對孤鸞，哀弦留寡鵠。凄凄隔幽顯，冉冉移寒燠。萬事此時休，百身何處贖。提攜小兒女，將領舊姻族。再入朱門行，一傍青樓哭。櫪空無廐馬，水涸失池鶩。摇落廢井梧，荒凉故籬菊。莓苔上几閣，塵土生琴築。舞榭綴蠨蛸，歌梁聚蝙蝠。嫁分紅粉妾，賣散蒼頭僕。門客思徬徨，家人泣呼噢。心期正蕭索，宦序仍拘跼。懷策入崤函，驅車辭郟鄏。逢時念既濟，聚學思大畜。端詳筮仕蓍，磨拭穿楊鏃。始從讎校職，首中賢良目。一拔侍瑶墀，再升紆繡服。誓酬君王寵，願使朝廷肅。密勿奏封章，清明遭憲牘。鷹韝中病下，豸角當邪觸。糺繆盡(一作静)東周，申寃動南蜀。危言詆閽寺，直氣忤鈞軸。不忍曲作鉤，乍能折爲玉。捫心無媿畏，騰口有謗讟。只要明是非，何曾虞禍福。車摧太行路，劍落酆城獄。襄漢問修途，荆蠻指殊俗。謫爲江府掾，遣事荆州牧。趨走謁麾幢，喧煩視鞭扑。簿書常自領，縲囚每親鞫。竟日坐官曹，經旬曠休沐。宅荒渚宫草，馬瘦畲田粟。薄俸等涓毫，微官同桎梏。月中照形影，天際辭骨肉。鶴病翅羽垂，獸窮爪牙縮。行看鬢間白，誰勸杯中緑。時傷大野麟，命問長沙鵩。夏梅山雨漬，秋瘴海(一作江)雲毒。巴水白茫茫，楚山青簇簇。吟君七十韻，是我心所蓄。既去誠莫追，將來幸前勗。欲除憂惱病，當取禪經讀。須悟事皆空，無令念將屬。請思遊春夢，此夢何閃倏。艷色即空花，浮生乃焦穀。良姻在嘉偶，頃刻爲單獨。入仕欲榮身，須臾成黜辱。合者離之始，樂兮憂所伏。愁恨僧祇長，歡榮刹那速。覺悟因傍喻，迷執由當局。膏明誘闇蛾，陽焱奔癡鹿。貪爲苦聚落，愛是悲林麓。水蕩無明波，輪迴死生輻。塵應甘露灑，垢待醍醐浴。障要智燈燒，魔須慧刀戮。外熏性易染，内戰心難衄。法句與心王，期君日三復。(微之常以法句及心王頭陀經相示，故申言以卒其志也。)

長恨歌

長恨歌傳：開元中，泰階平，四海無事。玄宗在位歲久，倦于旰食宵衣，政無大小，始委于右丞相，深居遊宴，以聲色自娱。先是元獻皇后武淑妃皆有寵，相次即世，宫中雖良家子千數，無可悦目者。上心忽忽不樂，每歲十月，駕幸華清宫，内外命婦熠燿景從，浴日餘波，賜以湯沐。春風靈液，淡蕩其間。上心油然，若有顧遇。左右前後，粉色如土。詔高力士潛搜外宫，得弘農楊玄琰女于壽邸。既笄矣，鬒髮膩理，纖穠中度。舉止閑冶，如漢武帝李夫人。别疏湯泉，詔賜澡瑩。既出水，體弱力微，若不任羅綺。光彩焕發，轉動照人。上甚悦。進見之日，奏霓裳羽衣曲以導之。定情之夕，授金釵鈿合以固之。又命戴步摇，垂金璫。明年册爲貴妃，半后服用。繇是冶其容，敏其詞，婉孌萬態，以中上意，上益嬖焉。時省風九州，泥金五岳，驪山雪夜，上陽春朝，與上行同室，宴專席，寢專房，雖有三夫人，九嬪，二十七世婦，八十一御妻，暨後宫才人，樂府妓女，使天子無顧眄意。自是六宫無復進幸者，非徒殊豔尤態致是，蓋才智明慧，善巧便佞，先意希旨，有不可形容者。叔父昆弟皆列在清貫，爵爲通侯，姊妹封國夫人，富埒王室，車服邸第與大長公主侔，而恩澤勢力，則又過之。出入禁門不問，京師長吏爲之側目。故當時謡詠有云：「生女勿悲酸，生男勿喜歡。」又曰：「男不封侯女作妃，看女卻爲門上楣。」其人心羡慕如此！天寶末，兄國忠盜丞相位，愚弄國柄。及安禄山引兵向闕，以討楊氏爲辭，潼關不守，翠華南幸，出咸陽，道次馬嵬亭，六軍徘徊，持戟不進。從官郎吏伏上馬前，請誅錯以謝天下。國忠奉氂纓盤水，死於道周。左右之意未快。上問之，當時敢言者請以貴妃塞天下怒，上知不免，而不忍見其死，反袂掩面，使牽之而去。蒼黄展轉，竟就絶於尺組之下。既而玄宗狩成都，肅宗受禪靈武。明年大兇歸元，大駕還都，尊玄宗爲太上皇，就養南宫，遷於西内。時移事去，樂盡悲來，每至春之日，冬之夜，池蓮夏開，宮槐秋落，梨園子弟玉琯發音，聞霓裳羽衣一聲，則天顏不怡，左右歔欷。三載一意，其念不衰。求之夢魂，杳不能得。適有道士自蜀來，知上皇心念貴妃如是，自言有李少君之術。玄宗大喜，命致其神。方士乃竭其術以索之，不至。又能遊神馭氣，出天界，没地府以求之，不見。又旁求四虚上下，東極天海，跨蓬壺，見最高仙山，上多樓闕，西廂下有洞户，東向，闔其門，署曰「玉妃太真院」。方士抽簪扣扉。有雙童女出應門，方士造次未及言，而雙鬟復入。俄有碧衣侍女又至，詰其所從。方士因稱唐天子使者，且致其命。碧衣云：「玉妃方寢，請少待之。」于時雲海沉沉，洞天日晚，瓊户重闔，悄然無聲。方士屏息斂足，拱手門下。久之而碧衣延入，且曰：「玉妃出。」見一人冠金蓮，披紫綃，佩紅玉，曳鳳舄，左右侍者七八人，揖方士問皇帝安否？次問天寶十四年已還事，言訖憫默，指碧衣取金釵鈿合，各析其半，授使者曰：「爲謝太上皇，謹獻是物，尋舊好也。」方士受辭與信。將行，色有不足。玉妃固徵其意，復前跪致詞，請當時一事，不爲他人聞者，驗於太上皇。不然，恐鈿合金釵，負新垣平之詐也。玉妃茫然退立，若有所思。徐而言之曰：「昔天寶十載，侍輦避暑驪山宫。秋七月牽牛織女相見之夕，秦人風俗，是夜張錦繡，陳飲食，樹瓜華，焚香于庭，號爲乞巧。宫掖間尤尚之。夜始半，休侍衛於東西廂，獨侍上。上凭肩而立，因仰天感牛女事，密相誓心，願世世爲夫婦，言畢執手各嗚咽，此獨君王知之耳。」因自悲曰：「由此一念，又不得居此，復墮下界，且結後緣。或爲天，或爲人，決再相見，好合如舊。」因言太上皇亦不久人間，幸唯自安，無自苦耳。使者還奏太上皇，皇心震悼，日日不豫，其年夏四月，南宮晏駕。元和元年冬十二月，太原白樂天自校書郎尉于盩厔，鴻與琅邪王質夫家于是邑，暇日相攜遊仙遊寺，話及此事，相與感歎，質夫舉酒于樂天前曰：「夫希代之事，非遇出世之才潤色之，則與時消没，不聞于世。樂夫深於詩多於情者也，試爲歌之如何？」樂天因爲長恨歌。意者不但感其事，亦欲懲尤物，窒亂階，垂于將來也。歌既成，使鴻傳焉，世所不聞者，予非開元遺民，不得知。世所知者，有玄宗本紀在，今但傳長恨歌云爾。前進士陳鴻撰。

漢皇重色思傾國，御宇多年求不得。楊家有女初長成，養在深閨人未識。天生麗質難自棄，一朝選在君王側。迴眸一笑百媚生，六宮粉黛無顏色。春寒賜浴華清池，温泉水滑洗凝脂。侍兒扶起嬌無力，始是新承恩澤時。雲鬢花顏（一作冠）金步摇，芙蓉帳暖度春宵（一作帳裏暖春宵）。春宵苦短日高起，從此君王不早朝。承歡侍宴（一作寢）無閒暇，春從春遊夜專夜。後（一作漢）宫佳麗三千人，三千寵愛在一身。金屋妝成嬌侍夜，玉樓宴罷醉和春。姊妹弟兄皆列土，可憐光彩生門户。遂令天下父母心，不重生男重生女。驪宫高處入青雲，仙樂風飄處處聞。緩歌慢舞凝絲竹，盡日君王看（一作聽）不足。漁陽鞞鼓動地來，驚破霓裳羽衣曲。九重城闕煙塵生，千乘萬騎西南行。翠華摇摇行復止，西出都門百餘里。六軍不發無奈何，宛轉蛾眉馬前死。花鈿委地無人收，翠翹金雀玉搔頭。君王掩面救不得，回看血淚相和流。黄埃散漫風蕭索，雲棧縈紆登劍閣。峨嵋山下少人行，旌旗無光日色薄。蜀江水碧蜀山青，聖主朝朝暮暮情。行宮見月傷心色,夜雨聞鈴腸斷聲。天旋地轉迴龍馭,到此躊躇不能去。馬嵬坡下泥(一作塵)土中,不見玉顏空死處。君臣相顧盡沾衣,東望都門信馬歸。歸來池苑皆依舊,太液芙蓉未央柳。芙蓉如面柳如眉,對此如何不淚垂。春風桃李花開日(一作夜),秋雨梧桐葉落時。西宮南内多秋草,宮華滿堦紅不掃。梨園弟子白髮新,椒房阿監青娥老。夕殿螢飛思悄然,孤(一作秋)燈挑盡未成眠。遲遲鐘鼓初長夜,耿耿星河欲曙天。鴛鴦瓦冷霜華重,翡翠衾寒誰與共(一作舊枕故衾誰與共)。悠悠生死别經年,魂魄不曾來入夢。臨卭道士鴻都客,能以精誠致魂魄。爲感君王展轉思(一作恩),遂教方士殷勤覓。排雲馭氣奔如電,升天入地求之遍。上窮碧落下黄泉,兩處茫茫皆不見。忽聞海上有仙山,山在虚無縹緲間。樓閣(一作殿)玲瓏五雲起,其中綽約多仙子。中有一人字太真(一作字玉真又作名玉妃),雪膚花貌參差是。金闕西廂叩玉扃,轉教小玉報雙成。聞道漢家天子使,九華帳裏夢魂驚。攬衣推枕起徘徊,珠箔銀鉤迤邐開。雲髻半偏新睡覺,花冠不整下堂來。風吹仙袂飄飖舉,猶似霓裳羽衣舞。玉容寂寞淚闌干,梨花一枝春帶雨。含情凝涕(一作睇)謝君王,一别音容兩渺茫。昭陽殿裏恩愛絶,蓬萊宮中日月長。回頭下望人寰處,不見長安見塵霧。唯將(一作空持)舊物表深情,鈿合金釵寄將去。釵留一股合一扇,釵擘黄金合分鈿。但教心似金鈿堅,天上人間會相見。臨别殷勤重寄詞,詞中有誓兩心知。七月七日長生殿,夜半無人私語時。在天願作比翼鳥，在地願爲連理枝。天長地久有時盡，此恨綿綿無盡期。

全唐詩第壹陸函白居易貳壹

霓裳羽衣（一有舞字）歌（和微之。）

我昔元和侍憲皇，曾陪内宴宴昭陽。千歌百（一作萬）舞不可數，就中最愛霓裳舞。舞時寒食春風天，玉鉤欄下香案前。案前舞者顔如玉，不著人家（一作間）俗衣服。虹裳霞帔步摇冠，鈿瓔纍纍佩珊珊。娉婷似不任羅綺，顧聽樂懸行復止。磬簫筝笛遞相攙，擊擫彈吹聲邐迤。（凡法曲之初，衆樂不齊，唯金石絲竹次第發聲。霓裳序初亦復如此。）散序六奏未動衣，陽臺宿雲慵不飛。（散序六徧無拍，故不舞也。）中序擘騞初入拍，秋竹竿裂春冰拆。（中序始有拍，亦名拍序。）飄然轉旋（去聲）迴雪輕，嫣然縱送游龍驚。小垂手後柳無力，斜曳裾時雲欲生。（四句皆霓裳舞之初態。）煙蛾斂略不勝態，風袖低昂如有情。上元點鬟招萼緑，王母揮袂别飛瓊。（許飛瓊萼緑華皆女仙也。）繁音急節十二徧，跳珠撼玉何鏗錚。（霓裳破凡十二徧而終。）翔鸞舞了却收翅，唳鶴曲終長引聲。（凡曲將畢，皆聲拍促速。唯霓裳之末，長引一聲也。）當時乍見驚心目，凝視諦聽殊未足。一落人間八九年，耳冷不曾聞此曲。湓城但聽山魈語，巴峽唯聞杜鵑哭。（予自江州司馬轉忠州刺史。）移領錢唐第二年，始有心情問（一作聞)絲竹。玲瓏箜篌謝好箏，陳寵觱栗沈平笙。清弦脆管纖纖手，教得霓裳一曲成。(自玲瓏以下皆杭之妓名。)虚白亭前湖水畔，前後祇應三度按。便除庶子拋却來，聞道如今各星散。今年五月至蘇州，朝鐘暮角催白頭。貪看案牘常侵夜，不聽笙歌直到秋。秋來無事多閑悶，忽憶霓裳無處問。聞君部内多樂徒，問有霓裳舞者無。答云七縣十(一作州千)萬户，無人知有霓裳舞。唯寄長歌與我來，題作霓裳羽衣譜。四幅花箋碧間紅，霓裳實録在其中。千姿萬狀分明見，恰與朝(寅恪案，鐵琴銅劍樓本及汪立名本「朝」均作「昭」。是。)陽舞者同。眼前髣髴覩形質，昔日今朝想如一。疑從魂夢呼召來，似著丹青圖寫出。我愛霓裳君合知，發於歌詠(一作引)形於詩。君不見我歌云，驚破霓裳羽衣曲。(長恨歌云。)又不見我詩云，曲愛霓裳未拍時。(錢唐詩云。)由來能事皆有主，楊氏創聲君造譜。(開元中西涼府節度楊敬述造。)君言此舞難得(一作其)人，須是(一作得)傾城可憐女。吴妖小玉飛作煙，(夫差女小玉死後形見於王，其母抱之，霏微若煙霧散空。)越豔西施化爲土。嬌花巧笑久寂寥，娃館苧蘿空處所。如君所言誠有是，君試從容聽我語。若求國色始翻傳，但恐人間廢此舞。妍媸優劣寧相遠，大都只在人擡舉。李娟(一作嬋)張態君莫嫌，亦擬隨宜(一作時)且教取。(娟態蘇妓之名。)

元氏長慶集貳肆

連昌宮詞

連昌宮中滿宮竹，歲久無人森似束。又有牆頭千葉桃，風動落花紅蔌蔌。宮邊老人爲予泣，小年進食曾因入。上皇正在望仙樓，太真同凭欄干立。樓上樓前盡珠翠，炫轉熒煌照天地。歸來如夢復如癡，何暇備言宮裏事。初過寒食一百六，店舍無煙宮樹緑。夜半月高絃索鳴，賀老琵琶定場屋。力士傳呼覓念奴，念奴潛伴諸郎宿。須臾覓得又連催，特敕街中許燃燭。春嬌滿眼睡紅綃，掠削雲鬟旋裝束。飛上九天歌一聲，二十五郎吹管逐。逡巡大遍涼州徹，色色龜茲轟録續。李謩擪笛傍宮牆，偷得新翻數般曲。（念奴，天寶中名倡，善歌。每歲樓下酺宴累日之後，萬衆喧隘，嚴安之、韋黃裳輩闢易不能禁，衆樂爲之罷奏。玄宗遣高力士大呼於樓上曰：「欲遣念奴唱歌，邠二十五郎吹小管逐，看人能聽否？」未嘗不悄然奉詔。其爲當時所重也如此。然而玄宗不欲奪俠遊之盛，未嘗置在宮禁。或歲幸湯泉，時巡東洛，有司潛遣從行而已。又玄宗嘗於上陽宮夜後按新飜一曲。屬明夕正月十五日，潛遊燈下。忽聞酒樓上有笛奏前夕新曲，大駭之。明日密遣捕捉笛者，詰驗之。自云：其夕竊於天津橋翫月，聞宮中度曲，遂於橋柱上插譜記之。臣即長安少年善笛者李謩也。玄宗異而遣之。）平明大駕發行宮，萬人歌舞途路中。百官隊仗避岐薛，楊氏諸姨車鬥風。明年十月東都破，御路猶存禄山過。驅令供頓不敢藏，萬姓無聲淚潛墮。兩京定後六七年，却尋家舍行宮前。莊園燒盡有枯井，行宮門閉樹宛然。爾後相傳六皇帝，不到離宮門久閉。往來年少説長安，玄武樓前（寅恪案，「前」一作「成」。是。）花蕚廢。去年勑使因斫竹，偶值門開暫相逐。荆榛櫛比塞池塘，狐兔驕癡緣樹木。舞榭攲傾基尚在，文窗窈窕紗猶緑。塵埋粉壁舊花鈿，烏啄風箏碎珠玉。上皇偏愛臨砌花，依然御榻臨堦斜。蛇出燕巢盤鬥拱，菌生香案正當衙。寢殿相連端正樓，太真梳洗樓上頭。晨光未出簾影黑，至今反挂珊瑚鉤。指似傍人因慟哭，却出宮門淚相續。自從此後還閉門，夜夜狐狸上門屋。我聞此語心骨悲，太平誰致亂者誰。翁言野父何分別，耳聞眼見爲君説。姚崇宋璟作相公，勸諫上皇言語切。燮理陰陽禾黍豐，調和中外無兵戎。長官清平太守好，揀選皆言由相公。開元之末姚宋死，朝廷漸漸由妃子。禄山宮裏養作兒，虢國門前鬧如市。弄權宰相不記名，依稀憶得楊與李。廟謨顛倒四海摇，五十年來作瘡痏。今皇神聖丞相明，詔書纔下吴蜀平。官軍又取淮西賊，此賊亦除天下寧。年年耕種宮前道，今年不遣子孫耕。老翁此意深望幸，努力廟謀休用兵。

元氏長慶集貳陸

琵琶歌（寄管兒兼誨鐵山。）

琵琶宮調八十一，旋宮三調彈不出。玄宗偏許賀懷智，段師此藝還相匹。自後流傳指撥衰，崑崙善才徒爾爲。頙聲少得似雷吼，纏（去聲）絃不敢彈羊皮。人間奇事會相續，但有卞和無有玉。段師弟子數十人，李家管兒稱上足。管兒不作供奉兒，拋在東都雙鬢絲。逢人便請送盃盞，著盡功夫人不知。李家兄弟皆愛酒，我是酒徒爲密友。著作曾邀連夜宿，中碾春溪華新綠。平明船載管兒行，盡日聽彈無限曲。曲名無限知者鮮，霓裳羽衣偏宛轉。涼州大遍最豪嘈，六么散序多籠撚。我聞此曲深賞奇，賞著奇處驚管兒。管兒爲我雙淚垂，自彈此曲長自悲。淚垂捍撥朱絃濕，冰泉嗚咽流鶯澀。因茲彈作雨霖鈴，風雨蕭條鬼神泣。一彈既罷又一彈，珠幢夜靜風珊珊。低徊慢弄關山思，坐對燕然秋月寒。月寒一聲深殿磬，驟彈曲破音繁併。百萬金鈴旋（去聲）玉盤，醉容滿船皆暫醒。自茲聽後六七年，管兒在洛我朝天。游想慈恩杏園裏，夢寐仁風花樹前。去年御史留東臺，公私蹙促顏不開。今春制獄正撩亂，晝夜推囚心似灰。暫輟歸時尋著作，著作南園花坼萼。煙脂耀眼桃正紅，雪片滿溪梅已落。是夕青春值三五，花枝向月雲含吐。著作施罇命管兒，管兒久別今方覩。管兒還爲彈六么，六么依舊聲迢迢。猿鳴雪岫來三峽，鶴唳晴空聞九霄。逡巡彈得六么徹，霜刀破竹無殘節。幽關鴉軋胡雁悲，斷弦砉騞層冰裂。我爲含淒歎奇絶，許作長歌始終説。藝奇思寡塵事多，許來寒暑又經過。如今左降在閒處，始爲管兒歌此歌。歌此歌，寄管兒。管兒管兒憂爾衰，爾衰之後繼者誰。繼之無乃在鐵山，鐵山已近曹穆（二善才姓）間。性靈甚好功猶淺，急處未得臻幽閑。努力鐵山勤學取，莫遣後來無所祖。

汪立名本白香山詩集壹貳

琵琶引 并序

元和十年，予左遷九江郡司馬。明年秋，送客湓浦口，聞舟中夜彈琵琶者，聽其音錚錚然，有京都（一作邑）聲。問其人，本長安倡女，嘗學琵琶於穆曹二善才，年長色衰，委身爲賈人婦。遂命酒，使快彈數曲，曲罷憫默。自敘少小時歡樂事，今漂淪憔悴，轉徙於江湖間。予出官二年，恬然自安，感斯人言，是夕始覺有遷謫意。因爲長句，歌以贈之，凡六百一十二言，命曰琵琶行。

潯陽江頭夜送客，楓葉荻花秋瑟瑟。主人下馬客在船，舉酒欲飲無管絃。醉不成歡慘將別，別時茫茫江浸月。忽聞水上琵琶聲，主人忘歸客不發。尋聲暗問彈者誰，琵琶聲停欲語遲。移船相近邀相見，添酒回燈重開宴。千呼萬喚始出來，猶抱（一作把）琵琶半遮面。轉軸撥絃三兩聲，未成曲調先有情。絃絃掩抑聲聲思，似訴平生不得志（一作意）。低眉信手續續彈，説盡心中無限事。輕攏慢撚抹復挑，初爲霓裳後六么（一作綠腰）。大絃嘈嘈如急雨，小絃切切如私語。嘈嘈切切錯雜彈，大珠小珠落玉盤。間關鶯語花底滑，幽咽泉流水（一作冰）下灘（一作難）。水泉冷澀絃疑絶，疑絶不通聲暫歇。別有幽情暗恨生，此時無聲勝有聲。銀瓶乍破水漿迸，鐵騎突出刀鎗鳴。曲終收撥當心畫，四絃一聲如裂帛。東船西舫悄無言，唯見江心秋月白。沉吟放撥插絃中，整頓衣裳起斂容。自言本是京城女，家在蝦蟆陵下住。十三學得琵琶成，名屬教坊第一部。曲罷曾教善才伏，妝成每被秋娘妬。五陵年少争纏頭，一曲紅綃不知數。鈿頭雲篦擊節碎，血色羅裙翻酒污。今年歡笑復明年，秋月春風等閒度。弟走從軍阿姨死，暮去朝來顔色故。門前冷落鞍馬稀，老大嫁作商人婦。商人重利輕別離，前年浮梁買茶去。去來江口守空船，遶船月明江水寒。夜深忽夢少年事，夢啼妝淚紅闌干。（一作啼妝淚落紅闌干。）我聞琵琶已歎息，又聞此語重喞喞。同是天涯淪落人，相逢何必曾相識。我從去年辭（一作離）帝京，謫居卧病潯陽城。潯陽地僻（一作小處）無音樂，終歲不聞絲竹聲。住近湓江地低濕，黄蘆苦竹遶宅生。其間旦暮聞何物，杜鵑啼血猿哀鳴。春江花朝秋月夜，往往取酒還獨傾。豈無山歌與村笛，嘔啞嘲哳難爲聽。今夜聞君琵琶語，如聽仙樂耳暫明。莫辭更坐彈一曲，爲君翻作琵琶行。感我此言良久立，却坐促絃絃轉急。淒淒不似向前聲，滿座重聞皆掩泣。座（一作就）中泣下（一作濕淚）誰最多，江州司馬青衫濕。

全唐詩第壹捌函李紳壹

悲善才

余守郡日，有客遊者，善彈琵琶。問其所傳，乃善才所授。頃在内庭日，别承恩顧，賜宴曲江，敕善才等二十人備樂。自余經播遷，善才已没，因追感前事，爲悲善才。

穆王夜幸蓬池曲，金鑾殿開高秉燭。東頭弟子曹善才，琵琶請進（一作奏）新翻曲。翠娥列坐層城女，笙笛（一作歌）參差齊笑語。天顔静聽朱絲彈，衆樂寂然無敢舉。銜花金鳳當承撥，轉腕攏（一作籠）弦促揮抹（一作霍）。花翻鳳嘯（一作扶花翻鳳）天上來，裛回滿殿飛春雪。抽弦度曲新聲發，金鈴玉珮相瑳切。流鶯子母飛上林，仙鶴雌雄唳明月。此時奉詔侍金鑾，别殿承恩許召彈（一作看）。三月曲江春草緑，九霄天樂下雲端。紫髯供奉前屈膝，盡彈妙曲當春日。寒泉注射隴水開，胡雁翻飛向（一作朔）天没。日曛塵暗車馬散，爲惜新聲有餘歎。明年冠劍閉橋山，萬里孤臣投海畔。籠（一作離）禽鍛翮（一作羽）尚還（一作强迴）飛，白首生徒五嶺歸。聞道善才成朽骨，空餘弟子奉音（一作宣）徽。南譙寂寞三春晚，有客彈弦獨凄怨。静聽深奏楚月光，憶昔初聞曲江宴。心悲不覺淚闌干，更爲調弦反覆彈。秋吹動摇神女佩，月珠敲擊水晶盤。自憐淮海同泥滓，恨魄凝心未能死。惆悵追懷萬事空，雍門感慨(一作琴瑟)徒爲爾。

汪立名本白香山詩集貳

秦中吟十首 并序

貞元、元和之際，予在長安，聞見之間，有足悲者。因直歌其事，命爲秦中吟。

議婚(按韋縠才調集，作貧家女。)

天下無正聲，悦耳即爲娱。人間無正色，悦目即爲姝。顔色非相遠，貧富則有殊。貧爲時所棄，富爲時所趨。紅樓富家女，金縷繡羅襦。見人不斂手，嬌癡二八初。母兄未開口，已嫁不須臾。綠窗貧家女，寂寞二十餘。荆釵不直錢，衣上無真珠。幾迴人欲聘，臨日又踟蹰。主人會良媒，置酒滿玉壺。四座且勿飲，聽我歌兩途：富家女易嫁，嫁早輕其夫。貧家女難嫁，嫁晚孝於姑。聞君欲娶婦，娶婦意何如？

重賦(按才調集，作無名稅。)

厚地植桑麻，所用濟生民。生民理布帛，所求活一身。身外充征賦，上以奉君親。國家定兩稅，本意在愛(一作憂)人。厥初防其淫，明勅內外臣。稅外加一物，皆以枉法論。奈何歲月久，貪吏得因循。浚我以求寵，斂索無冬春。織絹未成疋，繰絲未盈斤。里胥迫（一作逼）我納，不許暫逡巡。歲暮天地閉，陰風生破村。夜深煙火盡，霰雪白紛紛。幼者形不蔽，老者體無温。悲喘與寒氣，併入鼻中辛。昨日輸殘稅，因窺官庫門。繒帛如山積，絲絮似雲屯。號爲羨餘物，隨月獻至尊。奪我身上暖，買爾眼前恩。進入瓊林庫，歲久化爲塵。

傷宅（按才調集，作傷大宅。）

誰家起甲第，朱門大道邊。豐屋中櫛比，高牆外迴環。纍纍六七堂，棟宇相連延。一堂費百萬，鬱鬱起青煙。洞房温且清，寒暑不能干。高堂虛且迥，坐卧見南山。繞廊紫藤架，夾砌紅藥欄。攀枝摘櫻桃，帶花移牡丹。主人此中坐，十載爲大官。廚有臭敗肉，庫有貫朽錢。誰能將我語，問爾骨肉間。豈無窮賤者，忍不救飢寒。如何奉一身，直欲保千年。不見馬家宅，今作奉誠園。

傷友（又云傷苦節士，按才調集，作膠漆契。）

陋巷孤寒士，出門苦恓恓。雖云志氣高，豈免顔色低。平生同門（一作袍）友，通籍在金閨。曩者膠漆契，邇來雲雨睽。正逢下朝歸，軒騎五門西。是時天久陰，三日雨淒淒。蹇驢避路立，肥馬當風嘶。迴頭忘相識，占道上沙堤。昔年洛陽社，貧賤相提攜；今日長安道，對面隔雲泥。近日多如此，非君獨慘悽。死生不變者，唯聞任與黎。（任公叔、黎逢。）

不致仕（按才調集，作合致仕。）

七十而致仕，禮法有明文。何乃貪榮者（一作貴），斯言如不聞！可憐八九十，齒墮雙眸昏。朝露貪名利，夕陽憂子孫。掛冠顧翠緌，懸車惜朱輪。金章腰不勝，傴僂入君門。誰不愛富貴？誰不戀君恩？年高須告老，名遂合退身。少時共嗤誚，晚歲多因循。賢哉漢二疏，彼獨是何人！寂寞東門路，無人繼去塵。

立碑（按才調集，作古碑。）

勛德既下衰，文章亦陵夷。但見山中石，立作路旁碑。銘勳悉太公，敘德皆仲尼。復以多爲貴，千言直萬貲。爲文彼何人？想見下筆時。但欲愚者悦，不思賢者嗤。豈獨賢者嗤，仍傳後代疑。古石蒼苔字，安知是愧詞！我聞望江縣，麴令撫惸嫠。（麴令名信陵。）在官有仁政，名不聞京師。身歿欲歸葬，百姓遮路歧。攀轅不得歸，留葬此江湄。至今道其名，男女涕皆垂；無人立碑碣，唯有邑人知。

輕肥（按才調集，作江南旱。）

意氣驕滿路，鞍馬光照塵。借問何爲者，人稱是内臣。朱紱皆大夫，紫綬或（一作悉）將軍。誇赴軍中宴，走馬去如雲。罇罍溢九醖，水陸羅八珍。果擘洞庭橘，膾切天池鱗。食飽心自若，酒酣氣益振。是歲江南旱，衢州人食人。

五絃(按才調集,作五絃琴。)

清歌且罷(一作停)唱,紅袂亦停舞。趙叟抱五絃,宛轉當胸撫。大聲麤若散,颯颯風和雨。小聲細欲絶,切切鬼神語。又如鵲報喜,轉作猿啼苦。十指無定音,顛倒宫徵羽。坐客聞此聲,形神若無主。行客聞此聲,駐足不能舉。嗟嗟俗人耳,好今不好古。所以緑窗琴,日日生塵土。

歌舞(按才調集,作傷閿鄉縣囚。)

秦中歲云暮,大雪滿皇州。雪中退朝者,朱紫盡公侯。貴有風雲興,富無飢寒憂。所營唯第宅,所務在追遊。朱門車馬客,紅燭歌舞樓。歡酣促密坐,醉暖脱重裘。秋官爲主人,廷尉居上頭。日中爲樂飲(一作一樂),夜半不能休。豈知閿鄉獄,中有凍死囚。

買花(按才調集,作牡丹。)

帝城春欲暮,喧喧車馬度。共道牡丹時,相隨買花去。貴賤無常價,酬直看花數。灼灼百朵紅,戔戔五束素。上張幄幕庇,旁織笆籬護。水灑復泥封,移來色如故。家家習爲俗,人人迷不悟。有一田舍翁,偶來買花處。低頭獨長歎,此歎無人喻。一叢深色花,十户中人賦。

元氏長慶集貳肆

和李校書新題樂府十二首 并序

予友李公垂貺予樂府新題二十首，雅有所謂，不虛爲文。予取其病時之尤急者，列而和之，蓋十二而已。昔三代之盛也，士議而庶人謗。又曰：世理則詞直，世忌則詞隱。予遭理世而君盛聖，故直其詞以示後，使夫後之人謂今日爲不忌之時焉。

上陽白髮人

天寶年中花鳥使，（天寶中密號採取豔異者，爲花鳥使。）撩花狎鳥含春思。滿懷墨詔求嬪御，走上高樓半酣醉。醉酣直入卿士家，閨闈不得偷迴避。良人顧妾心死別，小女呼爺血垂淚。十中有一得更衣，永配深宫作宫婢。御馬南奔胡馬蹙，宫女三千合宫弃。宫門一閉不復開，上陽花草青苔地。月夜閑聞洛水聲，秋池暗度風荷氣。日日長看提象門，終身不見門前事。近年又送數人來，自言興慶南宫至。我悲此曲將徹骨，更想深宨復酸鼻。此輩賤嬪何足言，帝子天孫古稱貴。諸王在閤四十年，七宅六宫門户閟。隨煬枝條襲封邑，（近古封前代子孫爲二王三恪。）肅宗血胤無官位。（肅宗已後諸王並未出閤。）王無妃媵主無壻，陽亢陰淫結災累。何如決壅順衆流，女遣從夫男作吏。

華原磬（李傳云：天寶中始廢泗濱磬，用華原石。）

泗濱浮石裁爲磬，古樂疎音少人聽。工師小賤牙曠稀，不辨邪聲嫌雅正。正聲不屈古調高，鐘律參差管絃病。鏗金戛瑟徒相雜，投玉敲冰杳然震。華原軟石易追琢，高下隨人無雅鄭。弃舊美新由樂胥，自此黄鐘不能競。玄宗愛樂愛新樂，梨園弟子承恩横。霓裳纔徹胡騎來，雲門未得蒙親定。我藏古磬藏在心，有時激作南風詠。伯夔曾撫野獸馴，仲尼暫和春雷盛。何時得向筍簴懸，爲君一吼君心醒。願君每聽念封疆，不遣豺狼剿人命。

五絃彈

趙璧五弦彈徵調，徵聲巉絶何清峭。辭雄皓鶴警露啼，失子哀猿繞林嘯。風入春松正凌亂，鶯含曉舌憐嬌妙。嗚嗚暗溜咽冰泉，殺殺霜刀澁寒鞘。促節頻催漸繁撥，珠幢斗絶金鈴掉。千靫鳴鏑發胡弓，萬片清球擊虞廟。衆樂雖同第一部，德宗皇帝常偏召。旬休節假暫歸來，一聲狂殺長安少。主第侯家最難見，挼（蘇雷反）歌按曲皆承詔。水精簾外教貴嬪，瑇瑁筵心伴中要。臣有五賢非此絃，或在拘囚或屠釣。一賢得進勝累百，兩賢得進同周邵。三賢事漢滅暴强，四賢鎮岳寧邊徼。五賢並用調五常，五常既序三光曜。趙璧五絃非此賢，九九何勞設庭燎。

西涼伎

吾聞昔日西涼州，人煙撲地桑柘稠。蒲萄酒熟恣行樂，紅豔青旗朱粉樓。樓下當壚稱卓女，樓頭伴客名莫愁。鄉人不識離別苦，更卒多爲沉滯游。哥舒開府設高宴，八珍九醖當前頭。前頭百戲競撩亂，丸劍跳擲霜雪浮。師子摇光毛彩豎，胡姬醉舞筋骨柔。大宛來獻赤汗馬，贊普亦奉翠茸裘。一朝燕賊亂中國，河湟忽盡空遺丘。開遠門前萬里堠，今來蹙到行原州。（平時開遠門外立堠云：去安西九千九百里。以示戎人不爲萬里行，其實就盈數也。）去京五百而近何其逼，天子縣内半没爲荒陬。西京之道爾阻修。連城邊將但高會，每説此曲能不羞。

法曲

吾聞黄帝鼓清角，弭伏熊羆舞玄鶴。舜持干羽苗革心，堯用咸池鳳巢閣。大夏護武皆象功，功多已訝玄功薄。漢祖過沛亦有歌，秦王破陣非無作。作之宗廟見艱難，作之軍旅傳糟粕。明皇度曲多新態，宛轉侵淫易沉著。赤白桃李取花名，霓裳羽衣號天落。雅弄雖云已變亂，夷音未得相參錯。自從胡騎起煙塵，毛毳腥羶滿咸洛。女爲胡婦學胡妝，伎進胡音務胡樂（音洛）。火鳳聲沉多咽絶，春鶯囀罷長蕭索。胡音胡騎與胡妝，五十年來競紛泊。

馴犀（李傳云：貞元丙子歲南海來貢，至十三年冬，苦寒死於苑中。）

建中之初放馴象，遠歸林邑近交廣。獸返深山鳥構巢，鷹鵰鷂鶻無羈鞅。貞元之歲貢馴犀，上林置圈官司養。玉盆金棧非不珍，虎啖狴牢魚食網。渡江之橘踰汶貉，反時易性安能長。臘月北風霜雪深，踠跼鱗身遂長往。行地無疆費傳驛，通天異物罹幽枉。乃知養獸如養人，不必人人自敦奬。不擾則得之於理，不奪有以多於賞。脱衣推食衣食之，不若男耕女令紡。堯民不自知有堯，但見安閑聊擊壤。前觀馴象後觀犀，理國其如指諸掌。

立部伎（李傳云：太常選坐部伎無性靈者，退入立部伎。又選立部伎無性靈者，退入雅樂部。則雅樂可知矣。李君作歌以諷焉。）

胡部新聲錦筵坐，中庭漢振高音播。太宗廟樂傳子孫，取類羣凶陣初破。戢戢攢槍霜雪耀，騰騰擊鼓風雷磨。初疑遇敵身啓行，終象由文士憲左。昔日高宗常立聽，曲終然後臨玉座。如今節將一掉頭，電捲風收盡摧挫。宋晉鄭友歌聲發，（寅恪案，「晉」疑當作「音」。「友」疑當作「女」。）滿堂會客齊喧歌。珊瑚佩玉動腰身，一一貫珠隨咳唾。頃向圜丘見郊祀，亦曾正旦親朝賀。太常雅樂備宮懸，九奏未終百寮惰。惉懘難令季札辨，遲迴但恐文侯卧。工師盡取聾昧人，豈是先王作之過。宋沇嘗傳天寶季，法曲胡音忽相和。明年十月燕寇來，九廟千門虜塵涴。（太常丞宋沇傳，漢中王舊説云：玄宗雖雅好度曲，然而未嘗使蕃漢雜奏。天寶十三載，始詔道調法曲與胡部新聲合作。識者異之。明年禄山叛。）我聞此語歎復泣，古來邪正將誰奈。姦聲入耳佞入心，侏儒飽飯夷齊餓。

驃國樂（李傳云：貞元辛巳歲始來獻。）

驃之樂器頭象駞，音聲不合十二和。促舞跳趫筋節硬，繁詞變亂名字訛。千彈萬唱皆咽咽，左旋右轉空傞傞。俯地呼天終不會，曲成調變當如何。德宗深意在柔遠，笙鏞不御停嬪娥。史館書爲朝貢傳，太常編入鞮靺科。古時陶堯作天子，遜遁親聽康衢歌。又遣遒人持木鐸，遍採謳謡天下過。萬人有意皆洞達，四嶽不敢施煩苛。盡令區中擊壤塊，燕及海外覃恩波。秦霸周衰古官廢，下堙上塞王道頗。共矜異俗同聲教，不念齊民方薦瘥。傳稱魚鼈亦咸若，苟能效此誠足多。借如牛馬未蒙澤，豈在抱甕滋黿鼉。教化從來有源委，必將泳海先泳河。是非倒置自古有，驃兮驃兮誰爾訶。

胡旋女（李傳云：天寶中西國來獻。）

天寶欲末胡欲亂，胡人獻女能胡旋。旋得明王不覺迷，妖胡奄到長生殿。胡旋之義世莫知，胡旋之容我能傳。蓬斷霜根羊角疾，竿戴朱盤火輪炫。驪珠迸珥逐龍星，虹（音降）暈輕巾掣流電。潛鯨暗噏笡（殘謝反）海波，迴風亂舞當空霰。萬過其誰辨終始，四座安能分背面。才人觀者相爲言，承奉君恩在圓變。是非好惡隨君口，南北東西逐君盼。柔軟依身看珮帶，徘徊繞指同環釧。佞臣聞此心計迴，惑亂君心君眼眩。君言似曲屈如鈎，君言好直舒爲箭。巧隨清影觸處行，妙學春鶯百般囀。傾天側地用君力，抑塞周遮恐君見。翠華南幸萬里橋，玄宗始悟坤維轉。（緯書云：僧一行嘗奏玄宗曰：陛下行幸萬里，聖祚無疆。故天寶中，歲幸洛陽，冀充盈數。及上幸蜀，至萬里橋。乃歎謂左右曰：一行之奏，其是乎？）寄言旋目與旋心，有國有家當共譴。

蠻子朝（李傳云：貞元末蜀川始通蠻酋。）

西南六詔有遺種，僻在荒陬路尋壅。部落支離君長賤，比諸夷狄爲幽冗。犬戎强盛頻侵削，降有憤心戰無勇。夜防鈔盜保深山，朝望煙塵上高冢。鳥道繩橋來款附，非因慕化因爲悚。清平官擊金呿嵯，求天叩地持雙珙。益州大將韋令公，頃實遭時定汧隴。自居劇鎮無他績，幸得蠻來固恩寵。爲蠻開道引蠻朝，接蠻送蠻常繼踵。天子臨軒四方賀，朝廷無事唯端拱。漏天走馬春雨寒，瀘水飛蛇瘴煙重。椎頭醜類除憂患，瘇足役夫勞洶湧。匈奴互市歲不供，雲蠻通好轡長駷。戎王養馬漸多年，南人耗顇西人恐。

縛戎人（近制西邊每擒蕃囚，例皆傳置南方，不加勦戮，故李君作歌以諷焉。）

邊頭大將差健卒，入抄擒生快於鶻。但逢賴面即捉來，半是邊人半戎羯。大將論功重多級，捷書飛奏何超忽。聖朝不殺諧至仁，遠送炎方示微罰。萬里虛勞肉食費，連頭盡被氈裘暍。華茵重席卧腥臊，病犬愁鴣聲咽嗢。中有一人能漢語，自言家本長安窟。小年隨父戍安西，河渭瓜沙眼看没。天寶未亂前數載，狼星四角光蓬勃。中原禍作邊防危，果有豺狼四來伐。

蕃馬臕成正翹健，蕃兵肉飽爭唐突。煙塵亂起無亭燧，主帥驚跳棄旄鉞。半夜城摧鵝鴈鳴，妻啼子叫曾不歇。陰森神廟未敢依，脆薄河冰安可越。荆棘深處共潛身，前困蒺藜後䑕虺。平明蕃騎四面走，古墓深林盡株榾。少壯爲俘頭被髡，老翁留居足多刖。烏鳶滿野屍狼藉，樓榭成灰牆突兀。暗水濺濺入舊池，平沙漫漫鋪明月。戎王遣將來安慰，口不敢言心咄咄。供進腋腋（音夜）御叱般，豈料穹廬揀肥腯。五六十年消息絶，中間盟會又猖獗。眼穿東日望堯雲，腸斷正朝梳漢髮。（延州鎮李如暹，蓬子將軍之子也。嘗没西蕃。及歸，自云：蕃法唯正歲一日，許唐人没蕃者，服衣冠。如暹當此日，由是悲不自勝，遂與蕃妻密定歸計。）近來如此思漢者，半爲老病半埋骨。尚教孫子學鄉音，猶話平時好城闕。老者儻盡少者壯，生長蕃中似蕃悖。不知祖父皆漢民，便恐爲蕃心矻矻。緣邊飽餧十萬衆，何不齊驅一時發。年年但捉兩三人，精衛銜蘆塞溟渤。

陰山道（李傳云：元和二年有詔悉以金銀酬迴鶻馬價。）

年年買馬陰山道，馬死陰山帛空耗。元和天子念女工，内出金銀代酬犒。臣有一言昧死進，死生甘分答恩燾。費財爲馬不獨生，耗帛傷工有他盜。臣聞平時七十萬匹馬，關中不省聞嘶譟。四十八監選龍媒，時貢天庭付良造。如今坰野十無一，盡在飛龍相踐暴。萬束芻茭供旦暮，千鍾菽粟長牽漕。屯軍郡國百餘鎮，縑緗歲奉春冬勞。税户逋逃例攤配，官司折納仍貪冒。挑紋變緝力倍費，棄舊從新人所好。越縠撩綾織一端，十疋素縑功未到。豪家富貴踰常制，令族親班無雅操。從騎愛奴絲布衫，臂鷹小兒雲錦韜。羣臣利己要差僭，天子深衷空閔悼。綽立花塼鵷鳳行，雨露恩波幾時報。

汪立名本白香山詩集叁

新樂府 并序（元和四年，爲左拾遺時作。）

序曰：凡九千二百五十二言，斷爲五十篇，篇無定句，句無定字，繫於意不繫於文。首句標其目，卒章顯其志，詩三百之義也。其辭質而徑，欲見之者易諭也；其言直而切，欲聞之者深誡也；其事覈而實，使采之者傳信（一作有徵）也；其體順而律，可以播於樂章歌曲也。總而言之：爲君爲臣，爲民爲物，爲事而作，不爲文而作也。

七德舞　美撥亂陳王業也（武德中，天子始作秦王破陳樂，以歌太宗之功業。貞觀初，太宗重製破陳樂舞圖，詔魏徵、虞世南等爲之歌詞，名七德舞。自龍朔已後，詔郊廟享宴，皆先奏之。）

七德舞，七德歌，傳自武德至元和。元和小臣白居易，觀舞聽歌知樂意，樂終稽首陳其事。太宗十八舉義兵，白旄黄鉞定兩京。擒充戮竇四海清，二十有四功業成。二十有九即帝位，三十有五致太平。功成理定何神速，速在推心置人腹。亡卒遺骸散帛收，（貞觀初，詔收天下陳死骸骨致祭而瘗埋之，尋又散帛以求之也。）飢人賣子分金贖。（貞觀五年，大飢，人有鬻男女者，詔出御府金帛盡贖之，還其父母。）魏徵夢見天子（一作子夜）泣，（魏徵疾亟，太宗夢與徵别，既寤流涕，是夕徵卒。 故御製碑文云： 昔殷宗得良弼於夢中，今朕失賢臣於覺後。）張謹哀聞辰日哭。（張公謹卒，太宗爲之舉哀，有司奏日在辰，陰陽所忌，不可哭。 上曰： 君臣義重，父子之情也。 情發於中，安知辰日，遂哭之慟。）怨女三千放出宫，（太宗常謂侍臣曰： 婦人幽閉深宫，情實可愍，今將出之，任求伉儷。 於是令左丞戴胄、給事中杜正倫，於掖庭宫西門揀出數千人，盡放歸。）死囚四百來歸獄。（貞觀六年，親録囚徒死罪者三百九十人，放出歸家，令明年秋來就刑，應期畢至，詔悉原之。）剪鬚燒藥賜功臣，李勣嗚咽思殺身。（李勣常疾，醫云得龍鬚燒灰方可療之，太宗自剪鬚燒灰賜之，服訖而愈，勣叩頭泣涕而謝。）含血吮創撫戰士，思摩奮呼乞效死。（李思摩嘗中弩，太宗親爲吮血。）不獨（一作則知不獨）善戰善乘時，以心感人人心歸。 爾來一百九十載，天下至今歌舞之。 歌七德，舞七德，聖人有作垂無極。豈徒耀神武，豈徒誇聖文。 太宗意在陳王業，王業艱難示子孫。

法曲　美列聖正華聲也（元宗雜彝歌，不能無所刺焉。）

法曲法曲歌大定，積德重熙有餘慶。 永徽之人舞而詠，（永徽之時有貞觀遺風，故高宗製一戎大定樂曲。）法曲法曲舞霓裳。 政和世理音洋洋，開元之人樂且康。（霓裳羽衣曲，起於開元，盛於天寶也。）法曲法曲歌堂堂，堂堂之慶垂無疆。中宗肅宗復鴻業，唐祚中興萬萬葉。（永隆元年太常丞李嗣貞善審音律，能知興衰。云近者樂府有堂堂之曲。再言之者，唐祚再興之兆也。）法曲法曲雜（一作合）夷歌，夷聲邪亂華聲和。以亂干和天寶末，明年胡塵犯宮闕。（法曲雖似失雅音，蓋諸夏之聲也。故歷朝行焉。明皇雖雅好度曲，然未嘗使蕃漢雜奏。天寶十三載始詔諸道調法曲與胡部新聲合作。識者深異之。明年冬，而安祿山反。）乃知法曲本華風，苟能審音與政通。一從胡曲相參錯，不辨興衰與哀樂。願求牙曠正華音，不令夷夏相交侵。

二王後　明祖宗之意也

二王後，彼何人？介公酅公爲國賓，周武隋文之子孫。古人有言天下者，非是一人之天下。周亡天下傳于隋，隋人失之唐得之。唐興十葉歲二百，介公酅公世爲客。明堂太廟朝享時，引居賓位備威儀。備威儀，助郊祭，高祖太宗之遺制。不獨興滅國，不獨繼絕世。欲令嗣位守文君，亡國子孫取爲戒。

海漫漫　戒求仙也

海漫漫，直下無底旁無邊。雲濤煙浪最深處，人傳中有三神山。山上多生不死藥，服之羽化爲天仙。秦皇漢武信此語，方士年年采藥去。蓬萊今古但聞名，煙水茫茫無覓處。海漫漫，風浩浩，眼穿不見蓬萊島。不見蓬萊不敢歸，童男丱女舟中老。徐福文成多誑誕，上元太一虛祈禱。君看驪山頂上茂陵頭，畢竟悲風吹蔓草。何況玄元聖祖五千言。不言藥，不言仙，不言白日昇青天。

立部伎　刺雅樂之替也（太常選坐部伎無性識者，退入立部伎，又選立部伎絶無性識者，退入雅樂部，則雅樂之聲可知矣。）

立部伎，鼓笛諠。舞雙劍，跳七丸。嫋巨索，掉長竿。太常部伎有等級，堂上者坐堂下立。堂上坐部笙歌清，堂下立部鼓笛鳴。笙歌一曲（一作聲）衆側耳，鼓笛萬曲無人聽。立部賤，坐部貴。坐部退爲立部伎，擊鼓吹笛和雜戲。立部又退何所任，始就樂懸操雅音。雅音替壞一至此，長令爾輩調宫徵。圓丘后土郊祀時，言將此樂感神祇。欲望鳳來百獸舞，何異北轅將適楚。工師愚賤安足云，太常三卿爾何人！

華原磬　刺樂工非其人也（天寶中，始廢泗濱磬，用華原石代之。詢之磬人，則曰，故老云：泗濱磬下，調之不能和，得華原石，考之乃和，由是不改。）

華原磬，華原磬，古人不聽今人聽。泗濱石，泗濱石，今人不擊古人擊。今人古人何不同，用之捨之由樂工。樂工雖在耳如壁，不分清濁即爲聾。梨園弟子調律吕，知有新聲不如（寅恪案，「如」疑當作「知」）古。古稱浮磬出泗濱，立辨致死聲感人。宫懸一聽華原石，君心遂亡封疆臣。果然胡寇從燕起，武臣少肯封疆死。始知樂與時政通，豈聽鏗鏘而已矣。磬襄入海去不歸，長安市兒爲樂師。華原磬與泗濱石，清濁兩音誰得知。

上陽（一本有白髮二字）人　愍怨曠也（天寶五載以後，楊貴妃專寵，後宮人無復進幸矣。六宮有美色者，輒置別所，上陽是其一也，貞元中尚存焉。）

上陽人，上陽人，紅顔暗老白髮新。緑衣監使守宫門，一閉上陽多少春。玄宗末歲初選入，入時十六今六十。同時采擇百餘人，零落年深殘此身。憶昔吞悲别親族，扶入車中不教哭。皆云入内便承恩，臉似芙蓉胸似玉。未容君王得見面，已被楊妃遥側目。妬令潛配上陽宫，一生遂向空房宿。宿空房（舊本皆作床），秋夜長，夜長無寐天不明。耿耿殘燈背壁影，蕭蕭暗雨打窗聲。春日遲，日遲獨坐天難暮。宫鶯百囀愁厭聞，梁燕雙栖老休妬。鶯歸燕去長悄然，春往秋來不記年。唯向深宫望明月，東西四五百迴圓。今日宫中年最老，大家遥賜尚書號。小頭鞵履窄衣裳，青黛點眉眉細長。外人不見見應笑，天寶末年時世（一作樣）粧。上陽人，苦最多。少亦苦，老亦苦。少苦老苦兩如何！君不見昔時吕向美人賦？（天寶末有密采豔色者，當時號花鳥使。吕向獻美人賦以諷之。）又不見今日上陽宫人白髮歌？

胡旋女　戒近習也（天寶末，康居國獻之。）

胡旋女，胡旋女。心應絃，手應鼓。絃鼓一聲雙袖舉，迴雪飄颻（一作風飄飄）轉蓬舞。左旋右轉不知疲，千匝萬周無已時。人間物類無可比，奔車輪緩旋風遲。曲終再拜謝天子，天子爲之微啓齒。胡旋女，出康居，徒勞東來萬里餘。中原自有胡旋者，鬭妙争能爾不如。天寶季年時欲變，臣妾人人學圓轉。中有太真外禄山，二人最道能胡旋。梨花園中册作妃，金雞障下養爲兒。禄山胡旋迷君眼，兵過黄河疑未反。貴妃胡旋惑君心，死棄馬嵬念更深。從兹地軸天維轉，五十年來制不禁。胡旋女，莫空舞，數唱此歌悟明主。

折臂翁（一作新豐折臂翁） 戒邊功也

新豐老翁八十八，頭鬢眉鬚皆似雪。玄孫扶向店前行，左（一作右）臂凭肩右（一作左）臂折。問翁臂折來幾年，兼問致折何因緣。翁云貫屬新豐縣，生逢聖代無征戰。慣聽梨園歌管聲（一作唯聽驪宫歌吹聲），不識旗槍與弓箭。無何天寶大徵兵，户有三丁點一丁。點得驅將何處去，五月萬里雲南行。聞道雲南有瀘水，椒花落時瘴煙起。大軍徒涉水如湯，未過（一作戰）十人二三死。邨南邨北哭聲哀（一作悲），兒别爺娘夫别妻。皆云前後征蠻者，千萬人行無一回。是時翁年二十四，兵部牒中有名字。夜深不敢使人知，偷將（一作自把）大石槌折臂。張弓簸旗俱不堪，從兹始免征雲南。骨碎筋傷非不苦，且圖揀退歸鄉土。臂折來來六十年，一肢雖廢一身全。至今風雨陰寒夜，直到天明痛不眠。痛不眠，終不悔，且喜老身今獨在。不然當時瀘水頭，身死魂孤骨不收。應作雲南望鄉鬼，萬人冢上哭呦呦。（雲南有萬人家，即鮮于仲通、李密（寅恪案，「密」當作「宓」。）曾覆軍之所。今冢猶存。）老人言，君聽取。君（一作何）不聞開元宰相宋開府，不賞邊功防黷武。（開元初，突厥數犯邊。時天武軍牙將郝靈筌出使，因引特（寅恪案，「特」疑當作「鐵」。）勒回鶻部落斬突厥默啜，獻首于闕下。自謂有不世之功。時宋璟爲相，以天子年少好武，恐徼功者生心，痛抑其黨。（寅恪案，「黨」疑當作「賞」。）逾年始授郎將。靈筌遂慟哭嘔血而死。）又不聞天寶宰相楊國忠，欲求恩幸立邊功。邊功未立生人怨，請問新豐折臂翁。（天寶末楊國忠爲相，重構閣羅鳳之役，募人討之。前後發二十餘萬衆，去無返者。又捉人連枷赴役，天下怨哭，人不聊生，故祿山得乘人心而盜天下。元和初，而折臂翁猶存，因備歌之。）

太行路　借夫婦以諷君臣之不終也

太行之路能摧車，若比君心（一作人心，下同）是坦途。巫峽之水能覆舟，若比君心是安流。君心好惡苦不常，好生毛羽惡生瘡。與君結髮未五載，豈期牛女爲參商。古稱色衰相棄背，當時美人猶怨悔。何況如今鸞鏡中，妾顏未改君心改。爲君薰衣裳，君聞蘭麝不馨香。爲君盛容飾，君看珠翠無顏色。行路難，難重陳。人生莫作婦人身，百年苦樂由他人。行路難，難於山，險於水。不獨人家夫與妻，近代君臣亦如此。君不見，左納言，右納（寅恪案，「納」疑當作「內」。）史。朝承恩，暮賜死。行路難，不在水，不在山，只在人情反覆間。

司天臺　引古以儆今也

司天臺，仰觀俯察天人際。羲和死來職事廢，官不求賢空取藝。昔聞西漢元成間，下陵上替謫見天。北辰微暗少光色，四星煌煌如火赤。耀芒動角射三台，上台半滅中台坼。是時非無太史官，眼見心知不敢言。明朝趨入明光殿，唯奏慶雲壽星見。天文時變兩如斯，九重天子不得知。不得知，安用臺高百尺爲。

捕蝗　刺長吏也

捕蝗捕蝗誰家子，天熱日長飢欲死。興元兵久（一作革）傷陰陽，和氣蠱蠹化爲蝗。始自兩河及三輔，薦食如蠶飛似雨。雨飛蠶食千里間，不見青苗空赤土。河南長吏言憂農，課人晝夜捕蝗蟲。是時粟斗錢三百，蝗蟲之價與粟同。捕蝗捕蝗竟何利，徒使飢人重勞費。一蝗雖死百蝗來，豈將人力競天災。我聞古之良吏有善政，以政驅蝗蝗出境。又聞貞觀之初道欲昌，文皇仰天吞一蝗。一人有慶兆民賴，是歲雖蝗不爲害。（貞觀二年太宗吞蝗蟲，事具貞觀實録。）

昆明春　思王澤之廣被也（貞元中始漲之。）

昆明春，昆明春，春池岸古春流新。影浸南山青滉瀁，波沉西日紅奫淪。往年因旱靈池竭，龜尾曳塗魚呴沫。詔開八水注恩波，千介萬鱗同日活。今來淨緑水照天，游魚鱍鱍蓮田田。洲香杜若抽心短，沙暖鴛鴦鋪翅眠。動植飛沉性皆遂，皇澤如春無不被。漁者仍豐網罟資，貧人又獲菰蒲利。詔以昆明近帝城，官家不得收其征。菰蒲無租魚無稅，近水之人感君惠。感君惠，獨何人。吾聞率土皆王民，遠民何疎近何親。願推此惠及天下，無遠無近同（一作皆）忻忻。吴興山中罷榷茗，鄱陽坑裏休稅銀。天涯地角無禁利，熙熙同似昆明春。

城鹽州　美聖謨而誚邊將也（貞元壬申歲，特詔城之。）

城鹽州，城鹽州，城在五原原上頭。蕃東節度鉢闡布，忽見新城當要路。金烏飛傳贊普聞，建牙傳箭集羣臣。君臣赭面有憂色，皆言勿謂唐無人。自築鹽州十餘載，左衽氈裘不犯塞。晝牧牛羊夜捉生，長去新城百里外。諸邊急警勞戍人，唯此一道無煙塵。靈夏潛安誰復辯，秦原暗通何處見。鄜州驛路好馬來，長安藥肆黄蓍賤。城鹽州，鹽州未城天子憂。德宗按圖自定計，非關將略與廟謀。吾聞高宗中宗世，北虜猖狂最難制。韓公創築受降城，三城鼎峙屯漢兵。東西亘絶數千里，耳冷不聞胡馬聲。如今邊將非無策，心笑韓公築城壁。相看養寇爲身謀，各握强兵固恩澤。願分今日邊將恩，褒贈韓公封子孫。誰能將此鹽州曲，翻作歌詞聞至尊。

道州民　美賢臣遇明主也

道州民，多侏儒，長者不過三尺餘。市作矮奴年進奉，號爲道州任土貢。任土貢，寧若斯。不聞使人生别離，老翁哭孫母哭兒。一自陽城來守郡，不進矮奴頻詔問。城云臣按六典書，任土貢有不貢無。道州水土所生者，只有矮民無矮奴。吾君感悟璽書下，歲貢矮奴宜悉罷。道州民，老者幼者何欣欣。父兄子弟始相保，從此得作良人身。道州民，民到于今受其賜，欲説使君先下淚。仍恐兒孫忘使君，生男多以陽爲字。

馴犀　感爲政之難終也（貞元丙戌歲，南海進馴犀，詔納苑中，至十三年冬大寒，馴犀死矣。立名

按：李紳傳作貞元丙子，且貞元至甲申乙酉而止，無丙戌年，此注當屬傳寫之誤也。）

馴犀馴犀通天犀，軀貌駭人角駭雞。海蠻聞有明天子，驅犀乘傳來萬里。一朝得謁大明宫，歡呼拜舞自論功。五年馴養始堪獻，六譯語言方得通。上嘉人獸俱來遠，蠻館四方犀入苑。秣以瑶芻鎖以金，故鄉迢遞君門深。海鳥不知鐘鼓樂，池魚空結江湖心。馴犀生處南方熱，秋無白露冬無雪。一入上林三四年，又逢今歲苦寒月。飲冰卧霰苦蹝跼，角骨凍傷鱗甲縮。（犀有回紋毛如鱗身，項有肉甲。〔增〕）馴犀死，蠻兒啼，向闕再拜顔色低。奏乞生歸本國去，恐身凍死似馴犀。君不見建中初，馴象生還放林邑。（建中元年詔盡出苑中馴象，放歸南方也。）君不見貞元末，馴犀凍死蠻兒泣。所嗟建中異貞元，象生犀死何足言。

五絃彈　惡鄭之奪雅也

五絃彈，五絃彈，聽者傾耳心寥寥。趙璧知君入骨愛，五絃一一爲君調。第一第二絃索索，秋

風拂松疎韻落。第三第四絃泠泠，夜鶴憶子籠中鳴。第五絃聲最掩抑，隴水凍咽流不得。五絃並奏君試聽，淒淒切切復錚錚。鐵擊珊瑚一兩曲，冰寫玉盤千萬聲。鐵聲殺，冰聲寒。（今本遺此六字，不聯貫矣。）殺聲入耳膚血慘，寒氣中人肌骨酸。曲終聲盡欲半日，四座相對愁無言。座中有一遠方士，唧唧咨咨聲不已。自歎今朝初得聞，始知孤負平生耳。唯憂趙璧白髮生，老死人間無此聲。遠方士，耳（一作爾）聽五絃信爲美，吾聞正始之音不如是。正始之音其若何，朱絃疎越清廟歌。一彈一唱再三歎，曲淡節稀聲不多。融融曳曳召元氣，聽之不覺心平和。人情重今多賤古，古琴有絃人不撫。更從趙璧藝成來，二十五絃不如五。

蠻子朝　刺將驕而相備位也（〔增〕李傳云：貞元末，蜀中始通蠻酋。）

蠻子朝，汎皮船兮渡繩橋，來自巂州道路遥。入界先經蜀川（一作道）過，蜀將收功先表賀。臣聞雲南六詔蠻，東連牂牁西接蕃。六詔星居初瑣碎，合爲一詔漸强大。開元皇帝雖聖神，唯蠻倔强不來賓。鮮于仲通六萬卒，征蠻一陣全軍没。至今西洱河岸邊，箭孔刀痕滿枯骨。（天寶十三載鮮于仲通統兵六萬，討雲南王閤羅鳳于西洱河，全軍覆没也。）誰知今日慕華風，不勞一人蠻自通。誠由陛下休明德，亦賴微臣誘諭功。德宗省表知如此，笑令中使迎蠻子。蠻子道從者誰何，摩挲俗羽雙隈伽。清平官持赤藤杖，大軍將繫金呿嗟。（皮帶也。〔增〕）異牟尋男尋閤勸，特勑召對延英殿。上心貴在懷遠蠻，引臨玉座近天顏。冕旒不垂親勞徠，賜衣賜食移時對。移時對，不可得，大臣相看有羨色。可憐宰相拖紫佩金章，朝日唯聞對一刻。

驃國樂　欲王化之先邇後遠也（貞元十七年來獻。）

驃國樂，驃國樂，出自大海西南角。雍羌之子舒難陁，來獻南音奉正朔。德宗立仗御紫庭，黈纊不塞爲爾聽。玉螺一吹椎髻聳，銅鼓一擊文身踊。珠纓炫轉星宿摇，花鬘斗藪龍蛇動。曲終王子啓聖人，臣父願爲唐外臣。左右歡呼何翕習，至尊德廣之所及。須臾百辟詣閤門，俯伏拜表賀至尊。伏見驃人獻新樂，請書國史傳子孫。時有擊壤老農父，暗測君心閒獨語。聞君政化甚聖明，欲感人心致太平。感人在近不在遠，太平由實非由聲。觀身理國國可濟，君如心兮民如體。體生疾苦心憯悽，民得和平君愷悌。貞元之民若未安，驃樂雖聞君不歡。貞元之民苟無病，驃樂不來君亦聖。驃樂驃樂徒喧喧，不如聞此芻蕘言。

縛戎人　達窮民之情也（元云：近制西邊每擒蕃囚，例皆傳置南方，不加勦戮。）

縛戎人，縛戎人，耳穿面破驅入秦。天子矜憐不忍殺，詔徙東南吴與越。黄衣小使録姓名，領出長安乘遞行。身被金瘡面多瘠，扶病徒行日一驛。朝飡飢渴費杯盤，夜卧腥臊污床席。忽逢江水憶交河，垂手齊聲（一作唱）嗚咽歌。其中一虜語諸虜，爾苦非多我苦多。同伴行人因借問，欲説喉中氣憤憤。自云鄉管（一作貫）本凉原，大曆年中没落蕃。一落蕃中四十載，身（一作遣）著皮裘繫毛帶。唯許正朝（一作朔）服漢儀，斂衣整巾潛（一作雙）淚垂。誓心密定歸鄉計，不使蕃中妻子知。（有李如暹者，蓬子將軍之子也。嘗没蕃中。自云：蕃法唯正歲一日許唐人之没蕃者，服唐衣冠。由是悲不自勝，遂密定歸計也。）暗思幸有殘筋骨（一作力），更恐年衰歸不得。蕃侯嚴兵鳥不飛，脱身冒死奔逃歸。晝伏宵行經大漠，雲陰月黑風沙惡。驚藏青冢寒草疎，偷度黄河夜冰薄。忽聞漢軍鼙鼓聲，路旁走出再拜迎。游騎不聽能漢語，將軍遂縛作蕃生。配向江南卑濕地，定無存卹空防備。念此吞聲仰訴天，若爲辛苦度殘年。涼原鄉井不得見，胡地妻兒虚棄捐。没蕃被囚思漢土，歸漢被刼爲蕃虜。早知如此悔歸來，兩地寧如一處苦。縛戎人，戎人之中我苦辛。自古此寃應未有，漢心漢語吐蕃身。

汪立名本白香山詩集肆

驪宫高　美天子重惜人之財力也

高高驪山上有宫，朱樓紫殿三四重。遲遲兮春日，玉甃煖兮温泉溢。嫋嫋兮秋風，山蟬鳴兮宫樹紅。翠華不來兮歲月久，牆有衣兮瓦有松。吾君在位已五載，何不一幸於（一作乎）其中。西去都門幾多地，吾君不遊有深意。一人出兮不容易，六宫從兮百司備。八十一車千萬騎，朝有宴飫暮有賜。中人之産數百家，未足充君一日費。吾君修己人不知，不自逸兮不自嬉。吾君愛人人不識，不傷財兮不傷（一作奪）力。驪宫高兮高入雲，君之來兮爲一身。君之不來兮爲(一本有千字)萬人。

百鍊鏡　辨皇王鑒也

百鍊鏡，鎔範非常規，日辰置處靈且奇。江心波上舟中鑄，五月五日日午時。瓊粉金膏磨瑩已，化爲一片秋潭水。鏡成將獻蓬萊宮，揚州長史手自封。(一作鈿函金匣鏁幾重。)人間臣妾不合照(一作用)，背有九五飛天龍。人人呼爲天子鏡，我有一言聞太宗。太宗常以人爲鏡，鑒古鑒今不鑒容。四海安危居掌内，百王治亂懸心中。乃知天子别有鏡，不是揚州百鍊銅。

青石　激忠烈也

青石出自藍田山，兼車運載來長安。工人磨琢欲何用，石不能言我代言。不願作人家墓前神道碣，墳土未乾名已滅。不願作官家道傍德政碑，不鐫實録鐫虚辭。願爲段氏顔氏碑，雕鏤太尉與太師。刻此兩片堅貞質，狀彼二人忠烈姿。義心如石屹不轉，死節如石確不移。如觀奮擊朱泚日，似見叱呵希烈時。各於其上題名謚，一置高山一沉水。陵谷雖遷碑獨存，骨化爲塵名不死。長使不忠不烈臣，觀碑改節慕爲人。慕爲人。勸事君。

兩朱閣　刺佛寺寖多也

兩朱閣，南北相對起。借問何人家？貞元雙帝子。帝子吹簫雙得仙，五雲飄飄飛上天。第宅亭臺不將去，化爲佛寺在人間。妝閣妓樓何寂静，柳似舞腰池似鏡。花落黄昏悄悄時，不聞歌吹聞鐘磬。寺門勅榜金字書，尼院佛庭寬有餘。青苔明月多閑地，比屋齊人無處居。憶昨平陽宅初置，吞併平人幾家地。仙去雙雙作梵宫，漸恐人家盡爲寺。

西涼伎　刺封疆之臣也

西涼伎，假面胡人假獅子。刻木爲頭絲作尾，金鍍眼睛銀帖齒。奮迅毛衣擺雙耳，如從流沙來萬里。紫髯深目兩胡兒，鼓舞跳粱前致辭。應似涼州未陷日，安西都護進來時。須臾云得新消息，安西路絶歸不得。泣向獅子涕雙垂，涼州陷没知不知。獅子回頭向西望，哀吼一聲觀者悲。貞元邊將愛此曲，醉坐笑看看不足。享（一作娱）賓犒士宴監軍，獅子胡兒長在目。有一征夫年七十，見弄涼州低面泣。泣罷斂手白將軍，主憂臣辱昔所聞。自從天寶兵戈起，犬戎日夜吞西鄙。涼州陷來四十年，河隴侵將七千里。平時安西萬里疆，今日邊防在鳳翔。（平時開遠門外立堠云：去安西九千九百里。以示戍人不爲萬里行，其實就盈數也。今蕃漢使往來，悉在隴州交易也。）緣邊空屯十萬卒，飽食温衣閒過日。遺民腸斷在涼州，將卒相看無意收。天子每思常痛惜，將軍欲説合慚羞。奈何仍看西涼伎，取笑資歡無所媿。縱無智力未能收，忍取西涼弄爲戲。

八駿圖　誡奇物懲佚游也

穆王八駿天馬駒，後人愛之寫爲圖。背如龍兮頸如象(一作鳥)，骨竦筋高脂肉壯(一作少)。日行萬里疾如飛，穆王獨乘何所之。四荒八極踏欲遍，三十二蹄無歇時。屬車軸折趁不及，黄屋草生棄若遺。瑶池西赴王母宴，七廟經年不親薦。璧臺南與盛姬遊，明堂不復朝諸侯。白雲黄竹歌聲動，一人荒樂萬人愁。周從后稷至文武，積德累功世勤苦。豈知纔及五(一作四)代孫，心輕王業如灰土。由來尤物不在大，能蕩君心即爲害。文帝却之不肯乘，千里馬去漢道興。穆王得之不爲戒，八駿駒來周室壞。至今此物世稱珍，不知房星之精下爲怪。八駿圖，君莫愛。

澗底松　念寒儁也

有松百尺大十圍，生在澗底寒且卑。澗深山險人路絶，老死不逢工度之。天子明堂欠梁木，此求彼有兩不知。誰諭蒼蒼造物意，但與之材不與地。金張世禄黄憲賢，牛衣寒賤貂蟬貴。貂蟬與牛衣，高下雖有殊。高者未必賢，下者未必愚。君不見沈沈海底生珊瑚，歷歷天上種白榆。(按英華辨證：白居易澗底松「金張世禄黄憲賢」，黄憲本牛衣兒，而集本作原憲賢，詳上下句，黄憲賢是。)

牡丹芳　美天子憂農也

牡丹芳，牡丹芳，黄金蕊綻紅玉房。千片赤英霞爛爛，百枝絳焰燈煌煌。照地初開錦繡段，當風不結蘭麝囊。仙人琪樹白無色，王母桃花小不香。宿露輕盈汎紫豔，朝陽照耀生紅光。紅紫二色間深淺，向背萬態隨低昂。映葉多情隱羞面，卧叢無力含醉妝。低嬌笑容疑掩口，凝思怨人如斷腸。穠姿貴彩信奇絶，雜卉亂花無比方。石竹金錢何細碎！芙蓉芍藥苦尋常。遂使王公與卿相，遊花冠蓋日相望。庳車軟轝貴公子，香衫細馬豪家郎。衛公宅靜閉東院，西明寺深開北廊。戲蝶雙舞看人久，殘鶯一聲春（一作嬌）日長。共愁日照芳難駐，仍張帷幕垂陰涼。花開花落二十日，一城之人皆若狂。三代以還文勝質，人心重華不重實。重華直至牡丹芳，其來有自非今日。元和天子憂農桑，卹下動天天降祥。去歲嘉禾生九穗，田中寂寞無人至。今年瑞麥分兩岐，君心獨喜無人知。無人知，可歎息。我願暫求造化力，減却牡丹妖艷色。少迴卿士愛花心，同似吾君憂稼穡。

紅線毯　憂蠶桑之費也

紅線毯，擇繭繰絲清水煮，練（一作揀）絲練線紅藍染。染爲紅線紅於花，織作披香殿上毯。披香殿廣十丈餘，紅線織成可殿鋪。綵絲茸茸香拂拂，線軟花虛不勝物。美人蹋上歌舞來，羅襪繡鞋隨步没。太原毯澀毳縷硬，蜀都褥薄錦花冷。不如此毯温且柔，年年十月來宣州。宣州太守加樣織，自謂爲臣能竭力。百夫同擔進宮中，線厚絲多卷不得。宣州太守知不知，一丈毯用（一本無用字）千兩絲。地不知寒人要暖，少奪人衣作地衣。（貞元中宣州進開樣加絲毯。）

杜陵叟　傷農夫之困也

杜陵叟，杜陵居，歲種薄田一頃餘。三月無雨旱風起，麥苗不秀多黄死。九月降霜秋早寒，禾穗未熟皆青乾。長吏明知不申破，急斂暴征求考課。典桑賣地立官租，明年衣食將何如。剥我身上帛，奪我口中粟。虐人害物即豺狼，何必鈎爪鋸牙食人肉。不知何人奏皇帝，帝心惻隱知人弊。白麻紙上書德音，京畿盡放今年税。昨日里胥方到門，手持尺牒牓鄉村。十家租税九家畢，虚受吾君蠲免恩。

繚綾　念女工之勞也

繚綾繚綾何所似，不似羅綃與紈綺。應似天台山上明月（一作月明）前，四十五尺瀑布泉。中有文章又奇絶，地鋪白煙花簇雪。織者何人衣者誰，越溪寒女漢宫姬。去年中使宣口勅，天上取樣人間織。織爲雲外秋鴈行，染作江南春水色。廣裁衫袖長製裙，金斗熨波刀剪紋。異彩奇文相隱映，轉側看花花不定。昭陽舞人恩正深，春衣一對直千金。汗沾粉汙不再着，曳土蹋泥無惜心。繚綾織成費功績，莫比尋常繒與帛。絲細繰多女手疼，扎扎千聲不盈尺。昭陽殿裏歌舞人，若見織時應也（一作合）惜。

賣炭翁　苦宫市也

賣炭翁，伐薪燒炭南山中。滿面塵灰煙火色，兩鬢蒼蒼十指黑。賣炭得錢何所營，身上衣裳口中食。可憐身上衣正單，心憂炭賤願天寒。夜來城外一尺雪，曉駕炭車輾冰轍。牛困人飢日已高，市南門外泥中歇。兩騎翩翩來是誰，黃衣使者白衫兒。手把文書口稱敕，迴車叱牛牽向北。一車炭重（一本無重字）千餘斤，宮使驅將惜不得。半匹紅紗一丈綾，繫向牛頭充炭直。

母別子　刺新間舊也

母別子，子別母，白日無光哭聲苦。關西驃騎大將軍，去年破虜新策勳。敕賜金錢二百萬，洛陽迎得如花人。新人迎來舊人棄，掌上蓮花眼中刺。迎新棄舊未足悲，悲在君家留兩兒。一始扶行一初坐，坐啼行哭牽人衣。以汝夫婦新嬿婉，使我母子生別離。不如林中烏與鵲，母不失雛雄伴雌。應似園中桃李樹，花落隨風子住（一作在）枝。新人新人聽我語，洛陽無限紅樓女。但願將軍重立功，更有新人勝於汝。

陰山道　疾貪虜也（按李傳云：元和二年，有詔悉以金銀酬回鶻馬價。）

陰山道，陰山道，紇邏敦肥水泉好。每至戎人送馬時，道傍千里無纖草。草盡泉枯馬病羸，飛龍但印骨與皮。五十匹縑易一匹，縑去馬來無了日。養無所用去非宜，每歲死傷十六七。縑絲不足女工苦，疎織短截充匹數。藕絲蛛網三丈餘，回鶻訴稱無用處。咸安公主號可（胡賈反）敦，遠爲可（音克）汗頻奏論。元和二年下新勅，內出金帛酬馬直。仍詔江淮馬價縑，從此不令疎短織。合羅將軍呼萬歲，捧受金銀與縑綵。誰知黠虜啓貪心，明年馬多來一倍。縑漸好，馬漸多。陰山虜，奈爾何。

時世妝　警將變也

時世妝，時世妝，出自城中傳四方。時世流行無遠近，顋不施朱面無粉。烏膏注脣脣似泥，雙眉畫作八字低。研蚩黑白失本態，妝成盡似含悲啼。圓鬟無鬢椎髻樣，斜紅不暈赭面狀。昔聞被髮伊川中，辛有見之知有戎。元和妝梳君記取，髻椎面赭非華風。

李夫人　鑒嬖惑也

漢武帝，初喪李夫人。夫人病時不肯别，死後留得生前恩。君恩不盡念未已，甘泉殿裏令寫真。丹青寫出竟何益，不言不笑愁殺人。又令方士合靈藥，玉釜煎鍊金爐焚。九華帳深夜悄悄，反魂香降夫人魂。夫人之魂在何許，香煙引到焚香處。既來何苦不須臾，縹緲悠揚還滅去。去何速兮來何遲，是耶非耶兩不知。翠蛾髣髴平生貌，不似昭陽寢疾時。魂之不來君心苦，魂之來兮君亦悲。背燈隔帳不得語，安用暫來還見違。傷心不獨漢武帝，自古及今皆若斯。君不見穆皇三日哭，重璧臺前傷盛姬。又不見太陵一掬淚，馬嵬坡下念楊妃。縱令研姿豔質化爲土，此恨長在無銷期。生亦惑，死亦惑，尤物惑人忘不得。人非木石皆有情，不如不遇傾城色。

陵園妾　託幽閉喻被讒遭黜也

陵園妾，顏色如花命如葉。命如葉薄將奈何，一奉寢宫年月多。年月多，時光换，春愁秋思知何限。青絲髮落叢鬢疎，紅玉膚銷繫裙縵。憶昔宫中被妬猜，因讒得罪配陵來。老母啼呼趁車别，中官監送鏁門迴。山宫一閉無開日，未死此身不令出。松門到曉月徘徊，柏城盡日風蕭瑟。松門柏城幽閉深，聞蟬聽燕感光陰。眼看菊蕊重陽淚，手把梨花寒食心。把花掩淚無人見，緑蕪牆遶青苔院。四季徒支妝粉錢，三朝不識君王面。遥想六宫奉至尊，宣徽雪夜浴堂春。雨露之恩不及者，猶聞不啻三千人。三千人，我爾君恩何厚薄。願令輪轉直陵園，三歲一來均苦樂。

鹽商婦　惡幸人也

鹽商婦，多金帛，不事田農與蠶績。南北東西不失家，風水爲鄉船作宅。本是揚州小家女，嫁得西江大商客。緑鬟溜去金釵多，皓腕肥來銀釧窄。前呼蒼頭後叱婢，問爾因何得如此。壻作鹽商十五年，不屬州縣屬天子。每年鹽利入官時，少入官家多入私。官家利薄私家厚，鹽鐵尚書遠不知。何况江頭魚米賤，紅鱠黄橙香稻飯。飽食濃妝倚柂樓，兩朵紅顋花欲綻。鹽商婦，有幸嫁鹽商。終朝美飲食，終歲好衣裳。好衣美食來何（一作有來）處，亦須慚媿桑弘羊。桑弘羊，死已久，不獨漢世今亦有。

杏爲梁　刺居處僭也

杏爲梁，桂爲柱，何人堂室李開府。碧砌紅軒色未乾，去年身没今移主。高其牆，大其門，誰家第宅盧將軍。素泥朱板光未滅，今日官收別賜人。開府之堂將軍宅，造未成時頭已白。逆旅重居逆旅中，心是主人身是客。更有愚夫念身後，心雖甚長計非久。窮奢極麗越規模，付子傳孫令保守。莫教門外過客聞，撫掌回頭笑殺君。君不見馬家宅，尚猶存，宅門題作奉誠園。君不見魏家宅，屬他人，詔贖賜還五代孫。（元和四年，詔特以官錢贖魏徵勝業坊中舊宅，以還其孫，用獎忠儉。）儉存奢失今在目，安用高牆圍大屋。

井底引銀瓶　止淫奔也

井底引銀瓶，銀瓶欲上絲繩絶。石上磨玉簪，玉簪欲成中央折。瓶沉簪折知奈何！似妾今朝與君别。憶昔在家爲女時，人言舉動有殊姿。嬋娟兩鬢秋蟬翼，宛轉雙蛾遠山色。笑隨戲伴後園中，此時與君未相識。妾弄青梅倚短牆，君騎白馬傍垂楊。牆頭馬上遥相顧，一見知君即斷腸。知君斷腸共君語，君指南山松柏樹。感君松柏化爲心，暗合雙鬟逐君去。到君家舍五六年，君家大人頻有言。聘則爲妻奔是妾，不堪主祀奉蘋蘩。終知君家不可住，其奈出門無去處。豈無父母在高堂，亦有親情滿故鄉。潛來更不通消息，今日悲羞歸不得。爲君一日恩，誤妾百年身。寄言癡小人家女，慎勿將身輕許人！

官牛　諷執政也

官牛官牛駕官車，滻水岸邊驅載沙。一石沙，幾斤重，朝載暮載將何用。載向五門官道西，綠槐陰下鋪沙隄。昨來新拜右丞相，恐怕泥塗汙馬蹄。右丞相，馬蹄蹋沙雖淨潔，牛領牽車欲流血。右丞相，但能濟人治國調陰陽，官牛領穿亦無妨。

紫毫筆　譏失職也

紫毫筆，尖（一作纖）如錐兮利如刀。江南石上有老兔，喫竹飲泉生紫毫。宣城工人采爲筆，千萬毛中選（一作揀）一毫。毫雖輕，功甚重。管勒工名充歲貢。君兮臣兮勿輕用，勿輕用，將何如？願賜東西府御史，願頒左右臺起居，搦（一作握）管趨入黃金闕，抽毫立在白玉墀（一作除），臣有奸邪正衙奏，君有動言直筆書。起居郎，侍御史。爾知紫毫不易致。每歲宣城進筆時，紫毫之價如金貴，慎勿空將彈失儀，慎勿空將錄制詞。

隋堤柳　憫亡國也

隋堤柳，歲久年深盡衰朽。風飄飄兮雨蕭蕭，三株兩株汴河口。老枝病葉愁殺人，曾經大業年中春。大業年中煬天子，種柳成行夾流水。西至黃河東至淮，綠影一千三百里。大業末年春暮月，柳色如煙絮如雪。南幸江都恣佚遊，應將此柳繫龍舟。紫髯郎將護錦纜，青蛾御史直迷樓。海内財力此時竭，舟中歡笑何日休。上荒下困勢不久，宗社之危如綴旒。煬天子，自言福祚長（一作垂）無窮，豈知皇子封酅公。龍舟未過彭城閤，義旗已入長安宫。蕭牆禍生人事變，晏駕不得歸秦中。土墳數尺何處葬？吴公臺下多悲風。二百年來汴河路，沙草和煙朝復暮。後王何以鑒前王，請看隋堤亡國樹。（一本「綴旒」下多「煬天子，自言殊無極，豈知明年正朔歸武德。」三句。）

草茫茫　懲厚葬也

草茫茫，土蒼蒼。蒼蒼茫茫在何處，驪山脚下秦皇墓。墓中下涸二重泉，當時自以爲深固。下流水銀象江海，上綴珠光作烏兔。別爲天地於其間，擬將富貴隨身去。一朝盜掘墳陵破，龍椁神堂三月火。可憐寶玉歸人間，暫借泉中買身禍。奢者狼藉儉者安，一凶一吉在眼前。凭君回首向南望，漢文葬在灞陵原。

古冢狐　戒豔色也

古冢狐，妖且老，化爲婦人顔色好。頭變雲鬟面變妝，大尾曳作長紅裳。徐徐行傍荒邨路，日欲暮時人静處。或歌或舞或悲啼，翠眉不舉花鈿（一作顔）低。忽然一笑千萬態，見者十人八九迷。假色迷人猶若是，真色迷人應過此。彼真此假俱迷人，人心惡假貴重真。狐假女妖害猶淺，一朝一夕迷人眼。女爲狐媚害則（一作却）深，日增月長溺人心。何況褒妲之色善蠱惑，能喪人家覆人國。君看爲害淺深間，豈將假色同真色。

黑潭龍　疾貪吏也

黑潭水深色如墨，傳有神龍人不識。潭上架屋官立祠，龍不能神人神（一作異）之。災凶水旱與疾疫，鄉里皆言龍所爲。家家養豚漉清酒，朝祈暮賽依巫口。神之來兮風飄飄，紙錢動兮錦繖搖。神之去兮風亦静，香火滅兮盃盤冷。肉堆潭岸石，酒潑廟前草。不知龍神享幾多，林鼠山狐長醉飽。狐何幸，豚何辜，年年殺豚將餧狐。狐假龍神食豚盡，九重泉底龍知無。

天可度　惡詐人也

天可度，地可量，唯有人心不可防。但見丹誠赤如血，誰知僞言巧似簧。勸君掩鼻君莫掩，使君夫婦爲參商。勸君掇蜂君莫掇，使君父子成豺狼。海底魚兮天上鳥，高可射兮深可釣。唯有人心相對時，咫尺之間不能料。君不見李義府之輩笑欣欣，笑中有刀潛殺人。陰陽神變皆可測，不測人間笑是嗔。

秦吉了　哀寃民也

秦吉了，出南中，彩毛青黑花頸紅。耳聰心慧舌端巧，鳥語人言無不通。昨日長爪鳶，今朝大觜烏。鳶捎乳燕一窠覆，烏啄母雞雙眼枯。雞號墮地燕驚去，然後拾卵攫其雛。豈無雕與鶚，嗉中肉飽不肯搏。亦有鸞鶴羣，閑立颺高如不聞。秦吉了，人云爾是能言鳥。豈不見雞燕之寃苦，吾聞鳳凰百鳥主。爾竟不爲鳳凰之前致一言，安用噪噪（一作嗏嗏）閑言語。

鵶九劍　思決壅也

歐冶子死千年後，精靈暗授張鵶九。鵶九鑄劍吴山中，天與日時神借功。金鐵騰精火翻燄，踴躍求爲鏌鋣劍。劍成未試十餘年，有客持金買一觀。誰知閉匣長思用，三尺青蛇不肯蟠。客有心，劍無口，客代劍言告鵶九。君勿矜我玉可切，君勿誇我鐘可刜。不如持我決浮雲，無令漫漫蔽白日。爲君使無私之光及萬物，蟄蟲昭蘇萌草出。

采詩官　監前王亂亡之由也

采詩官，采詩聽歌導人言。言者無罪聞者誡，下流上通上下泰。周滅秦興至隋氏，十代采詩官不置。郊廟登歌讚君美，樂府豔詞悦君意。若求興諭規刺言，萬句千章無一字。不是章句無規刺，漸恐（一作及）朝廷絶諷議。諍臣杜口爲冗員，諫鼓高懸作虚器。一人負扆常端默，百辟入門皆自媚。夕郎所賀皆德音，春官每奏唯祥瑞。君之堂兮千里遠，君之門兮九重閟。君耳唯聞堂上言，君眼不見門前事。貪吏害民無所忌，奸臣蔽君無所畏。君不見厲王胡亥（一作煬帝）之末年，羣臣有利君無利？君兮君兮願聽此，欲開壅蔽（一本作「君兮君兮，若要除貪害開壅蔽。」）達人情，先向歌詩求諷刺。

附：長恨歌傳詳略兩本對照

兹取文苑英華附載之麗情集本，與鐵琴銅劍樓舊藏宋刊白氏長慶集本互校，録其原文於下。

文苑英華柒玖肆長恨歌傳後附記云：

此篇又見麗情集及京本大曲，頗有異同，並録于後。

宋本白氏長慶集壹貳

長恨歌傳　前進士陳鴻撰

開元中，六符炳靈，四海無波，禮樂同，人神和。天子在位歲久，倦乎旰食，——始委國政

開元中，——泰階平，四海無事。——————玄宗在位歲久，倦于旰食宵衣，——政

——————于右丞相。端拱深居，——儲思國色。——先是元獻皇后、武惠妃皆有寵，相

無小大，始委于右丞相。——深居遊宴，以聲色自娱。先是元獻皇后、武淑妃皆有寵，相

次薨謝，宮侍————————無可—意者。上心忽忽焉不自樂。時—歲十月，駕幸驪山之

次即世。宮中雖良家子千數，無可悅目者。上心忽忽—不—樂。—每歲十月，駕幸————

華清宮，浴于温泉。內外命婦，熠燿景從，浴日餘波，賜以湯浴。——靈液不凍，玉樹早

華清宮，————內外命婦，熠燿景從，浴日餘波，賜以湯沐。春風靈液，————

芳，春色澹蕩，思生其間。上心油然，恍若有—遇。顧宮女三千，—粉光如土。————

————澹蕩——其間。上心油然，—若有顧遇。——左右前後，粉色如土。詔高力士

使搜諸外宮，得弘農楊氏—女，————既笄矣。綠雲生鬢，白雪凝膚，渥飾光華，纖穠有

潛搜—外宮，得弘農楊玄琰女于壽邸，既笄矣。鬢髮膩理，————纖穠中

度。舉止閑冶，如漢武帝李夫人。上見之明日，————詔浴華清池，清瀾三尺，中洗

度，舉止閑冶，如漢武帝李夫人。————別疏湯泉，詔賜藻瑩。————

明玉，蓮開水上，鸞舞鑑中。既出水，嬌多力微，——不勝羅綺。——春正

——既出水，體弱力微，若不勝羅綺。光彩煥發，轉動照人。——

月，上心始悅。自是天子不早朝，后夫人不得侍寢。——

——上——甚悅。——進見之日，奏霓裳羽衣曲以導之。定

——情之夕，授金釵鈿合以固之。又命戴步搖，垂金璫。明年册爲貴妃，半后服用。繇是冶其

容，敏其詞，婉孌萬態，以中上意。上益嬖焉。時省風九州，泥金五岳，驪山雪夜，上陽

——時省風九州，泥金五嶽，驪山雪夜，上陽

春朝，——行同輦，止同宴，——妖其容，巧其詞，歌舞談笑，婉孌便佞，以中

春朝，與上行同室，——宴專席，寢專房。——

上心。故以爲上宮春色，四時在目。——天寶中，後宮

雖有三夫人，九嬪，二十七世婦，八十一御妻，——

良家女萬數，——使天子無顧盼意。——

暨後宮才人，樂府妓女，使天子無顧眄意。自是六宮無復進幸者，非徒殊豔尤態致是，蓋

——叔父昆弟，皆——爲通侯。女

才智明慧，善巧便佞，先意希旨，有不可形容者。叔父昆弟，皆列在清貫，爵爲通侯。姊

弟女兄，——富埒王室，車服制度，爵邑邸第，與大長公主侔矣。恩澤勢力，則又

妹——封國夫人，富埒王室，車服——邸第，與大長公主侔。而恩澤勢力，則又

過之，出入禁門不問，京師長吏，爲之側目。——

過之，出入禁門不問，京師長吏，爲—側目。故當時謠詠有云，生女勿悲酸，生兒勿喜歡。

——天寶末，兄國忠盜丞相位，

又曰，男不封侯女作妃，看女却爲門上楣。其人心羨慕如此。天寶末，兄國忠盜丞相位，

竊弄國柄。——羯胡亂燕，——二京連陷，翠華南幸，駕出都西門百餘里，

愚弄國柄。及安禄山引兵嚮闕，以討楊氏爲辭，潼關不守，翠華南幸，——出咸陽，

——六師徘徊，擁戟不行。從官郎吏伏上馬前，請誅錯以謝之。——國忠奉氂纓盤

道次馬嵬亭。六軍徘徊，持戟不進。從官郎吏伏上馬前，請誅錯以謝天下。國忠奉氂纓盤

水，死於道周。左右之意未快，——當時敢言者，請以貴妃塞天下之怒。上慘容怛心，

水，死於道周。左右之意未快。上問之，當時敢言者，請以貴妃塞天下——怒。上知不免，而

不忍見其死，反袂掩面，使牽之而去。拜於上前，回眸血下，墜金鈿翠羽於地，上自收之。

不忍見其死，反袂掩面，使牽之而去。——

嗚呼！蕙心紈質，天王之愛，不得已，——而死於尺組之下。叔向母云：甚美

——蒼黄展轉，竟就絶於尺組之下。——

必甚惡。李延年歌曰：傾國復傾城。此之謂也。既而玄宗狩成都，肅宗受命靈武。粵明

——既而玄宗狩成都、肅宗受禪靈武。——明

年，大赦改元，大駕還都，駐六龍於馬嵬道中，君臣相顧，日月無光。不翼日，父子堯

年，大兇歸元，大駕還都，——

舜，天下大和。——太上皇，就養南宫。——

——尊玄宗爲太上皇，就養南宫，遷於西内。時移事去，樂盡悲來，每至春之

——宫槐夏花，梧桐秋雨。春日遲遲兮恨深，冬夜長長兮怨急。自死之日，齋之

日，冬之夜，池蓮夏開，宫槐秋落，——

月，莫不感皇容，悼宸衷。每朱樓月曉，淥池冰散，梨園弟子，玉琯一聲，聞霓裳羽衣——
——梨園弟子，玉琯發音，聞霓裳羽衣一
曲，則天顏不怡，侍兒掩泣。三載一意，其念不衰。自是南宮無歌舞之思，求諸夢，而精
聲，則天顏不怡，左右歔欷。三載一意，其念不衰。——求之夢魂——
魂不來，求諸神，而致誠莫敢。（寅恪案，「敢」當作「感」。）成都方士——能乘氣而遊
杳不能得。——適有道士自蜀來。——
上清。感——皇心追念楊貴妃不已，——
——知上皇心——念楊——妃如是，自言有李少君之術。玄宗大喜，命致其神。方士乃竭其
——乃上大羅天，入地府，目眩心搖，——求之——不見。遂駕
術以索之。不至。又能遊神馭氣，——出天界沒地府，——以求之，不見。——

琅輿，張雲蓋，——東下—海中三山，遂入蓬萊宮中。——

——又旁求四虛上下，東極天海，——跨蓬壺，——見最高仙山上多樓

——金殿西廂，有洞户，——闔其門。署曰玉真太妃院。——扣門，久之，有青衣

闕，——西廂下有洞户，東向闔其門。署曰玉妃太真院。方士抽簪扣扉，——有

玉童—出，——方士

雙童女出應門。方士造次未及言，而雙鬟復入，俄有碧衣侍女又至。詰其所從，方士因稱

——傳漢天子命。既入，——

唐天子使者，且致其命。——碧衣云，玉妃方寢，請少待之。于時雲海沈沈，洞天日晚，

瓊扉重闔，悄然無聲。方士—息氣重足，拱手門下。海上風微，洞天日暖。乃見仙女數人，

瓊户重闔，悄然無聲。方士屏息—斂足，拱手門下。——

相隨出户。——延客——至玉堂。堂上褰九華帳，有一人冰雪姿，芙蓉冠，——

——久之，而碧衣延入，且曰，玉妃出。——見一人，——冠金蓮，

——露綃帔，——儼然如在姑射山。——前揖。方士傳漢天子命，——

披紫綃，珮紅玉，曳鳳舃，——左右侍者七八人，揖—方士問皇帝——安否？

——言未終，退立慘然。憶一念之心，復墮下界。因泣下，使青衣小

次問天寶十四年已還事。言訖——憫默。——指碧衣—

童取金釵一股，鈿合一扇，——奉太上皇。——苟心如金，堅如

—取金釵——鈿合，各析其半，授使者，曰：爲謝太上皇，謹獻是物。——

鈿，上爲天人，下爲世人，重相見時，——好合如舊。方士受其—信，將行，色有不足。玉

——尋舊好也。——方士受辭與信，將行，色有不足。玉

妃固徵其意，復前跪致詞曰：請付當時一事，不聞於人——者，驗於漢天子——畏——
妃固徵其意，復前跪致詞，——請——當時一事，不爲他人聞者，驗於太上皇。不然，恐鈿合
金釵鈿合，負新垣平之詐也。仙子斂容低肩，——含羞而言曰：昔天寶六（寅恪案，
金釵，——負新垣平之詐也。玉妃茫然退立，若有所思，徐而言曰：昔天寶十載，——
「六」疑當作「十」。）年，侍輦避暑于驪山宮。——七月，牽牛織女相見之夕，秦人風俗，
——侍輦避暑——驪山宮。秋七月，牽牛織女相見之夕，秦人風俗，
是夜張錦繡繒綺，樹瓜花，陳飲食，——焚香于庭，謂之乞巧。——三拜
是夜張錦繡，——陳飲食，樹瓜華，焚香于庭，號爲乞巧。宮掖間尤尚之。——
畢，縷針於月，衽線于裳。夜方半，歇侍衛於東西廂，獨侍於帝，憑肩而立，——
——夜殆半，休侍衛於東西廂，獨侍上，上凭肩而立，因仰天感牛

——相與盟心誓曰：—世世爲夫婦。誓畢，執手各嗚咽。此獨君王知之。——

女事，——密相誓心，願世世爲夫婦。言畢，執手各嗚咽。此獨君王知之耳。因自悲曰，

由此一念，又不得居此，復墮下界，且結後緣。或爲天，或爲人，決再相見，好合如舊。

——方士還長安，奏於太上皇。上皇甚感自悲，

因言太上皇亦不久人間，幸惟自安，無自苦耳。使者還，——奏—太上皇。—皇心震悼，日

殆不勝情。——嘻！女德無極者也，死生大别者也。故聖人節其慾，制

日不豫，其年夏四月，南宮晏駕。——

其情，防人之亂者也。生感（寅恪案，樂天新樂府李夫人篇云：生亦惑，死亦惑，尤物惑

人忘不得。然則「感」字當是「惑」字之形譌也。）其志，死溺其情。又如之何？元和

————————————————元和

〔元〕年冬十二月，太原白居易————尉于盩厔，予與瑯琊王質夫家仙遊谷，因暇日——

——元——年冬十二月，太原白樂天自校書郎尉于盩厔，鴻與瑯邪王質夫家于是邑，——暇日相

攜手入山。質夫於道中語及於是。————————

攜遊仙遊寺，——————話及此事，相與感歎。質夫擧酒於樂天前曰：夫希代之事，非遇出

————————————白樂天深於思————者也，有出世之才，以爲往事

世之才潤色之，則與時消沒，不聞于世，樂天深於詩多於情者也，——————

多情，而感人也深，——————故爲長恨詞以歌之，——————

——————試爲歌之如何？樂天因爲長恨——歌，意者不但感其事，亦欲懲尤物，

——————使鴻傳焉。世所—隱者，鴻非史官，——不—知。—所知

窒亂階，垂於將來也。歌既成，使鴻傳焉。世所不聞者，予非開元遺民，不得知。世所知

者，有玄宗內傳今在。予所據王質夫說之爾。

者，有玄宗本紀—在。今但傳長恨歌—云爾。

論禪宗與三論宗之關係

自敦煌本壇經、楞伽師資記、歷代法寶記諸書發見後，吾人今日所傳禪宗法統之歷史爲依託僞造，因以證明。其依託僞造雖已證明，而其真實之史蹟果何如乎？此中國哲學史上之大問題尚未能解決者也。予意禪宗之興起與三論宗不無關係，茲刺取舊籍所載涉於此問題者次第略加說明。以供治中國哲學史者之參考。

隋碩法師三論遊意義云：

> 佛滅度後，傳持法藏，有二十三人。

又云：

> 而傳持法藏始末爲論，有二十三人也。始自摩訶迦葉，終訖仰（仰當作師，字形之誤也）子比丘也。問：馬鳴付屬何人？乃至提婆付屬何人？答：馬鳴去世付屬比羅比丘。比羅比丘去世，付屬龍樹。龍樹去世，付屬提婆。提婆去世，付屬羅什。（什當作侯□記作羅侯〔羅〕，侯不作睺，與什字相似。此書爲言三論宗著作，故與鳩摩羅什聯想致誤。）如是相承，乃至付

屬師子比丘也。問：法勝呵梨乃至旃延達摩付屬何人？答：此並是諸論議師，異部相承，非傳法藏，皆爲馬鳴、龍樹之所破也。

案：此文問答，前節所論據爲北魏吉迦夜、曇曜共譯之付法藏因緣傳；後節所論自法勝呵梨以下，所據爲長安城内齊公寺薩婆多部佛大跋陀羅師宗相承略傳（見梁僧祐出三藏記集卷第十二薩婆多部師資記目録序）。蓋三論宗爲大乘論宗，南北朝小乘論薩婆多部既有師承傳授之載記，而中國人爲最富於以歷史性之民族，故大乘論宗尤不能無有法統之歷史。付法藏因緣傳譯自曇曜，而其書終於師子比丘爲罽賓滅法王彌羅所殺，與當時魏太武禁毁佛教之背景有關，本非三論傳授之記載，惟其中述及龍樹、提婆，因得以附會之爲三論宗之法統史。至薩婆多部師資相承傳乃述三論宗傳授史者所不採，後來禪宗以其中有達磨多羅諸名，因雜糅付法藏因緣傳及薩婆多部師資相承傳二書，以爲教外别傳之祕史。其實，師子比丘以前全采用付法藏因緣傳，而其采用付法藏因緣傳則由三論宗襲取而來。今付法藏因緣傳所記傳授次第自摩訶迦葉至師子比丘，敦煌本之歷代法寶記及今本壇經、傳燈録皆以爲二十四人。詳繹付法藏因緣傳之文，實只二十三代。蓋阿難傳之於商那和修，商那和修又傳之優波毱多。末田地爲罽賓别傳，應不與王舍城之法統合計。嚴格言之，自是二十三人，二十三代。今本壇經雖不計末田地而加入婆須密多，亦爲二十四代。惟敦煌本之壇經雖有末田地，而無彌遮迦，故止二十三代。碩法師所稱之二十三代，不知與敦煌本壇經之二十三代内容次第是否悉相符合，今不可知。獨其爲二十三代而非二十四代，則禪宗最初之計算方法亦同於三論宗，茲可注意者也。

禪宗與三論宗之法統史同采用付法藏因緣傳，必非偶然之事。蓋新禪宗之初起與三論宗有密切相互之關係，今猶可以藉三論宗大師之傳記窺見一斑。

道宣續高僧傳卷九三論宗大師慧布傳略云：

承攝山止觀寺僧詮法師，大乘海嶽，聲譽遠聞，乃往從之。聽開三論，學徒數百，翹楚一期。時人爲之語曰：「詮公四友，所謂四句朗，領語辯，文章勇，得意布。」布稱得意，最爲高也。常樂坐禪，遠離囂擾，誓不講説，護持爲務。末遊北鄴，更涉未聞。於可禪師所，暫通名見，便以言悟其意。可曰：「法師所述，可謂破我除見莫過此也。」乃縱心講席，備見宗領，周覽文義，並具胸襟。又寫章疏六馱，負還江表，並遺朗公，令其講説。因有遺漏，重往齊國，廣寫所闕，賫還付朗。自無一畜，衣鉢而已。專修念慧，獨止松林，蕭然世表，學者欣慕。

又續高僧傳卷九法朗傳云：

初攝山僧詮受業朗公（道朗），玄旨所明惟存中觀。自非心會析理，何能契此清言，而頓迹幽林，禪味相得。及後四公（指法朗、玄辯、法勇、慧布）往赴，三業資承，爰初誓不涉言，及久乃爲敷演。故詮公命曰：「此法精妙，識者能行，無使出房，輒有開示。」故經云：「計我見者莫說此經，深樂法者不爲多說，良由藥病有以，不可徒行。」朗等奉旨，無敢言厝。

案：慧布遊鄴所見之可禪師，即禪宗此土第二祖僧可或慧可也。

續高僧傳卷十九僧可傳云：

遂流離鄴衛，亟展寒温。

慧布至鄴二次不知何年，要皆可有值慧可之機會則無疑也。

據慧布、法朗傳之文可推知，三論宗自河西法朗、僧詮以來，即有一種祕傳心法，專務禪定，不尚文字之意味。南北朝儒家及佛教講説經典章句，義疏之學盛行一時，廣博繁重，遂成風氣。隋代三論宗之嘉祥大師吉藏者，亦其同時儒家二劉（士元、光伯）之比。而唐初馬嘉運本三論宗之沙門，還俗後專精儒業，以掎摭孔沖遠之正義見稱於時（見舊唐書卷七十三孔穎達傳附馬嘉運傳）。蓋當時儒佛二家之教義雖殊，而所以治學解經皆用同一方法，既偏重於文字之考證，遂少致力於義理之研究。故僧詮、慧布之所以誓不涉言，誓不講説，頓迹幽林，專修念慧，皆不過表示其對於當日佛教考據家之一種反動，而矯正之之意。與後世（佛家内）禪學家對於義學家，（儒家内）宋學家對於漢學家不滿之態度正復相同也。

然三論宗與新禪宗非僅此種態度相似，實本之於一貫之教義繼續承襲，非出於偶然。據禪宗之傳説，以楞伽金剛二經傳授心法，今觀禪宗之參證問答，其利根所説，乃用楞伽方法超四句義以立言，即根本打消問題，如「菩提本無樹，明鏡亦非臺」之類，若推究其教義之中心，不出龍樹、提婆中觀空宗之旨，而般若金剛所以爲其法要，此適足明其爲三論宗之繼承者也。

至頓悟之説，在佛教本爲非常可怪之異義，亦三論宗之創説也。

南宋日本凝然八宗綱要卷下三論宗略云：

> 〔鳩摩〕羅什三藏大翻經論廣傳此宗，道生、僧肇、道融、僧叡，並肩相承。曇影、慧觀、道恒、曇濟，同志讚美，遂使曇濟大師，繼踵弘傳，以授道朗大師，道朗授於僧詮大師，僧詮授於法朗大師，法朗授於嘉祥大師（吉藏）。

又三論源流系譜（金陵刻經處三論玄義卷首）載：

> 鳩摩羅什傳道生，道生傳曇濟，曇濟傳道朗，道朗傳僧詮，僧詮傳法朗，法朗傳嘉祥吉藏。

案：鳩摩羅什諸弟子皆一代曠世高材，而其中應以生公爲之冠。支那佛教之獨立，及後來儒佛混一之哲學之構成，實賴斯人。

慧皎高僧傳卷七（金陵刻經處本）道生傳云：

> 生既潛思日久，徹悟言外，迺喟然歎曰：「夫象以盡意，得意則象忘。言以詮理，入理則言息。自經典東流，譯人重阻，多守滯文，鮮見圓義。若忘筌取魚，始可與言道矣。」於是校閲真俗，研思因果，迺言「善不受報」「頓悟成佛」。又著二諦論、佛性當有論、法身無色論、佛無淨土

論、應有緣論等。籠罩舊説，妙有淵旨。而守文之徒，多生嫌嫉，與奪之聲，紛然競起。又六卷泥洹先至京都，生剖析經理，洞入幽微，乃説一闡提人皆得成佛。於是大本未傳，孤明先發，獨見忤衆。於是舊學以爲邪説，譏憤滋甚，遂顯大衆擯而遣之。生於大衆中正容誓曰：「若我所説反於經義者，請於現身即表癘疾，若與實相不相違背者，願捨壽之時，據師子座。」言竟，拂衣而遊。

後涅槃大本至於南京，果稱闡提悉有佛性，與前所説，合若符契。生既獲新經，尋即講説。以宋元嘉十一年冬十一月庚子，於廬山精舍，升於法座。神色開朗，德音俊發，論議數番，窮理盡妙，觀聽之衆，莫不悟悦。法席將畢，忽見麈尾紛然而墜，端坐正容，隱几而卒。顔色不異，似若入定。道俗嗟駭，遠近悲泣。於是京邑諸僧，内慙自疚，追而信服。

時人以生推闡提得佛，此語有據。「頓悟」「不受報」等，時亦憲章，宋太祖嘗述生頓悟義，沙門僧弼等皆設巨難，帝曰：「若使逝者可興，豈爲諸君所屈。」

案：道生所著諸書今已不傳，然據僧傳所載，知其所發明，皆印度思想上之根本問題，而與中國民族性有重要之關係者也。兹就一闡提人皆得成佛及頓悟成佛論二者言之。

印度社會階級之觀念至深，佛教對於社會階級之觀念雖平等，而其修行證道上階級之觀猶存，故佛教教義有種姓之問，即辟支乘、聲聞乘、如來乘、不定乘及無種姓等五種分别。此種觀念蓋從社會階級之觀念移植於修行證道之區域，亦可謂印度民族之根本觀念所在也。故比較有保守性之宗派，如法相宗之經論入楞伽經、瑜伽師地論、大莊嚴經論等，皆持種姓階級之説。而方等涅槃經者，依法顯佛國記所記載，顯在巴連弗邑摩訶衍僧伽藍得摩訶僧祇律即大衆部律、薩婆多部律即説一切有部律、雜阿毘曇心論、方等般泥洹經、摩訶僧祇阿毘曇等梵本。

又高僧傳卷三智猛傳云：

> 後至華氏國阿育王舊都，有大智婆羅門，名羅閱宗，舉族弘法。……既見猛至，乃問：「秦地有大乘學不？」猛答：「悉大乘學。」羅閱驚歎曰：「希有，希有，將非菩薩往化耶？」猛於其家得大泥洹梵本一部，又得僧祇律一部。

案：薩婆多律、雜心阿毘曇皆屬説一切有部，而摩訶僧祇律、摩訶僧祇阿毘曇則屬大衆部。此二部雖皆小乘，然説一切有部之阿毘達磨大毘婆沙論卷九十九所紀大衆部與上座部分裂事，大衆部創立者大天弑父烝母殺羅漢，犯諸罪惡，窮極醜詆，無所不至。説一切有部出於上座部，即大毘婆沙論之言，上座部一面之詞，不可徵信。吾人今日關於上座部與大衆部分裂之真相不能詳知，但大衆部對於佛教必爲一種改革派而始焉。守舊義者驚恐□狂忤□實已啓後大乘□□之漸。

觀僧祐出三藏記集卷十一玄暢之成實論主訶梨跋摩傳云：

時有僧祇部僧，住巴連弗邑，並遵奉大乘。

可知小乘之大衆部後來亦與大乘混合。法顯所獲梵本僅説一切有與大衆二部之書，智猛所得大泥洹梵本又與僧祇律同出於羅閲之家，則方等般泥洹經者疑亦與大衆部有關，故亦有反乎印度傳統觀念之非常可怪異論，如一闡提亦有佛性之説也。然此説在普遍印度佛教觀念中爲特別例外，道生犯先倡此義，當時衆僧目爲邪説無怪其然。後雖得梵本之孤證，藉以自明，然非生公之誓以死生力主新義而破種姓階級之舊論，則後來中國之衆生皆有佛性之説，除少數宗派外，幾於全體公認，儻非生公之力必不能致是。此生公之排斥舊説自創新義之一也。

至頓悟之説，則與印度人輪迴之説根本衝突。茲舉華嚴經之例以明之。六十卷之原本，據高僧傳佛陀跋陀羅傳，乃東來支法領得之於于闐。八十卷之原本，則以武后聞于闐有梵本，發使求訪，並請譯人，因與實叉難陀同來自于闐。

法藏華嚴經傳記引開皇三寶録略云：

遮拘槃國，彼王歷葉，敬重大乘。王宮内自有華嚴等經，王躬受持。此國東南可二十餘里，有山甚險，其内置華嚴等。東晉沙門支法領者，得華嚴〔於此〕。

案：遮拘槃即玄奘西域記之斫句迦，亦言其國中大乘法典部數尤多，佛國至處，莫斯爲盛。東行八百里至瞿薩旦那國即于闐，此兩國並多習學大乘華嚴，是二國地相近教相同，所謂于闐亦廣義之稱也。總之，此經與于闐或及近傍之國有關，可以想見。蓋此經具有甚深之中央亞細亞民族色彩，故甚標與輪迴觀念根本衝突之頓悟説。

如宋高僧傳卷四順璟傳云：

録者注：

一、以上所録「論禪宗與三論宗之關係」爲作者未寫完之草稿。

二、現將宋高僧傳卷四順璟傳末段涉及華嚴經之傳文附録於後，僅備參閲：

「璟在本國稍多著述，亦有傳來中原者，其所宗，法相大乘了義教也。見華嚴經中始從發心便成佛已，乃生謗毁不信。」

三、陳流求、陳美延謄録此文稿後，曾請葉慶雨、陳啓偉等先生閲看，葉先生尚就篇中引文核對原書，於此一併致謝。

（陳流求 陳美延 謄録）

韓愈與唐代小説

韓愈昌黎先生文集(四部叢刊影元本)卷壹肆有「答張籍書」、「重答張籍書」二通。(籍,舊唐書卷壹陸拾有傳,新唐書卷壹柒陸韓愈傳附。)來書二通,亦載同卷。籍第一書有云:

比見執事多尚駁雜無實之説。使人陳之於前以爲歡。此有以累於令德。

愈答其咎責曰:

吾子又譏吾與人爲無實駁雜之説。此吾所以爲戲耳。比之酒色,不有間乎?

籍第二書云:

君子發言舉足,不遠於理。未嘗以駁雜無實之説爲戲也。執事每見其説,亦拊抃呼笑。是撓氣害性,不得其正矣。苟正之不得,曷所不至焉。

愈更答曰:

駁雜之譏,前書盡之。吾子其復之。昔者夫子猶有所戲。(見論語陽貨篇。)詩不云乎:「善戲謔兮,不爲虐兮。」(詩經衛風淇奥篇。)記曰:「張而不弛,文武不能也。」(禮記雜記篇下。)

惡害於道哉？吾子其未之思乎？

考趙彥衛雲麓漫鈔（涉聞梓舊本。）卷捌云：

唐之舉人先藉當世顯人，以姓名達於主司，然後以所業投獻；踰數日又投，謂之「温卷」。如幽怪録、（參四庫全書總目提要卷一四四，小説家類，存目二。）傳奇（新唐書卷五九載裴鉶傳奇三卷。）等皆是也。蓋此等文備衆體，可以見史才、詩筆、議論。

案：籍書所云「駁雜」之義，殊不明清。未審其所指係屬於一、文體，二、作意抑三、本事之性質。若所指爲第一點，則如趙彥衛所説，唐代小説，一篇之中，雜有詩歌、散文諸體，可稱「駁雜」無疑。若所指爲第二點，則唐代小説家之思想理論實深受佛道兩教之影響，自文士如韓愈之觀點言之，此類體制亦得蒙「駁雜」之名。若就第三點言，則唐代小説之所取材，實包含大量神鬼故事與夫人世所罕之異聞，此固應得「駁雜」及「無實」之諡也。

總之，設韓愈所好「駁雜無實之説」非如幽怪録、傳奇之類，此外亦更無可指實。雖籍致愈書時，愈尚未撰毛穎傳，（參五百家注音辯昌黎先生文集卷壹肆答張籍書樊氏注。）毛穎傳見昌黎先生文集卷叁陸。）而由書中陳述，固知愈於小説，先有深嗜。後來毛穎傳之撰作，實基於早日之偏好。此蓋以古文爲小説之一種嘗試，玆體則彼所習用以表揚巨人長德之休烈者也。

李肇國史補（津逮秘書本。）卷下韓沈良史才條云：

沈既濟撰枕中記，（既濟，舊唐書卷壹肆玖及新唐書卷壹叁貳有傳。枕中記見文苑英華卷捌叁叁及太平廣記卷捌貳。）莊子寓言之類。韓愈撰毛穎傳，其文尤高，不下史遷。二篇真良史才也。

柳宗元讀韓愈所著毛穎傳後題（增廣注釋音辨唐柳先生集卷貳壹，四部叢刊影元本。）云：

世人笑之也，不以其俳乎？而俳又非聖人之所棄者。詩曰：「善戲謔兮，不爲虐兮。」太史公書有滑稽列傳。（史記卷壹貳陸。）皆取乎有益於世者也。

趙彥衛所謂「可見史才議論」，與李肇及柳宗元皆以毛穎傳與史記並論，殊有會通之處也。

裴度與李翺書（度，舊唐書卷壹柒拾及新唐書卷壹柒叁有傳。翺，舊唐書卷壹陸拾及新唐書卷壹柒柒有傳。書見明本文苑英華卷陸捌拾及四部叢刊影嘉靖本唐文粹卷捌肆。）云：

昌黎韓愈，僕識之舊矣。中心愛之，不覺驚賞。然其人信美才也。近或聞諸儕類云：恃其絶足，往往奔放。不以文立制，而以文爲戲，可矣乎？可矣乎？今之不及之者，當大爲防焉爾。

舊唐書（岑本）卷壹陸拾韓愈傳云：

時有恃才肆意，亦有盭孔、孟之旨。若南人妄以柳宗元爲羅池神，而愈譔碑以實之。李賀父名晉，（此句諸本皆同，據舊唐書卷壹叁柒，新唐書卷貳佰叁，及昌黎先生文集卷壹貳諱辨，「晉」下當補「肅」字。）不應進士，而愈爲賀作諱辨，令舉進士。又爲毛穎傳，譏戲不近人情，此文章之甚紕繆者。

國史補卷下叙時文所尚條云：

元和以後，文筆則學奇詭於韓愈。……大抵……元和之風尚怪也。

裴度所謂「以文爲戲」，與夫舊唐書之所指陳，皆學人基於傳統雅正之文體，以評論韓愈者。在當時社會中，此非正統而甚流行之文體——小説始終存在之事實，彼輩固忽視之也。諱辨問題，非本文範圍，姑不置論。羅池廟碑（昌黎先生文集卷叁壹。）則顯涵深義。其中多有神怪之談，此固可能緣於作者早歲好奇，遂於南人不經之依託，有所偏愛。若取「子不語：怪、力、亂、神」之言，（論語述而篇。）文士所奉爲科律者以繩之，則於李肇「尚怪」之評，自以爲然矣。顧就文學技巧觀點論之，則羅池廟碑與毛穎傳實韓集中最佳作品。不得以其鄰於小説家之無實，而肆譏彈也。貞元（七八五——八〇五）、元和（八〇六——八二〇）爲古文之黃金時代，亦爲小説之黃金時代。韓集中頗多類似小説之作。石鼎聯句詩并序（昌黎先生文集卷貳壹。）及毛穎傳皆其最佳例證。前者尤可云文備衆體，蓋同時史才、詩筆、議論俱見也。要之，韓愈實與唐代小説之傳播具有密切關係。今之治中國文學史者，安可不於此留意乎？

寅恪世丈此篇爲研究李唐文學之一重要文獻。原稿係以中文撰作，由 J. R. Ware 博士譯成英文，發表於一九三六年四月出版之 Harvard Journal of Asiatic Studies（哈佛亞細亞學報）第一卷第一期，距今逾十年矣。原稿在國内迄未刊布，故承學之士鮮得見者。茲加重譯，以實本刊。Ware 博士於吾華文學，所知似不甚深，故英譯頗有疏失，行文亦間或費解。如「涉聞梓舊」，本清蔣光煦所刻叢書之名，乃譯作 Shê-Wên Edition of An Old Copy，可見其一斑矣。今悉隨文改正，不更標舉。其附注原列每葉下方者，茲改爲子注，迻入正文，所標引書葉數，亦從省略。皆准寅丈平日行文之例也。譯成，承友人金克木先生校正，謹此致謝。

程會昌（千帆）譯

（原載一九四七年七月國文月刊第伍柒期）

坊本建炎以來繫年要録跋

辛巳冬無意中於書肆廉價買得此書。不數日而世界大戰起，於萬國兵戈飢寒疾病之中，以此書消日，遂匆匆讀一過。昔日家藏殿本及學校所藏之本，雖遠勝於此本之譌脱，然當時讀此書猶是太平之世，故不及今日讀此之親切有味也。辛巳歲不盡四日青園翁寅恪題。

蔣天樞按：此短跋爲　師於民國三十年（一九四一）困居香港時作。未收入集，恐　師後亦久忘有此跋矣。時　師已受英國牛津大學漢學教授之聘，將候輪赴英講學，而當年陽曆十二月七號日本佔領珍珠港，太平洋戰争爆發。先生挈全家困居九龍極僻仄之小室，所云「於萬國兵戈飢寒疾病之中」，紀實也。此所謂「坊本」，商務印書館「國學基本叢書」排印本也。

大千臨摹敦煌壁畫之所感

寅恪昔年序陳援庵先生敦煌劫餘録，首創「敦煌學」之名。以爲一時代文化學術之研究必有一主流，敦煌學今日文化學術研究之主流也。凡得預此潮流者，謂之「預流」，近日向覺明先生撰唐代俗講考，足證鄙説之非妄。自敦煌寶藏發見以來，吾國人研究此歷劫僅存之國寶者，止局於文籍之考證，至藝術方面，則猶有待。大千先生臨摹北朝唐五代之壁畫，介紹於世人，使得窺見此國寶之一斑，其成績固已超出以前研究之範圍，何況其天才特具，雖是臨摹之本，兼有創造之功，實能於吾民族藝術上別闢一新境界。其爲「敦煌學」領域中不朽之盛事，更無論矣。故歡喜贊嘆，略綴數語，以告觀者。

三十三年一月二十一日　陳寅恪

（原載張大千臨摹敦煌壁畫展覽特集，一九四四年四月）

「對對子」意義

——陳寅恪教授發表談話

（前略）關於國文題對對作文之意義，經中國文學系教授陳寅恪先生發表談話如後：今年國文題之前兩部，對對子及作文題，皆我（陳先生自稱）所出，我完全負責，外面有人批評攻訐，均抓不着要點，無須一一答覆，將來開學後，擬在中國文學會講演出題用意及學理，今暫就一二要點談其大概。入學考試國文一科，原以測驗考生國文文法及對中國文字特點之認識。中國文字固有其種種特點，因其特點之不同，文法亦不能應用西文文法之標準，蓋中文文法屬於「西藏緬甸系」而不屬於「Indo-European」系也。國文完善的文法成立，必須經過與西藏緬甸系文法作比較的研究。現在此種比較的研究不可能，文法尚未成立，「對對子」即是最有關中國文字特點，最足測驗文法之方法。且研究詩、詞等美的文學，對對亦爲基礎知識。出對子之目的，簡言之即測驗考生（1）詞類之分辨：如虛字對虛字，動詞對動詞，稱謂對稱謂，代名詞形容詞對代名詞形容詞等；（2）四聲之瞭解：如平仄相對求其和諧；（3）生字（vocabulary 大小）及讀書多少：如對成語，須讀書（詩詞古文）多，隨手掇拾，俱成妙對，此實考生國學根底及讀書多少之最良試探法；(4)思想如何：妙對巧對不惟字面上平仄虛實盡對，「意思」亦要對工，且上下聯之意要「對」而不同，不同而能合，即辯證法之「一正，一反，一合」。例如後工字廳門旁對聯之末有「都非凡境」，「洵是仙居」字面對得甚工，而意思重複，前後一致，且對而不反，亦無所謂合，尚不足稱爲妙對。如能上下兩聯並非同一意思，而能合起成一文理，方可見腦筋靈活，思想高明。基上所述，悉與國文文法有密切之關係，爲最根本，最方便，最合理之測驗法無疑。評判標準，即基前項，(一)文法方面，如平仄虛實詞類之對否，(二)意思對工與不工，及思想如何。分數則僅佔百分之十，倘字面對工，意思不差，可得十分；若文法恰好，巧合天成，可得四十分；即完全不對，亦不過扣國文總分百分之十，是於提倡中已含體恤寬待之意。其所以對對題中有較難者，實爲有特長之考生預備。有人謂題中多絶對，並要求主題者宣布原對，吾意不然：題對並無絶對，因非懸案多年，無人能對者，中國之大，焉知無人能對？若主題者自己擬妥一對，而將其一聯出作考題，則誠有「故意給人難題作」之嫌；余不必定能對，亦不必發表余所對。譬諸作文，主題者，亦須先作一篇，然後始能出該題乎？文尚如此，詩詞對對之流，更不能自作答案，儼然作爲標準。青年才子甚多，益無庸主題者發表原對。現在國文考卷，尚有少許未完，且非盡我一人評閲，但就記憶所及，考生所對之較好者可提出一二。對「孫行者」有「祖沖之」、「王引之」，均三字全對，但以王引之爲最妙，因引字勝於沖字，王字爲姓氏且同時有祖意——如王父即祖父之意——是爲最佳。對「少小離家老大回」無良好者，記得有一考生以「忽忙入校從容出」尚可。中國文學研究所三言對「墨西哥」，字少而甚難，完全測人讀書多少，胸中有物與否，因讀書多，始能臨時搜得專名詞應對。某生對「淮南子」，末二字恰合，已極難得。關於「夢遊清華園記」作文題，多人誤會以爲係誇耀清華之風景與富麗，或誤解爲叙事體遊記，其淺薄無聊，殊屬可笑。蓋所謂夢遊云者，即測驗考生之想像力Imagination及描寫力，凡考本校生總對本校有相當猜想，若不知實際情形，即可以「空中樓閣」地寫去。這題换句話説，就是「理想中的清華大學」。再，考者欲入大學，當必有一理想中的大學形狀景物。我所以不出「理想中之清華大學」或「夢遊清華大學」者，乃以寫景易而描寫學校組織、師生、課業狀況較難，美的描寫易而寫實較難。近數年來，已將「求學志願」、「家鄉」、「朋友」、「釣魚」等題用盡，似此種題實新穎、簡單、美妙、自由，容易之至，我以爲那題很好。而有人仍發怨言者，想係入清華之心過切，或因他故而生忌嫉之感，不足介意。

（原載民國二十一年八月十七日清華暑期週刊第陸期）

清談與清談誤國

清談一事，雖爲空談老莊之學，而實與當時政治社會有至密之關係，決非爲清談而清談，故即謂之實談亦無不可。

曹孟德以微賤出身，遽登高位，是以不重名教，惟好詞章。至司馬氏篡魏，而名教與自然之争以起。蓋司馬氏本來東漢世家，極崇名教，故佐司馬氏而有天下者如王祥等，皆以孝稱。晉律，亦純爲儒家思想，非若漢律之自有漢家家法也。至是，凡與司馬氏合作者，必崇名教；其前朝遺民不與合作者，則競談自然，或陰謀顛覆。此二者雖因政治社會立場各異，有崇名教與尚自然之分，而清談實含有政治作用，決非僅屬口頭及紙上之清談，從可知矣。

竹林七賢，清談之著者也。其名七賢，本論語「賢者避世」、「作者七人」之義，乃東漢以來，名士標榜事數之名，如三君、八廚、三及之類。後因僧徒「格義」之風，始比附中西，而成此名。所謂「竹林」，蓋取義於内典之Venu-vana，非其地真有此竹林，而七賢遊談其下也。水經注中所引竹林古蹟，乃後人附會之説，不足信。

七賢中之嵇康，爲一絶對之清談人物。其與山濤絶交，即因濤爲司馬氏宗室與卒出山林而仕。其所以見殺，則由與魏宗室有婚姻之好，而又「非湯武薄周孔」，爲崇名教之司馬氏所不容也。阮籍雖一行作吏，口不論人過，而仍幾不免爲何曾所欲殺者，即由不孝得罪名教故也。凡此，皆名教自然之事，有以致之。至王戎王衍，遂思調和此二者，而使名教與自然同一。故戎（或衍）問阮修（或瞻）：「聖人貴名教，老莊明自然，其旨同異？」阮答以「將無同」，王即辟爲掾，時人謂之「三語掾」。自是，名士多以清談獵取高官，高官好以清談附庸名士，而清談誤國者，遂比比皆是矣。故此時清談，一以自然爲體，名教爲用，自然爲本，名教爲末。即散見詩文者，亦莫不歌詠自然與名教爲同一也。

嵇紹，嵇康子。欲爲仕，以詢山濤。濤答以「天地四時，猶有消息，況於人乎！」意即謂「天可變節，人亦可變」。易言之，即自然可與名教同一也。其後裴希聲撰嵇侍中碑云：「忠孝，非名教之謂也，孝敬出於自然。」與謝靈運詩：「事爲名教用，道以神理超」，皆是此意。至經史家則惟袁宏後漢紀好言自然與名教同一；若范寧杜預，則俱重春秋名分，故范寧嘗謂「王何之罪，浮於桀紂」也。

降至東晉末，清談之風稍戢。惟北朝河西，仍存西晉遺風。蓋由其地較爲安全，故西晉名士之未能南渡者，多樂往歸焉。

陶淵明之好自然，則爲不欲與劉宋合作。其思想之最後發展，可於形影神詩中見之：形言養身，重自然也；影言立善，貴名教也；神則謂二者皆非，任化而已。其非自然亦非名教之旨，實可代表當日思想演變之結束，自後遂無復有此問題矣。雖淵明別有一新自然説，然仍可以之爲主張自然説者也。

總之，清談之與兩晉，其始也，爲在野之士，不與當道合作；繼則爲名士顯宦之互爲利用，以圖名利兼收而誤國。故清談之始義，本爲實談；因其所談，無不與當日政治社會有至密切之關係。其後雖與實際生活無關，仍爲名士詩文中不可不涉及者，學者固不可以其名爲清談而忽之也。

（一九四三年七月陳寅恪講於坪石中大，張爲綱記）

筆記附言：

本篇係民國三十二年七月陳寅恪先生在坪石中大文科研究所所講之兩個專題之一。記者幸得參聽末座，遂就興之所至，爲之略記一二。以非專於此道，又未經陳先生過目，故未嘗敢以示人。然友好中知有斯稿者，每從而索閱，實不勝其煩。乃特爲謄正，公諸世人，或亦治史者所樂讀也。……

關於王戎或王衍問阮修或阮瞻此一問題，陳氏則謂：「此個性之真實雖不可知，但通性之真實則可推定，治史者固不必斤斤於此也。」

卅七、九、二十、石牌

（原載一九四九年一月二十六日星島日報）

五胡問題及其他

五胡，謂五外族。胡本匈奴（Huna）專名，去「na」著「Hu」，故音譯曰胡，後始以之通稱外族。

五胡與十六國，本兩觀念，決不可併爲一談。蓋十六國非盡胡人，而亦有漢人在内也。

近人繆鳳林氏據苻堅與姚萇語：「五胡次序，無汝羌名」，遂謂「五胡無羌」，非是。蓋不知「五胡次序」，乃圖讖名，「汝」係單數人稱代詞，「羌」爲姚萇之代稱；意即謂：「圖讖中，並無汝姚萇名」也。

王國維氏謂「匈奴人高鼻深目」，亦非。蓋漢司馬遷、班固作史記、漢書時，必獲見匈奴，乃竟無一語及此；而祗言烏孫以西人高鼻多鬚，對匈奴非高鼻深目可知。更證以霍去病墓中掘出匈奴石像，僅兩顴甚高，益信匈奴非高鼻深目矣。

近人吕思勉氏謂：「羯，匈奴别種」，想緣「别部」一詞而誤。不知别部非謂别種，乃言别一部落也。羯人石姓，係以居石國得名。又稱柘羯，柘亦石也。近人吕思勉氏以石勒，上黨羯室人，遂謂羯族之稱，因羯室而名，不知羯名早見於史記貨殖傳；「室」，乃羯語「居住」之義，猶泥壤木簡佉盧文中Cinstan（即震旦）之 stan 也。明乎此，則知羯乃族稱在先，而以作地名爲後起，非羯因羯室而有此族稱，乃羯室因羯族而始被此羯名也。

羯人與歐羅巴人爲同種，其語言亦屬印歐語族，尤以數詞與拉丁文近，僅「萬」字係自漢語借入，讀若 Tman，此由漢語「萬」，古本爲複輔音，如「蠆」「邁」二字聲母之別爲「T」「M」，即係由此分化而成。今藏文「億」爲 Hman（疑星島日報所載Hman有誤），「H」即「T」聲變。俄語「萬」則又自蒙古語 Tomen 間接輸入者也。

或謂鮮卑人鬚髮皆黃色者，想係指其別部丁零而言。因鮮卑語與蒙古語近，自不無同族關係。然其別部丁零，固有黃髮者，則謂鮮卑爲黃髮兒，當即指其別部丁零而言無疑。

氐人漢化較高，能操漢語。羌人稍低，惟識羌言。故雖氐人時詆羌人，究其分別，非緣種族有異，而實文化不同耳。

至苻堅之所以必南征淝水，與魏孝文之必遷都洛陽，則皆由其時種族複雜，非藉高深之漢化，無以收統治融洽之效；欲收統治融洽之效，非取得中原正統所在地，即無以厭服人心而奄有天下故也。

（一九四三年七月陳寅恪講於坪石中大，張爲綱記）

（原載一九四九年四月三日星島日報）

雨生落花詩評

落花詩八首之總評：(一)中有數句，不甚切落花之題。(二)間有詞句，因習見之故，轉似不甚雅。後四首較前半更佳。略有數字微傷不雅，如罡風孽債之類，最好均避去不用爲妥。大約作詩能免滑字最難。若欲矯此病，宋人詩不可不留意。因宋人學唐，與吾人學昔人詩，均同一經驗，故有可取法之處。尊意如何？總之，後四首甚好，遠勝前四首。此上宜再加修改。然中有數句甚妙，後四首氣勢尤佳，大約用原意而將詞句再修飾一番，即可稱完善之作。

民國十七年六月

（原載吴宓詩集，民國二十四年五月）

評吳宓懺情詩

直抒胸臆，自成一家。自懺，即所以自解，正不必別求解人也。

評吴宓夢覺詩

大作唯音韻有小疵，似可更易。其餘字句不必改動。又柳卞似身分不合，若易他事更佳。

一九四〇年

劉鍾明大學畢業論文有關雲南之唐詩文評語

此論文範圍甚狹，故所收集之材料可稱完備，且考證亦甚審慎。近年清華國文系畢業論文中，如此精密者尚不多見，所可惜者，雲南於唐代不在文化區域之內，是以遺存之材料殊有制限，因之本論文亦不能得一最完備及有系統結論。又，本論文標題「有關」二字略嫌不妥，若能改易尤佳。寅恪。民國廿五年六月十一日。

（評定成績：八十七分）

張以誠大學畢業論文唐代宰相制度批語

大體妥當，但材料尚可補充，文字亦須修飾。凡經參考之近人論著，尤宜標舉其與本論文之異同之點，蓋不如此，則匪特不足以避除因襲之嫌，且無以表示本論文創獲之所在也。

民國廿五年六月十六日

（評定成績：七十八分）

李炎全學士論文李義山無題詩試釋評語

李商隱「無題詩」自來號稱難解，馮浩、張爾田二氏用力至勤，其所詮釋仍不免有謬誤或附會之處。近有某氏專以戀愛詩釋之，尤爲武斷。此論文區分義山「無題詩」爲三類，就其可解者解之爲第一、第二類。其不易解者則姑存疑，列於第三類，守不知爲不知之古訓，甚合治學謹慎之旨。其根據史實駁正某氏之妄説，誠爲定論。又於馮、張二氏之説，亦有所匡補。近年李贊皇家諸墓石出土，馮、張二氏大中二年義山巴蜀遊踪之假設，不能成立，「萬里風波」一詩始得有確詁。此關於材料方面今人勝於前人者也。唐代黨争，昔人皆無滿意之解釋，今日治史者以社會階級背景爲説，頗具新意，而義山出入李、劉（牛），卒遭困厄之故，亦得通解。此關於史學方面今人又較勝於古人者也。作者儻據此二點立論，更加推證，其成績當益進於此。又第二類中仍有未能確定者，此則材料所限制，無可如何，惟有俟諸他日之發見耳。

（評定成績：八十六分）

一九五〇年六月十五日（陳寅恪印）

某學生論文評語

（一）論文中所引通鑑紀事本末，須改用資治通鑑原書卷數。又，引用材料需加以分別，不可兩書混在一起。

（二）李商隱風雨詩，須注明在李義山詩集上。此詩之解釋乃是我個人的見解，從前没有人如此説過，亦須注出我的名字。

（三）論文要有創見，文字不必太長。此論文中句逗間有錯誤，詞語亦有未妥者，故須更求精簡。

以上三點看似小節，但初作論文時，若不注意，則此類缺點將來不易改正。

陳寅恪 一九五七年五月

（評定成績： 及格）

關於黄萱先生的工作鑑定意見

（一）工作態度極好。幫助我工作將近十二年之久，勤力無間始終不懈，最爲難得。

（二）學術程度甚高。因我所要查要聽之資料全是中國古文古書，極少有句逗，即偶有之亦多錯誤。黄萱先生隨意念讀，毫不費力。又如中國詞曲長短句亦能隨意誦讀，協合韻律。凡此數點聊舉爲例證，其他可以推見。斯皆不易求之於一般助教中也。

（三）黄先生又能代我獨立自找材料，並能供獻意見修改我的著作缺點，及文字不妥之處。此點尤爲難得。

總而言之，我之尚能補正舊稿，撰著新文，均由黄先生之助力。若非她幫助我便爲完全廢人，一事無成矣。

上列三條字字真實。決非虚語。希望現在組織並同時或後來讀我著作者，深加注意是幸。

陳寅恪提（六四、四、二十七）

（原載書譜一九八五年第陸期壹壹卷）

對科學院的答覆

我的思想，我的主張完全見於我所寫的王國維紀念碑中。王國維死後，學生劉節等請我撰文紀念。當時正值國民黨統一時，立碑時間有年月可查。在當時，清華校長是羅家倫，他是二陳（CC）派去的，衆所週知。我當時是清華研究院導師，認爲王國維是近世學術界最主要的人物，故撰文來昭示天下後世研究學問的人。特別是研究史學的人。我認爲研究學術，最主要的是要具有自由的意志和獨立的精神。所以我說「士之讀書治學，蓋將以脱心志於俗諦之桎梏」。「俗諦」在當時即指三民主義而言。必須脱掉「俗諦之桎梏」，真理才能發揮，受「俗諦之桎梏」，没有自由思想，没有獨立精神，即不能發揚真理，即不能研究學術。學説有無錯誤，這是可以商量的，我對於王國維即是如此。王國維的學説中，也有錯的，如關於蒙古史上的一些問題，我認爲就可以商量。我的學説也有錯誤，也可以商量，個人之間的争吵，不必芥蒂。我、你都應該如此。我寫王國維詩，中間駡了梁任公，給梁任公看，梁任公只笑了一笑，不以爲芥蒂。我對胡適也駡過。但對於獨立精神，自由思想，我認爲是最重要的，所以我説「唯此獨立之精神，自由之思想，歷千萬祀與天壤而同久，共三光而永光」。我認爲王國維之死，不關與羅振玉之恩怨，不關滿清之滅亡，其一死乃以見其獨立自由之意志。獨立精神和自由意志是必須争的，且須以生死力争。正如詞文所示，「思想而不自由，毋寧死耳。斯古今仁賢所同殉之精義，夫豈庸鄙之敢望。」一切都是小事，惟此是大事。碑文中所持之宗旨，至今並未改易。

我決不反對現在政權，在宣統三年時就在瑞士讀過資本論原文。但是我認爲不能先存馬列主義的見解，再研究學術。我要請的人，要帶的徒弟都要有自由思想，獨立精神。不是這樣，即不是我的學生。你以前的看法是否和我相同我不知道，但現在不同了，你已不是我的學生了。所有周一良也好，王永興也好，從我之説即是我的學生，否則即不是。將來我要帶徒弟，也是如此。

因此，我提出第一條：「允許中古史研究所不宗奉馬列主義，並不學習政治。」其意就在不要有桎梏，不要先有馬列主義的見解，再研究學術，也不要學政治。不止我一人要如此，我要全部的人都如此。我從來不談政治，與政治決無連涉，和任何黨派没有關係。怎樣調查，也只是這樣。

因此，我又提出第二條：「請毛公或劉公給一允許證明書，以作擋箭牌。」其意是毛公是政治上的最高當局，劉少奇是黨的最高負責人。我認爲最高當局也應和我有同樣看法，應從我之説，否則，就談不到學術研究。

至如實際情形，則一動不如一静，我提出的條件，科學院接受也不好，不接受也不好。兩難。我在廣州很安静，做我的研究工作，無此兩難。去北京則有此兩難。動也有困難。我自己身體不好，患高血壓，太太又病，心臟擴大，昨天還吐血。

你要把我的意見不多也不少地帶到科學院。碑文你帶去給郭沫若看。郭沫若在日本曾看到我的〔輓〕王國維詩。碑是否還在，我不知道。如果做得不好，可以打掉，請郭沫若來做，也許更好。郭沫若是甲骨文專家，是「四堂」之一，也許更懂得王國維的學説。那麽我就做韓愈，郭沫若就做段文昌，如果有人再做詩，他就做李商隱也很好。我〔寫〕的碑文已流傳出去，不會湮没。

（陳寅恪口述，汪籛記録，一九五三年十二月一日。
副本存中山大學檔案館）

附録

兩晉南北朝史聽課筆記片段

此課之重點，要講司馬氏及曹氏兩個社會集團不同之關係及其盛衰之理由。曹氏篡漢（劉氏），司馬氏又篡曹氏，表面上看來雖爲政權之轉移，但實際上是兩個不同集團的社會人物更替統治權。他們在東漢末，同是統治階級。然而確實是兩種人物。魏的時代，還是三國形勢。到了西晉，則統一中國。以後又分爲南北朝。三國時代，太複雜，亦非本課之範圍，故關於魏之情形，此課不多講。今就司馬氏之集團所以得到政治權，以及後來失去之原因等等，此乃須注意者也。

一　西晉最初之情勢

漢建安五年（公元二〇〇年）官渡之戰，曹操打敗袁紹。此爲曹氏政權穩固之始，即東漢末年儒家大族之勢力，被另一外集團之人打倒。曹操之家世不是東漢儒家大族，而正是其反面人物。（參看三國志魏志壹武帝傳，又同書卷陸陳琳檄文及講義〔一〕第十六條、第十七條。簡作〔一〕十六、十七。下同。）

魏嘉平元年（正始十年亦即公元二四九年），司馬氏殺曹爽，此爲司馬氏奪政權之始。

東漢末年，劉氏雖爲皇帝，但統治權實在外廷儒家大族及内廷宦官掌握之中，經過黄巾董卓之亂，劉氏做皇帝之虚名，亦難保持。似乎代替劉氏做皇帝之人物，應在儒家大族，而袁紹乃此集團之代表，不料官渡一戰，袁敗而曹勝，此一役即爲曹魏基業開始之劃分點。所以，建安五年「官渡之戰」不僅是曹、袁個人之勝敗，而是漢末兩統治集團之勝敗。

曹氏已得勢，當時東漢儒家大族之人，不得不勉强隱忍屈服於曹氏政權之下。直到司馬懿於二四九年殺曹爽起，至司馬炎（武帝）篡魏，十六年内，帝業遂成。蓋曹操之家世習慣，及其道德標準，本非東漢大族。（參看〔一〕十六魏志壹武帝傳及〔一〕十七陳琳檄文，〔一〕十九武帝傳及〔一〕二十崔琰傳，所引材料。）曹氏之興起，正是小族打倒大族。（參看講義一頁第一條及二頁第一條。）袁安楊震乃第一等儒家大族，（參看〔一〕四、五二人之傳。）故司馬篡魏，正是東漢儒家大族打倒了小族，奪得統治權。也可以説是恢復了東漢儒家大族的統治權。

何謂東漢儒家大族？

（參看袁安傳、楊震傳、司馬朗傳、宣帝紀及〔一〕九之晉書禮志。）從中，可以知道大族重禮法，講經學。他們在鄉間傳授經學，重家族倫理，道德上之表現爲孝悌。禮法最重喪禮之制。離本鄉即在洛陽太學游學，此種人之中心在河南一帶。在政治上，是外廷掌政之人（內廷爲宦官）。大族之代表人物，如王祥、何曾、荀顗三孝子，位至三公。（參看〔一〕十三、十四、十五王祥、何曾傳、荀顗傳。）重喪禮，以晉之宣、景、文、武四帝爲法。（參看〔一〕十抱朴子外篇譏惑篇。又〔一〕九晉書禮志中。）其習慣重奢侈，道德觀念尚仁孝。與曹操代表之社會集團恰恰相反。

何謂寒族？

不出身於儒家大族，其初家世寒微，是法家，不講儒學，獎勵節儉，政治嚴苛，不重家庭禮法。（參看〔一〕三十一、三十三陳矯傳後段，夏侯惇等傳。）其代表人物曹操，（參看〔一〕十六三國志魏志壹武帝傳，又下一條陳琳檄文。）曹操贊賞之人如賈逵、陳矯等。（參看〔一〕二十六、三十一賈逵傳、陳矯傳。）尚節儉。（看〔一〕十八、二十毛玠傳及崔琰傳所引材料。）道德標準以才能爲主，不重仁孝。（參看〔一〕二十一三條命令。）曹操公然以「不仁」「不孝」之人可以治天下，握統治權，正是儒家大族之仁孝相反者也。

顧炎武日知録壹叁世風篇有言「自古以來之大變」即所謂曹操之三令也。

二　西晉政權之構成及其失敗

大部分是東漢儒家大族。小部分是寒族之投機分子。

就以上材料看來，曹氏與司馬氏所代表的兩種社會集團，其不同的程度如此之大，自然無並立共存之道理。當曹氏盛時，司馬懿等人只有屈服待機，而曹家勢衰後，司馬家代表的集團復興之勢已成，那時本來屬曹氏集團之人，因投機取巧，背曹氏而歸司馬氏，建立大功，做成晉之帝業，如賈充等人，即是其例。（參看〔一〕二十六賈逵傳後裴注引晉諸公贊及〔一〕三十七陳騫傳。）遂能與司馬氏密切聯合，成爲一體。故西晉政權其大部分雖爲東漢儒家大族，但含有一小部分法家，寒族。此種奇異之結合團體，其結果，二種不同社會集團之優點，漸歸消失。二種不同的劣點則集其大成，此爲西晉政權崩潰之總因。

如寒族尚節儉，（參看毛玠傳崔琰傳。）而石崇等本出身寒族，其奢侈程度，過於大族之何曾等。如閨門禮法，有晉皇室賈后之淫亂。寒家之婦女本以勤儉見稱，而此等統治階級之婦女無論其出身如何，皆變爲奢侈、懶惰。（參看〔一〕四十九後晉書伍，孝愍帝紀引干寶之言。）儒家大族之所謂寬仁，亦不過寬於大族。（參看〔一〕二十五魏志壹武帝傳建安九年九月令，及〔一〕三十九蜀志伍諸葛亮傳裴注引蜀記郭沖條亮答法正語。）其實寬於大族，即放任大族苛虐小民。此正加深統治階級剥削之程度，以供其奢侈用費。況孫吳本是大族，政權腐敗最甚，因而亡國。西晉滅吳，其統治者又乘勝利接收之機會，更令貪污腐敗加劇。所以平吳以後，西晉之政治，更爲腐敗。（參看〔一〕四十四抱朴子吳失篇。）貪污腐敗，亦有經濟之關係。

此後有八王之亂、五胡亂華等，洛陽未瓦解前西晉已經亂了，失去了統治能力。

三　附論吳、蜀

劉備與孫堅的政權以何建立？

劉備自稱爲漢之後，但司馬光不以之爲正統。因爲他雖自稱是漢光武之宗族，實出身貧苦，賣履爲業，絶非漢光武之可比，當屬寒族。劉備與曹操同。因曹爲法家，而劉用諸葛亮，也是法家。（他是諸葛豐之後，豐乃東漢時做司隸校尉的。）張悌説司馬氏一定可以平蜀。

孫堅的家族不易考。他的家庭乃武力「强宗」。即人多，却非高文化者。後孫堅投往袁術處。袁術聚集一批人在淮南稱帝，當時黄巾擾亂，社會秩序完全破壞。孫堅及其子孫策、孫權就在袁的系統内，建立了東吴的政權。——爲「强宗」「仕族」力量所組成的。

西晉滅吴之後，洛陽對於劉備或孫權的人，尚存疑慮。

晉書肆陸劉頌傳略云：

頌上疏曰：「自平吴以來，東南六州，（梁、益、荆、揚、兖、豫、青、徐爲八州。梁益在西北，其餘在東南，故云東南六州。）將士更守江表，此時之至患也。又内兵外守，吴人有不自信之心，宜得壯主以鎮撫之，使内外各安其舊。」太康元年平吴。通鑑載此疏於晉武太康十年，雖不確切，也差不多在其前後。

羊祜、杜預、王渾、王濬，皆平吴之重要人物。平吴之兵，除了梁益之外，均鎮守於吴。（參看〔八〕一、二晉書陸搠賀循傳與伍貳華譚傳。）可見當時蜀人服化，而吴人尚未歸順。他們的意思是當用吴人。由此可知吴人比蜀人的反抗力强。

（唐篔　黄萱五十年代聽課記録）

唐代史聽課筆記片段

壹

唐朝乃中國最盛時代。地域之大，東至朝鮮，南至安南，西至波斯、阿富汗。唐的特點是：雖以漢族爲主，而漢族待各族却很好，不以「大漢族」自居。文化上也與各不同民族融合一起。這是歷史上所未有。

唐史的材料雖不少，但多重複。重複可以有所比較，也有它的好處。史料却少得可憐。加之所有的史料多注重政治，其他各方面則更少了。因此我們只好到地下去尋找碑銘之類的文章。這種文章有一部分是有用的，大部分是不重要人物的記載，對歷史無用處。許多墓誌的寫法，是用同一種格式填充的，也就沒價值了。還是唐文集裏的墓誌，内容比較有價值。

唐代女人的地位很重要。有許多事，表面上看起來是男人的事，其實與女人很有關係。此點不但對於政治方面，對於家族婚姻方面，也很有關係。

在中國的古畫中，找不到史料。在日本的正倉院，却保存着許多唐朝很有歷史價值的畫——類似現代的漫畫。那些畫曾經印出來，並送給北平圖書館及北京大學，我曾看到。但因當時中日邦交很不好，又被退回。

唐與我們隔得太遠了，現在我們最重要的是瞭解唐留給我們的影響。

日本、朝鮮、安南現尚保存唐代的習慣很多。例如日本尚有霓裳散序遺音及雙陸之戲。

貳

唐書對於府兵的記載不全。最奇怪的是日本的法令，全似唐朝的法令。除「郡縣」之類改爲「國」。因此欲知唐的法律，當看日本的法律書。

唐朝三省：中書省、門下省、尚書省。宰相是同中書門下平章事。日本的外務省，是保存唐的「省」。

唐詩有很多材料，可補充唐史料的缺乏。唐詩有種特性：與作者的社會階級及政治生活有密切的關係。

南北朝重貴族門第。他們重漢族文化。南朝的貴族，很少存留至唐朝。北朝有受漢族文化很深的胡人。血統是胡族。但因婚姻的關係，已成爲混合的種族。這種人雖存留至唐代，但爲數也不多。（東漢時這種貴族叫做「儒家大族」。）

「儒家」：在地方上學習五經。當時洛陽有太學，教官稱博士。明經便是儒家。即所謂「經明行修」，便舉他做一個小官，如郎令之類，乃至做到朝廷上的大官。

南北朝是門第制度。即注重家庭。六朝是其父做什麽，其子亦從之。隋是科舉制度。這種制度看來好像是很民主，但並不能推翻門閥的關係。唐朝考試以詩爲最重要。清朝則考四書，做八股。

唐從西魏、北周傳下來，武曌做皇帝時有很多改革。其中之一是變革隋代以來的科舉制度。她把它改爲進士科與明經科。帖括是完全靠記憶的，不用思想。因之，爲高才者所不喜歡。武則天注重進士科，那便不管是什麽人，也不分地域，只要能做詩，做文章，尤其是詩，便可到洛陽考進士。因此所有的人，都可以因會做詩，而爬到最高的地位。門閥的制度被推翻，社會的關係也由此而擴大，因之唐詩便成爲對於歷史很有關係的材料。

叁

武曌注重詩詞以打倒門閥，其不同之點在不重籍貫。唐朝的大行政區，叫做「道」，當時是任何地方的人，都可以被解送，不限行政區，也無論年老年少。江陵（荆州）這地方，文人不多，也有人被解送，即所謂「破天荒解」。可見那個時候的考試，是很民主的。

清朝有糊名及謄寫的制度。唐朝則不然。它是用「通榜」。這是很公開的。要投考之前，找一個能做詩之名人，把所有詩文著作給他看，給他評定。被託的人可以把他平時的成績告訴考官。那些詩文叫做「行卷」。

白居易到京師，以「草」這首詩給顧況看。白的出身不太好，但以此詩被注意。朱慶餘考試時，也以「妝罷低聲問夫婿，畫眉深淺入時無」詩，呈張水部。

當時識字的人都做詩，但可分爲「摹擬」與「創作」兩種。據我們看來，與歷史有關的詩，一定不是「摹擬」而是「創作」。但没有關係的詩，有時也有價值。

唐詩七言的最多，因與音樂有關。現在中亞細亞人唱的多是七言。翻譯的佛經，也是四句七言。可見七言對於飲食、起居、交際，都很有關係。

宋朝的詞話是先有詞，然後望名生義，造出一個故事來，完全不可靠。唐詩紀事比較可靠，對歷史有用，但不夠。那裏面有些是有名的，有些是無名的。但無名的也不能忽略。例如講天氣之作，雖没有歷史價值，我們若要研究當時氣候與現在有何不同時，便有用處了。

肆

武曌的大改革，史籍中不大看得見，詩裏比較看得出來。

詩的好處：

一、糾正錯誤。

二、説明真相。

最重要的史書，都是官書。最高的統治者，都是隱惡揚善，顛倒是非。很多是不可信。唐朝的詩對於避諱較少。春秋有所謂「爲尊者諱，爲賢者諱」。例如韓愈與柳宗元、劉禹錫，雖友善，却是政敵。韓愈被貶三次。其一是諫迎佛骨。其二是宫市，或云天旱。天旱未能得其確解。宫市是説德宗的宦官買東西不給錢，或者是給很少的錢。史書裏對於他被貶的原因，説得很含糊，但從他途中寄王涯詩裏，可看出來。

德宗——順宗——憲宗。順宗做了一年傀儡皇帝，被宦官迫他遜位給憲宗。

柳宗元與李忠言同黨。他擁護順宗。韓愈與俱文珍同黨，他們是擁護憲宗的。韓愈之所以被貶，便是這個原因。故憲宗即位，則韓愈回。

三、別備異説。

唐詩很多是紀事的，有些是謡言，不可信。但民間的傳説，很多是事實。例如楊貴妃之死，史書與小説、詩，各有不同的説法。各種記載可供考證。

四、互相證發。

從杜甫的「哀王孫」，知當時安禄山在洛陽派兵駐長安，乃朔方軍所屬之同羅部落。

五、增補缺漏。

武宗以後的歷史很多缺漏。唐詩可以增補缺漏。例如李德裕死在海南島，其柩被運回之證明有李商隱「無題」詩。李、牛兩黨弄權，其實是兩黨宦官的鬭争。宣宗本是皇太叔，他即位牛黨得勢，貶李德裕於海南島。大中三年李死。李柩回洛陽，乃大中六年六月。

宣宗時吐蕃内亂，勢衰。漢人首領張義潮。有党項族歸附中國，有時候反覆叛離，唐朝必須用兵。宣宗雖不以李黨爲然，忽然發現李德裕的舊功，所以把李德裕之柩運回洛陽。此事從出土的碑文與唐詩可以互相參補。

伍

揚州書局本全唐詩爲清代江寧織造巡視兩淮鹽政曹寅（曹雪芹祖父）所刻。

明末胡震亨有唐音統籤。

清初錢謙益、錢曾、季振宜有一部全唐詩。故宮博物院亦有一部。

注：由于重讀陳寅恪先生從前講授的唐代史筆記，其中談到全唐詩。使我想起陳先生於工作中，有時也給我談些學術上的事。記得他曾談過有關全唐詩的問題。他説：

校全唐詩應參用明朝本。全唐詩或原本爲錢牧齋所整理過。其中好的地方，都是牧齋所爲。後歸錢曾，然後由曾賣給季振宜。季乃鹽商，很富有。是藏書家，但恐無如此學問做整理工作。季乃清初人。全唐詩只打季的印，無明言是他整理的。

陳先生還説：

李嘉言曾在甘肅寫過整理全唐詩計劃。但李没見過季的書。季本在南京，疑北京的季本，乃抄南京的。

我曾以南京和北京季本是否還存在？請教於蔣天樞教授。他説：

寅師所云在南京、北京的季本，今已不知所踪。

果爾，則難查對了。

陳先生又説：

全唐詩中令狐楚集有和詩，誤爲令狐楚詩。而裴度睡（涼風亭睡覺）詩，當爲令狐楚所作。

整理全唐詩應先搜集明朝時各集的版本。因中間有脱落了一個人的名字，因而誤爲上一個人所作的。

唐詩爲什麽包括許多史料？

一、因爲高宗、武則天重詞科、進士科。

二、選取的人不限門第高低。女人、和尚都有能做詩的。如賈島本名無本，也能做詩。階層已擴大，詩中包括的史料，也就多了。

陸

唐玄宗開元晚世，河北山東士族之改變：

山東士族本來的勢力很大，爲唐室所忌。却無法消滅之。唐皇室不願與他們通婚姻。北朝和南朝的貴族本同一來源。南朝的貴族先消亡，而北朝仍保存。高等門第爲一般人所羡慕。唐太宗的宰相如房玄齡、魏徵、李勣（徐世勣），仍保持山東士族的勢力。武則天、高宗時代，以科舉制度，始施破壞門閥勢力，提拔了小地主，或破落户及胡人。

在突厥合東西兩突厥爲一，很强盛時，包括許多人種，民族複雜。至玄宗開元世，其本部衰，則其餘部落散入中國内部或邊境。中國必須安置之。匈奴或吐蕃亦然。他們到河北山東一帶，初來時並不漢化。山東士族雖有武力，但不及他們。所以山東士族必須遷移，先至河南之北部。

（黄萱五十年代聽課記録）

元白詩證史第一講聽課筆記片段

中國詩與外國詩不同之點——與歷史之關係：

中國詩雖短，却包括時間、人事、地理三點。如唐詩三百首中有的詩短短二十餘字耳，但……外國詩則不然，空洞不着人、地、時，爲宗教或自然而作。

中國詩既有此三特點，故與歷史發生關係。唐人孟棨有本事詩，宋人計有功亦有唐詩紀事，但無系統無組織。本事詩只説到一個人、一件事，一首首各自爲詩。即使是某人之年譜附詩，也不過把某一個人之事記下來而已，對於整個歷史關係而言則遠不夠。

有兩點不綜合：此詩即一件事與別事不綜合，地方空間不綜合，於歷史上不完備。作者個人與前後之人不綜合，作品亦與別人之關係不綜合。

就白香山之詩而論，綜合性尤嫌不夠，需作再進一步之研究。綜合起來，用一種新方法，將各種詩結合起來，證明一件事。把所有分散的詩集合在一起，於時代人物之關係、地域之所在，按照一個觀點去研究，聯貫起來可以有以下作用：

説明一個時代之關係。

糾正一件事之發生及經過。

可以補充和糾正歷史記載之不足。最重要是在於糾正。

元白詩證史即是利用中國詩之特點來研究歷史的方法。

唐朝人多能作詩，遺下來的詩不少，皆可用來證史，何以要取元白詩呢？

一、時代關係。如李太白在前而李商隱在後，元白之詩正在中唐時代，説上説下皆可。

二、唐人詩中看社會風俗最好。元白詩於社會風俗方面最多，杜甫、李白的詩則政治方面較多。

三、又以元白詩留傳者較多。

以元白詩證史，

一、首先要了解唐朝整體局面情況，然後才能解釋。

二、歷史總是在變動的，看詩猶如看活動電影之變動，需看其前後之變遷。若僅就單單一片材料擴大之則不可，必須看到事物前後的變遷。

（唐篔五十年代聽課記録）

陳寅恪先生隋唐史第一講筆記

引言

據中央日報副刊報導，史學大師義寧陳寅恪先生於五十八年十一月〔一〕病逝廣州。（以前傳説陳先生曾被紅衛兵毆打，未知確否。）先生生前自謂「生爲帝國之民，死作共産之鬼」，今竟不幸言中，真令人欲哭無淚。然盲目衰翁，早一日昇達天界，即等於早一日脱離苦境。敬慕先生者，惟有虔心祝禱，共祈冥福；尊事先生者，惟有更圖精晉，光大師門。聯陞在清華經濟系，曾選修先生所授隋唐史，畢業論文「從租庸調到兩税法」，亦蒙先生指導。在清華學報十二卷三期（民廿六）印布之拙稿「中唐以後税制與南朝税制之關係」，即是其中之一章。至於論文主旨，則與陶希聖先生及鞠清遠兄之著述，大體相同，故未發表。聯陞於陳先生隋唐史課前，每得在教員休息室侍談，課後往往步送先生回寓，亦嘗造寓晉謁。七七事變後，曾到北平城内先生府上參拜太老師散原老人之靈柩，此爲聯陞在國内晉謁先生之末一次。來美留學之後，曾於一九四六年四月十九日與周一良兄（當時青年學人中最有希望傳先生衣鉢者）同隨趙元任先生夫婦，到紐約卜汝克臨二十六號碼頭停泊之輪舟中，探望先生。時先生雙目幾已全部失明，看人視物，僅辨輪廓。因網膜脱落，在英經其國手名醫，用手術治療無效。（先生曾膺牛津大學中文講座之聘，實未就職，但借此前往就醫。）置舟回國，道出紐約，原擬再試醫療，後聞美國名醫亦無良策，遂決定不登岸。是日午後約三時半，先生在艙内初聞韻卿師母、元任先生呼喚之聲，頓然悲哽。但旋即恢復鎮定，談話近一小時。對一良與聯陞近況，垂詢甚詳。時二人皆已在哈佛先後完成博士學業，即將回國任教。一良到燕大，聯陞到北大，並各兼史語所副研究員。先生又詢及聯陞之内兄繆鉞彦威，云曾數度通信。又云，回國後擬在南京定居。此爲聯陞在國外拜謁先生惟一之一次，亦爲畢生最末之一次。當時胡適之先生已接受北大校長之任命，方在紐約準備回國，本擬一同登舟探視，臨時以故未克前往。一九五六年，聯陞撰「老君音誦誡經校釋——略論南北朝時代的道教清整運動」一文，在史語所集刊第二十八本印布，爲胡適之先生祝壽。曾託人將單印本設法轉呈先生，聞已收到，並傳語嘉勉。聯陞所學傷於蕪雜，雖曾列先生講席，至多勉强升堂，絶不敢稱入室。頃於悲痛之餘，忽然檢得當年（約在民廿四）在清華園聽先生講隋唐史筆記二册。因録其第一講大略，以爲記念。追憶學恩，倍增哀痛。

五十九年二月記於美之康橋。

〔一〕編注：實爲一九六九年十月七日逝於廣州。

隋唐史第一講筆記大略

應讀及應參考之書：

甲、通鑑隋唐紀、通典。（宜先讀）

乙、隋書、兩唐書。

丙、全唐文、全唐詩、唐律、唐六典、太平御覽、册府元龜等。

通鑑紀事本末，只爲索引性質，不能代替通鑑，疏漏之處頗多。又標目有時反能誤人。（如謂題目盡於是。）

通典有考證工夫，有意見，非抄輯類書。通考只在宋朝尚重要。

全唐文是清人輯，多抄自宋人之文苑英華，但有抄自永樂大典者。

全唐詩亦清人輯，錯誤甚多。在有獨立之集時，必不可引（或有引自明人地志者則可引）。

研上古史，證據少，只要能猜出可能，實甚容易。因正面證據少，反證亦少。近代史不難在搜輯材料，事之確定者多，但難在得其全。中古史之難，在材料之多不足以確證，但有時足以反證，往往不能確斷。

日本舊謂其本國史爲「國史」，「東洋史」以中國爲中心。日本人常有小貢獻，但不免累贅。東京帝大一派，西學略佳，中文太差；西京一派，看中國史料能力較佳。

通鑑之考訂價值甚高。晁説之嵩山文集十七「送王性之序」：

予前日爲我言曰：孰不知有資治通鑑哉！苟不先讀正史，則資治通鑑果有何耶？予於時坐不得安席，而欲起以拜子也。予早遊温公之門，與公之子康公休締交義篤，公休嘗相告曰……（聯陞按，先生當日引此節只説大略，以下是聯陞補抄。）資治通鑑之成書，蓋得人焉。史記前後漢則劉貢甫，自三國歷七朝而隋則劉道原，唐訖五代則范純甫，此三公者，天下豪英也。我公以純誠粹識，不懈晝夜，不時飲食，而久乃成就之，庶幾有益於天下國家之大治亂，不自辜所志也。其在正史外而有以博約之：楚漢事則司馬彪、荀悦、袁宏，南北朝則十六國春秋、蕭方等三十國春秋，李延壽書雖無表志而可觀，太清記亦時有足採者。建康實録，猶檜以下，無譏焉爾也。唐以來稗官野史，暨夫百家譜録，正集别集，墓誌碑碣，行狀别傳，幸多存而不敢少忽也。要是柳芳唐曆爲最可喜。嗚呼！孰敢以佻心易談哉！予因子能獨識於暮境而輒以厥初之所聞爲子謝也。

讀正史後方知通鑑之勝。考異多有説明。

通鑑二一二開元十二年四月壬子命太史監南宮説等於河南、北平地測晷及極星條，胡注：温公作通鑑，不特紀治亂之跡而已，至於禮樂、曆數、天文、地理，尤致其詳。讀通鑑者，如飲河之鼠，各充其量而已。

（杜工部只出師未捷二句詩見通鑑；屈原不見，宋人早已論及。或温公已懷疑屈平之存在。）

讀正史必參考通鑑！

（楊聯陞）

（原載一九七〇年三月臺北傳記文學第壹陸卷叁期）

聽寅恪師唐史課筆記一則

當年我們在成都華西壩聽寅恪師講課時，各門課程都記有筆記，惜多已在歷次動亂與搬遷中遺失，現僅存李涵所記一九四四年下半年聽唐史課筆記一册。兹見蔣天樞先生的陳寅恪先生編年事輯中載有一九五一年唐史專題研究課的教學大綱，略云：「此課在開課之初，先講述材料之種類，問題之性質，及研究之方法等數小時，其後再由學生就其興趣能力之所在，選定題目分别指導，令其自動研究。學期或學年終了時，繳呈論文一篇，即作爲此課成績，不另行考試。」對照所保存的唐史筆記，陳師也是在講專題之前，先介紹有關材料，基本觀點與研究方法。又自談陳寅恪一書中看到楊聯陞先生所録的陳寅恪先生隋唐史第一講筆記（約爲一九三五年所記），也是首先講解應讀及應參考之書，指示學生如何看待與運用這些材料的方法的。雖然是不同時期的講課筆記或教學大綱，但却反映了陳師一貫的教學指導思想，即通過講課教給學生研究問題的方法，培養學生獨立研究的能力。不過，陳師並非孤立地講方法，而是通過對史料的具體分析來傳授研究方法的。現將當年聽課筆記第一講的内容，稍加條理抄録如下，相信對於了解陳師的學術觀點、研究方法與教學思想都是有參考價值的。但由於記録者當時只是低年級學生，對唐史的知識有限，所記難免有遺漏錯訛之處，應由録者負責。

第一節　應參考的材料

(一)新唐書與舊唐書。

以新唐書爲主要參考書，此書有缺漏處，可參看舊唐書。近人王先謙及唐景崇先生分别著有唐書注釋。如魏鄭公諫録附有魏徵傳注，即採自新唐書的注釋。但王氏的傳注材料有許多出自門人之手，頗多錯誤，王以年老亦無暇顧及。唐景崇曾參加清史稿的編寫，亦頗致力於唐史，後材料由門人代爲收集，晚年校定時多自批「不可用」；其中年所注，僅本紀與部分傳記而已。古人的意見並不重要，而材料之收集頗重要。新唐書的本紀很簡單，年月大事表則宜參看資治通鑑。沈炳震有新舊唐書合鈔，將二書合併，實則二書各有其個性，非合併所可代替的。

(二)全唐文與全唐詩。

均清人所輯。全唐文中有非唐人作品被收入，如將宋人杜衍之文收入。只收集而不注出處是一大缺點。有部分抄自永樂大典。全唐詩亦多誤編，如誤以元結詩爲杜甫詩者甚多，蓋古人多相唱和而佚其名。古詩的題目頗重要，混淆後乃難以分辨，明末人所著唐音統籤曾加以考證校訂。如將唐詩加以有系統之研究，可以成爲極好之史料。例如清人楊鍾羲的雪橋詩話，從詩題中察知若干掌故，可補正史之不足。

(三)册府元龜的外臣部。

其中保留許多少數民族和外國的材料,爲他書所無。

(四)太平廣記。

爲小説體裁,小説亦可作參考,因其雖無個性的真實,但有通性的真實。

(五)文苑英華。

宋人編,亦可資參證。如自試帖詩中可知某人應舉之年月,從其中制誥的次序,亦可考訂年月。

(六)唐六典。

開元時編定。包括律令格式,分門别類編的。現通行者爲明正德刻本,但以南宋本(已殘缺)和日本近衛公爵家刻本兩種刻本爲佳。

(七)大唐開元禮。

在杜佑通典中有大唐禮典。研究禮法之變遷,應注意與社會及私生活之關係。

(八)唐律疏議。

唐律不能只作爲空文來研究,而應顧及與實際生活的關係。日本仁井田陞著有唐令拾遺。日本之養老令與大寶令均係根據唐律擬定的。羣書類叢第四輯中國律令部的律疏亦可參考。

日本藏有唐代的史料及實物甚富,正倉院所藏甚多,博物館中有唐代雙陸、琵琶、尺、屏風、壁畫,見東瀛珠光等書。國聞週刊中有正倉院參觀記一文，從中可見梗概。高野山廟中藏有唐代樂譜宜山記。從日本的茶道中亦可窺見唐代吃茶之遺風。

（九）唐大詔令集。

北宋宋敏求編。可補兩唐書之不足，在適園叢書中。

（十）長安志。

宋敏求著。又編全唐文之徐松曾著唐兩京城坊考、登科記考亦可參考。

（十一）敦煌石室中之俗文學材料，經文之書尾，紙背所記之帳目或雜記亦有價值。贊普起居注（西藏文）尤有價值。普魯士科學院之專刊中載有西藏軍人往來之書札。

（十二）碑刻材料。

和林金石録中有突厥闕特勤碑，九姓回紇可汗紀功碑。沈曾植著蒙古考古圖説志有暾欲谷碑。西藏有唐蕃會盟碑。許多碑文都是用藏文、回紇等文寫的，如無專門的語言學造詣，不小心很易出錯，用此類史料必須十分謹慎。本人「願開風氣不爲師」，應以十分客觀和謹慎的態度對待別人探討之成果。做考據須有專門修養，不可任意爲之。

女系母統對後代的影響，無論在遺傳因素上或政治上均極重要。即使無直接之關係，間接之影響亦不小，應加注意。墓誌銘很重要，即使是婦女的或非名人的，亦可作爲史料參考。

（十三）有關佛教之材料。

佛教大藏經。佛教之問題極重大。思想是受環境的影響而産生的，思想文化史與當時的政治、社會有密切關係，故研究佛教史必須注意與實際生活的關係，與政治的關係。

玄奘的大唐西域記、慈恩法師傳。地理上的地名問題很重要，常議論紛紛而不能確定。可以從玄奘音譯的梵語與原本對照，以考察其字之譯法，再從而找出地名。困難在於玄奘的譯音並不很準確，不如密宗的翻譯準確，常多自相矛盾之處，故不易復原。此點在用西域記時最須仔細。

唐釋義浄作南海寄歸内法傳。從中可知南洋之情形。大唐西域求法高僧傳及唐釋道宣著續高僧傳。此類書多根據塔銘墓誌之類傳世文章寫成。

集古今佛道論衡，有關宗教間之争論。道宣輯廣弘明集卷貳伍中集沙門不拜俗事，反映宗教與政治之争論。佛教徒不拜俗，即不拜帝王與父母，屬於佛教中的律令。因印度爲衆選之貴族民主政治，此點反映在宗教上，於是有佛教獨立之律令，不受國家與俗家的管束。此點曾對中國六朝和唐代政治發生影響。

日本人對我國國學之研究超過中國，工具好，材料多，是中國史學的主要競争對手。但其弱點爲只研究佛教材料如大藏經，而不涉及其他文史典籍，只在佛教史中打圈子；或研究唐史而不注意佛教史，因此都不能得到圓滿的結果。哲學史、文化史絶非與社會無關者，此一觀念必先具備。

第二節　如何研究唐史

首先應將唐史看作與近百年史同等重要的課題來研究。蓋中國之內政與社會受外力影響之巨，近百年來尤爲顯著，是盡人皆知的，但對於唐史，則一般皆以爲與外族無關，固大謬不然。因唐代與外國、外族之交接最爲頻繁，不僅限於武力之征伐與宗教之傳播，唐代內政亦受外民族之決定性的影響。故須以現代國際觀念來看唐史，此爲空間的觀念。

其次是時間上的觀念，近百年來中國的變遷極速，有劃時代的變動。對唐史亦應持此態度，如天寶以前與天寶以後即大不相同，唐代的變動極劇，此點務須牢記。須時時注意各方面的關係，但要水到渠成，而不可牽强附會。

（石泉　李涵一九八八年十一月整理於珞珈山寓所）

（原載紀念陳寅恪先生誕辰百年學術論文集，一九八九年十二月）

「唐史講義」「備課筆記」整理後記

「唐史講義」又稱「唐史課參考資料」，為父親一九五一年前後在廣州嶺南大學講授唐史課時發給學生學習參考所用。此講義乃父親根據其選錄之「（隋）唐史材料」增刪改寫而成，「文革」中多有散失。所幸「（隋）唐史材料」稿本等件，「文革」後家屬經多方努力從中山大學歷史系取回，此次出版「唐史講義」才得以參照父親之「（隋）唐史材料」稿本，查對有關資料，進行整理。

此「（隋）唐史材料」稿本，一九七八年收回後，我們姐妹即連同其他收回的父親文稿送交蔣天樞先生出版陳寅恪文集。一九八六年秋蔣先生命與楊聯陞先生聯係，請楊先生整理刊發此「（隋）唐史材料」。楊先生遠在美國，由於種種原因，一時未能取得聯係。不久，蔣楊二位先生相繼去世，出版唐史講義（隋唐史材料）一事就此擱置。現藉陳寅恪集出版之際，我們將此「唐史講義」整理刊出，供讀者參閱。

「（隋）唐史材料」稿本，現存拾餘冊。内中「唐史課參考資料目錄」，列有授課大綱之各專題名稱及每專題引用材料細目（且示明上下學期授課内容安排），多冊「材料」鈔本亦分別標出其歸屬哪一專題。整理過程中，觀察母親筆錄之父親授課大綱，許多專題其細目編排書寫已初具成文程式。由此推測父親在備課時即構思論文雛形，欲授課後整理成文刊行。如論唐高祖稱臣於突厥事、記唐代之李武韋楊婚姻集團、論唐代之蕃將與府兵、論韓愈等皆是。整理中還發覺如隋唐與高麗之關係、宦官、唐代財政（前期與後期）等等一些授課專題，也都有構思成專論跡象，再與陳寅恪讀書札記一集（舊新唐書之部）等父親之有關論述相參照，更能看出專題所涉及內容。然而講義中這些專題，最終未能成文刊出。

唐詩校釋、晉南北朝史、晉南北朝隋唐史研究之「備課筆記」，為父親三十年代在清華大學講授這三門課程時，徵引材料之部分筆記（內中有少量父親案語）。這些筆記曾有意見認為不必發表。後我們考慮到，父親這些備課筆記，雖非正式著作，且內中個別觀點在他後來著述中有所發展或變化，似由此可窺見其早年備課過程及授課所涉內容之一斑。故仍將其整理錄出，刊於陳寅恪集內，供讀者評說參考。

對於父親上述文字，由於我們水平所限，整理中之誤失在所難免，殷切希望讀者指正。

陳流求、美延謹書　一九九六年十月七日
父親逝世廿七週年忌日

陳寅恪集後記

我們從小就知道全家最寶貴的東西是父親的文稿。從抗戰逃難直至「文化大革命」，父親文稿都是用全家最好的箱子裝載，家人呼之為「文稿箱」。避日軍空襲時，首先要帶的就是「文稿箱」。出版父親文集自然是父母，也是我們姐妹最大心願。

父親一生坎坷，抗日烽火中，顛沛流離，生活窘迫，雙目失明，暮年骨折卧牀，更經痛苦。然而無論世道變換，病殘齊至，始終未曾間斷學術創作。而父親為學一貫堅持「獨立之精神，自由之思想」，「未嘗侮食自矜，曲學阿世」。如今父親全集出版，學界儻能於研究父親著述時，更知父親此種精神之所在，則為我們姐妹辛勞的最高報償。

一九六二年胡喬木同志來訪，談及文稿，父親直言：「蓋棺有期，出版無日。」胡答：「出版有期，蓋棺尚遠。」父親聽了很高興，以為有望見到文集面世。豈知「文化大革命」開始，父母備受摧殘，蒼涼離世，終未能見到陳集出版。父親生前已將出版文稿重任託付於弟子蔣天樞先生，不料文稿在「文革」中竟被洗劫一空，片紙不留。「文革」結束後，我們姐妹將歷經曲折於一九七八年五月追回的父親文稿，送交蔣天樞先生。蔣先生没有辜負父親囑託，付出艱鉅勞動，於一九八〇年主持出版了陳寅恪文集，由上海古籍出版社刊行，這只是父親文字的一部分。一九八八年六月，蔣天樞先生不幸突然病逝，於是我們姐妹繼續收集整理父親的文字。

現在出版的陳寅恪集，是在上海古籍出版社所刊印之陳寅恪文集基礎上進行的，增加了陳寅恪詩集(附唐篔詩存)，書信集，讀書札記一集(舊新唐書之部)、二集(史記、漢書、晉書、唐人小說等之部)、三集(高僧傳之部)，並講義及雜稿(兩晉南北朝史講義、唐史講義、備課筆記、論文、講話、評語、聽課筆記等)。一九八〇年出版的寒柳堂集，金明館叢稿初編、二編，隋唐制度淵源略論稿，唐代政治史述論稿，元白詩箋證稿，柳如是別傳諸集，此次出版時作了校對，除寒柳堂集中詩存併入詩集，寒柳堂記夢未定稿據一九八七年六月收回的殘稿作了校補外，其餘編排均不作變動，因父親生前託付蔣天樞先生代為出版文集過程中已親自審定文集編目及有關事宜，故仍按父親原意進行。而此次刊行全集所增補之內容，則是期望從不同角度反映父親的學術生涯。

父親的文稿墨跡命運亦如其人，頻遭劫難，面世困難。抗戰時已遺失了多箱撰有眉識的書籍，其中有的被戰火焚燬，有的在運輸途中被盜，或存放親友處丟失，現下落不明，難覓其蹤。這些皆為父親「廿年來所擬著述而未成之稿」，如蒙古源流注、世說新語注、五代史記注、佛教經典之存於梵文者與藏譯及中譯合校、巴利文長老尼詩偈集中文舊譯並補譯及解釋其詩等等(見一九四二年九月廿三日父親致劉永濟信)。而父親晚年整理就緒準備出版的文稿，於「文革」中全被查抄，「文革」過去撥亂反正後，雖於一九七八年五月及一九八七年六月兩次收回詩文稿，但仍未全部歸還。即便抗戰勝利後在清華大學授課、研究之講義、資料等，亦未曾得見。總之，散落在各處的文字，迄今尚有部分未能獲見。這次刊印父親文集，因其為目前所收集之最全者而擬名「陳寅恪全集」，轉又考慮到其實並不能「全」，故稱「陳寅恪集」。

此次父親遺作付梓，三聯書店非常重視，投入很大力量以保證質量；同時我們得到父母親朋故舊，海內外學者弟子，我們姐妹的友人以及相識或不相識的各界人士支持幫助。首先感謝蔣天樞先生一九八〇年於上海古籍出版社主持出版了陳寅恪文集，黃萱先生協助蔣先生做了不少工作。校補寒柳堂記夢未定稿及參與輯錄並審閱讀書札記等多位先生亦於此一併致謝。在我們收集父母詩文書信資料過程中，劉節先生的夫人錢澄女士，華忱之先生等將珍藏了多年「文革」劫後倖存的父親書函贈送，各種支持幫助不勝枚舉，難以一一敬列，在此謹向一切參與、推動、幫助、支持出版陳寅恪集的人士表示衷心感謝。

歷經十年的艱難曲折，陳寅恪集終於面世，當此之時，我們百感交集，真不知何以表述其經過於萬一。出版陳集為中外學者深望，此書之所以遲至今日方能面世，其間有許多我們始料未及的困擾，於此無需細述。而今陳集業已付印，我們希望以此集告慰逝去的父母，父親自謂「文字結習與生俱來，必欲於未死之前稍留一二痕跡以自作紀念」，他於「賸有文章供笑罵」之時，尚望「後世相知儻破顏」。我們更希望將父親的這些文字，作為祖國文化遺產，獻給後世相知。

陳流求
陳美延 謹述　一九九九年七月三日父親誕生一百零九週年

陳寅恪集再版説明

三聯書店出版的陳寅恪集十三種十四册，自二〇〇一年一月至二〇〇二年五月面世後，時逾八載。現藉再版重印的機會我們做了少量校勘修訂工作，如：糾正個别誤字、圖片説明；唐代政治史述論稿對照手寫本唐代政治史略稿，個别詞句作了變動；略增改書信集、詩集中的某些注釋；更正書信集中致傅斯年、致胡適、致聞宥少數函件的時間認定，編排順序也相應有所變動。但未及增補近年來新發現的一些陳寅恪信札、詩作，亦屬憾事。

在此，特向熱心提供資料及指出陳寅恪集中訛誤的讀者朋友，致以衷心謝忱！並希望此次再版重印後仍一如既往得到大家的支持和幫助。

陳流求 陳美延　二〇〇九年四月